中国高等教育学会秘书学专业委员会“十一五”规划教材

21 世纪高职高专精品教材 ◆ **现代秘书系列**

总主编　范立荣

商务文书写作与处理

（第四版）

U0794883

SHANGWU WENSHU XIEZUO YU CHULI

姬瑞环　卢　颖　崔德立　编著

中国人民大学出版社

·北京·

第四版修订说明

本教材专门为高等院校秘书专业开设的“商务文书写作”课程而编写，也适合作为公司企业文秘工作人员自学或公司员工商务文书写作培训用书。

本教材于2004年出版，2008年修订出版了第二版，并入选普通高等教育“十一五”国家级规划教材，2012年8月完成了第三版的修订出版工作。十几年来，全国有众多院校秘书专业的“商务文书写作”课程选用此教材，已经先后重印多次，广受好评。本教材受到如此欢迎，主要原因在于教材内容实用，编写体例务实，满足教学实际需要，对提高学生写作能力具有切实的指导作用。为了充分发挥教材在教学活动中的指导和规范作用，根据出版社要求，我们进行了第四版的修订工作。

修订再版后的内容有如下变化：

1. 压缩总体篇幅。将各章开头的“案例导入”及其“点评”内容删除；将第一、二章合并，适当精简原有内容；将第三章第二、四节删除。

2. 调整各章顺序，以突出商务文书在教材中的主体地位。将原第一、二章合并为第一章；原第六章调整为第二章；原第七章调整为第三章；原第八章调整为第四章；原第五章仍为第五章；原第四章调整为第六章；原第三章调整为第七章；原第九章调整为第八章。

3. 根据商务文书实际应用情况，调整更新部分商务信函，并在调整后的第二章中增加“第四节　商务软文”，相应地将第二章标题改为“商务信函与商务软文的撰写”。

4. 按照《党政机关公文处理工作条例》和《党政机关公文格式》要求，调整、更新了公文例文，使之更加符合新的公文管理规范要求，以应教学所需。

在信息社会和知识经济时代，无论是党政机关还是企事业单位，其管理行为对知识和信息的依赖程度日益增强。各类管理人员每天都离不开对各种公务材料的起草和处理。可以说，写作能力是现代公司企业高素质秘书和文案工作人员的重要标志，也是高品质人力资源的核心竞争力。我们坚信，本教材是秘书专业师生“商务文书写作”课程的良师益友。

此次修订工作，由原编著者姬瑞环总负责，参与修订的人员还有范立荣、卢颖、崔德立、姜言军、张虹、马宏、鲁仲生、沈蕾、刘琪等老师，最后由姬瑞环承担统稿工作。修订过程中，借鉴了同行学者的宝贵经验和著述成果，在此谨致诚挚的谢意！

囿于学识水平，疏漏不周之处难免，竭诚欢迎广大读者批评指正。

编著者

2018年12月于北京

目　录

第一章
文书写作基础

阅读提示

在办公室工作的人们发现，文书与公事总是如影随形、相伴相生。只要你进入办公室，就会主动或被动地与各类文书材料打交道，要么是办理文书中涉及的公务事项，要么是办理公务事项中离不开的文书。起草和处理各类文书材料，是广大公务员和公司企业文秘人员日常工作的重要内容。本章旨在对文书的特点、功能、种类、格式以及文书起草的主要特征、基本流程、规范要求等方面的基础知识作简要介绍，为大家学习和掌握后几章的内容、承担好“以文辅政”工作奠定必要的知识基础。

第一节　认识文书、公文与商务文书

一、认识文书

（一）文书与人们如影随形

文书是一种客观事物，文书的制作和使用是一种普遍存在的社会现象。职场中的你、我、他，几乎每天都与文书面对面，或者直接使用文书办理有关事务。

与机关干部、公司办公室职员朝夕相伴的，是各种类型的公务文书——请示、报告、通知、通报、公函等。办公室人员为了制发、处理和管理这些文书而忙碌不停，所谓“办公”，其实大量的工作是在办理应用于公务活动中的各类文书。

在广播电视中，在阅报栏里，在很多公共场所，人们时常听到看到名目繁多的各种文书。即便是走在大街上，布告栏里张贴的公文也时常映入大家的眼帘。过去保存在机关办公室或锁在文件柜中的红头文件，已经走到了大家的面前。

以上主要是从公文的角度来说的，其实，还有大量的商务文书和私人文书。比如，商务文书中的合同、协议、信函、报价单、邀请函、招投标书等；再如私人文书中的日记、自传、年谱及著作手稿、私人书信、私人契约乃至墓志、遗嘱等，文书是一个种类繁多的大家族。

概括而言，有人类活动的地方，就一定会有文书的形成和使用；有机关单位或公务企业的处所，就一定会有公文和商务文书的产生和使用。文书是在人类社会实践活动中形成的，其形成主体既可以是党政机关，也可以是公司企业，还可以是公民个人。文书具有直接的应用价值，是按照特定格式制作并以书面文字形式为载体的信息记录。

各单位秘书人员的辛劳与智慧，很大一部分已经固化到文书的字里行间。

（二）文书形成的社会历史条件

文书不是从来就有的，而是人类社会发展到一定阶段的产物。认识这一点，有助于了解文书的起源和由起源所决定的基本特征。

1. 文字的形成和使用是文书产生的必要条件

文书是依赖文字记录信息的。文字并非与人类同时产生，而是伴随着人类自身的进步而形成的一种具有特定含义的书写符号。人们根据某种需要，将文字或刻于甲骨、或铭于钟鼎、或书于缣帛，乃至后来大量使用纸张记录事情和表达思想。文字克服了人类早期语言“难以留于异时，难以传于异地”的局限性，克服了结绳、契刻等记事表意方法标准不一、含义难以限定的局限性，能够准确地表示人们的思想意图。可见，如果没有文字，今天的文书也就无从谈起。

2. 阶级和国家等社会组织的出现是文书产生的充分条件

随着社会生产力的发展进步，人类历史上出现了不同利益集团，并最终形成了阶级和社会组织的最完备形式——国家。国家统治阶级为了表达自己的意志，强化对社会生活的控制与管理，必须找到一种恰当的管理工具——能够克服时空局限、准确传达意图和有效沟通信息的工具。于是，文书就走上了人类现实生活的舞台，并历经数千载而绵延不绝，沿用至今。可见，没有阶级和国家的产生，今天的文书同样无从谈起。

斯大林在《马克思主义与语言学问题》中指出：生产往前发展，出现了阶级，出现了文字，出现了国家的萌芽，国家进行管理工作，需要比较有条理的文书。我国民国期间的著名学者徐望之在《公牍通论》中讲：“人类有政治之组织，即有法令；有文字之法令，即有公牍。”此处的“公牍”指的就是用于公务的文书。这些论述表明：当人类开始用文字形式记录实践过程和结果的那一刻，当人类历史上出现了阶级和国家的萌芽时，作为国家统治阶级必然要采用文字形式，表达言行主张，固化思想意图，并试图将这些言行主张和思想意图传诸后世，在这样的社会历史条件下，文书也就应运而生了。

总之，文字的出现和系统使用，使得文书的产生成为可能；阶级和国家的出现，是一种巨大推动力量，使文书的产生和使用变成现实。

(三) 文书的家族体系

文书是这类事物的一个总称谓。为了进一步了解和认识文书，可以按照文书的形成者和使用范围，划分为私人文书和公务文书两大门类。

1. 私人文书

顾名思义，是专门用于私人事务的文书。公民个人、家庭或家族在办理私人事务的过程中，凡是为了直接应用的目的，按照约定俗成的格式制作和使用的书面材料，都属于私人文书的范畴。私人文书的具体种类、形式和名称灵活多样，例如：日记、自传、家谱、年谱、著作手稿、私人书信、私人契约、墓志、遗嘱等，均属于私人文书范畴。其拟制方法和使用要求基本遵循约定俗成的原则，没有法律意义上的规定。

目前，无论是从应用写作学的意义上，还是从文书学的意义上，都没有对私人文书展开专门研究。但是，这并不意味着私人文书无足轻重。相反，在历史研究领域，在法律诉讼实践中，在文物史料研究方面，有时私人文书往往引起有关部门和人们的格外关注，甚至在解决一些特殊的具体问题时，私人文书的价值可能大于公务文书，或者能够对公务文书起到重要的佐证和补充说明作用。

2. 公务文书

简称公文，是各级各类机关和社会组织在办理公共事务过程中形成和使用的书面材料。广大秘书人员在辅助各级领导处理机关公务过程中，将大量的时间和精力花在了公文处理的有关活动中。例如：领导机关向下级机关发布政令、传达指示、答复意见、部署工作时，就要使用命令、决定、通知、批复等领导指挥类文书；发文机关根据需要向社会各界公布应当周知或遵守的事项时，要使用公报、公告、通告等公布周知类文书；发文机关向上级机关汇报工作、请求指示和批准，询问、商洽、答复有关事项时，要使用报告、请示、公函等报请商洽类文书，等等。

此外还可以有多种角度的分类方法，在此不一而足。

(四) 文书的基本特点与重要功能

文书是人类社会特有的产物。自从人类进入文明时代以来，文书在人类社会实践中担当着极其重要的角色。广大秘书人员和机关公务人员在日常工作中几乎每天都要与文书打交道。要真正使用好文书，必须深刻地认识文书的基本特点与重要功能。

1. 文书的基本特点

(1) 文书具有实践活动的客观记录性。

文书与人类的实践活动密不可分，有人类实践活动，就必然有这种性质的记录。从文书形成的过程来看，文书是伴随人们的社会实践活动产生的，它真实地记录了形成者在特定时间和空间范围内的所思所想、所作所为，并非事后收集和编写而成。就整体意义上而言，文书的内容与人类社会实践活动的同步性，决定了文书所记录的内容在本质上的真实性与客观性。这是其他信息载体无法取代的。

(2) 文书具有突破时空局限的信息传递性。

文书作文一种信息载体，首要功能在于传递信息。这是由人们制作文书的目的决定的。可以说，人们制作文书的直接目的，是为了向受文者传递某种信息。这种信息的传递范围，从纵向说，可以超越时间的限制；从横向说，可以跨越空间的限制。文书的价值就在于将其形成主体的意图告知有关组织和个人。离开信息传递过程，文书就失去了自身的价值。

文书的客观记录性和信息传递性，是密不可分的两个方面。记录是传递的条件，传递是记录的目的。没有客观记录性，文书的传递就失去了意义；没有信息传递的价值，文书就失去了记录的必要。因此，文书的客观记录性和信息传递性，既相辅相成，又互为因果，共同构成了文书的基本特点。

2. 文书的重要功能

由于文书的客观记录性与信息传递性，决定了文书具有以下重要功能：

（1）文书的信息传播功能。

无论社会组织或公民个人，制作文书的目的不是满足自我欣赏的需求，而是将特定的信息传播给特定的受文者。无论这种传播的距离是远是近、传播的范围是大是小，离开传播，就失去了制作文书的意义。因此，传播信息是文书的首要功能。

（2）文书的原始凭证功能。

文书的内容是文书形成主体当时的思想意图和实践活动的历史记录，作为一种信息记录的形式，记录过程是客观的，记录结果是真实的，因此，原始凭证功能是文书区别于和优越于其他信息载体功能的重要体现。这种原始凭证功能，是文书能够转化为档案的决定性因素。

二、认识公文

（一）公文的基本特点

公文是机关、团体、企事业单位依法进行行政管理的重要工具。与其他书面文字相比，公文具有以下突出特点。

1. 公文具有鲜明的政治性

公文是以书面形式为特征的政治性书面工具，基于国家政治目的或公务管理的需要而产生和使用的。这就决定了撰写公文是一项严肃的公务行为。学习公文写作首先要认识到这一点。

2. 公文由法定作者制成和发布

公文的法定作者是相对于一般文章的自然作者而言的，是指公文所代表的一定的组织机构，通常用组织机构及其领导人名义来表明公文作者。法定作者在法定职权范围内行文，公文才有效，超越职能权限行文是违法行为，这样的行文没有法定效力。

3. 公文具有法定的权威性和现行效用

公文法定的权威性，是指公文在特定的时空范围内对受文者的行为具有强制性影响，如必须贯彻执行、阅读办理、予以复文等。

公文的现行效用，是指公文在现实工作中所发挥的执行、指导和规范等作用。一旦现实工作完成之后，用于指导现实工作的现行效用也随之结束。

认识和理解公文的现行效用，具有以下重要启示意义：

（1）公文作为政治性的书面工具，任何差错都会妨碍公文发挥应有的作用并给机关声誉造成不良影响。因此，撰写和处理公文必须严谨负责。

（2）公文具有很强的时效性，所以撰写和处理公文必须讲究时间和效率观念，贻误时机的发文，将直接导致机关工作的延误或损失。

（3）公文的作用随着时间推移而改变，当公文内容不适应现实工作需要时，就要及时补充、修订和清理公文，不能让过时的公文与现实工作相互矛盾。

（4）公文不仅具有现行效用，而且具有重要的凭证价值，许多公文需要永久保管。因此，对处理完毕的公文要及时收集整理，归档保存，避免丢失或损毁，以便满足机关工作和社会各方面查找利用的需求。

4. 公文具有特定体式和处理程序

公文的特定体式即公文的文体和格式。公文采用应用文体，兼有记叙文、议论文、说明文的一般表达特点。为了维护公文的严肃性、权威性，确保公务的准确性与有效性，2012 年 7 月 1 日，我国颁布实行了《党政机关公文格式》，这是我国历史上第三版公文格式的国家标准。任何机关和社会组织都要按照统一的公文格式制发公文，不得自行其是、标新立异。

公文处理程序，是指公文在机关内部运转与处理的流程。科学地组织公文处理程序，有利于保证公文制作过程的合法性，保证公文的正常运转，提高公文质量与办文效率。

综上所述，公文是由法定的作者出于特定的目的，按照特定体式和一定程序制发的具有法定权威和现行效用的文章形式。这是公文区别于其他文书、图书、档案、资料等文献形式的基本特征。正是这些特征，使公文具有了不可替代的社会功能。

（二）公文的重要功能

1. 领导功能

公文是上级机关对下级机关的工作进行领导与指导的一种工具。领导机关将领导意图、政策界限、管理方法、工作部署见诸文字，形成公文，对下级机关的工作具有明显的领导和指导作用。

2. 规约功能

公文对收文单位的公务行为具有重要的规范和约束作用。尤其是各种法规类文件一经发布生效，即由国家权力保证或强制执行，在没有废止之前，始终有效。在有效的时间和空间范围内，社会组织和公民个人必须严格遵守，违者要追究法律责任。

3. 沟通功能

公文是机关之间协商与联系工作、协调行动的重要手段。不同机关通过公文这一桥梁，还可以起到交流思想、沟通情况、接洽工作的知照联系作用。

4. 宣传功能

颁发公文，对于人民群众和所属干部具有宣传和教育作用。很多公文在颁布政策法规、布置工作任务的同时，不仅规定了人们怎么做，而且还说明为什么要这样做，使人们了解领导意图，掌握政策方针，提高思想认识，统一协调行动。可见，公文是进行宣传教育的极好的教材。

5. 凭据功能

公文是各级机意图的最忠实的凭证。一份公文，既是制发机关意图的凭证，也是收阅机关贯彻执行、开展工作的依据。可见，公文就是为传达贯彻意图时作为凭证和依据的需要而出现的。有些公文本身就是为了作为文字凭证而存在的。在公文现实使命完成之后，还要转化为档案保存，继续发挥其应有的作用。

（三）公文的分类

1. 按照公文的使用范围划分

（1）通用公文，是指各级各类机关、团体、企业事业单位在办理公务过程中形成和使用的文书。

（2）专用公文，是指在特定机关单位或业务范围内形成和使用的文书，如外交文书、司法文书、财会文书、计划文书、统计文书、商务文书等。

2. 按照公文行文关系划分

（1）上行文，指下级单位向所属上级单位报送的公文，如请示、报告等。

（2）下行文，指上级单位向所属下级单位下达的公文，如通知、批复等。

（3）平行文，指同级单位或不相隶属单位之间往来的公文，“函”是典型的平行文。

3. 按照公文涉密程度划分

（1）绝密公文，是指涉及党和国家核心机密的文书，一旦泄露会使国家安全和利益遭受特别严重的损害。我国政治、经济、军事、外交、科技、安全等领域的公文涉及大量的国家核心机密。

（2）机密公文，是指涉及党和国家重要机密的文书，一旦泄露会使国家的安全和利益遭受较大的损害。

（3）秘密公文，是指涉及党和国家一般机密的文书，一旦泄露会使国家的安全和利益遭受一定的损害。

（4）内部公文，是指在党和国家机关内部、行业系统内部、公司企业内部使用的不宜或不必对社会公开的文书。

4. 按照公文办理时限划分

（1）特急件，是指内容特别紧急，要求在最短时间内传递与处理的文书。

（2）加急件，是指内容紧急，要求迅速传递、处理或在规定的时限内办理完毕的文书。

以电报形式发出的公文，办理时限由高到低分为特提、特急、加急、平急四种类型。

（四）现行法定通用文种用途及选择原则

1. 现行法定通用文种用途

根据 2012 年 7 月 1 日起施行的《党政机关公文处理工作条例》第八条的规定，我国现行法定通用文种共有 15 种，各自用途如下：

（1）决议。适用于会议讨论通过的重大决策事项。

（2）决定。适用于对重要事项作出决策和部署、奖惩有关单位和人员、变更或者撤销下级机关不适当的决定事项。

(3) 命令（令）。适用于公布行政法规和规章、宣布施行重大强制性措施、批准授予和晋升衔级、嘉奖有关单位和人员。

(4) 公报。适用于公布重要决定或者重大事项。

(5) 公告。适用于向国内外宣布重要事项或者法定事项。

(6) 通告。适用于在一定范围内公布应当遵守或者周知的事项。

(7) 意见。适用于对重要问题提出见解和处理办法。

(8) 通知。适用于发布、传达要求下级机关执行和有关单位周知或者执行的事项，批转、转发公文。

(9) 通报。适用于表彰先进、批评错误、传达重要精神和告知重要情况。

(10) 报告。适用于向上级机关汇报工作、反映情况，回复上级机关的询问。

(11) 请示。适用于向上级机关请求指示、批准。

(12) 批复。适用于答复下级机关请示事项。

(13) 议案。适用于各级人民政府按照法律程序向同级人民代表大会或者人民代表大会常务委员会提请审议事项。

(14) 函。适用于不相隶属机关之间商洽工作、询问和答复问题、请求批准和答复审批事项。

(15) 纪要。适用于记载会议主要情况和议定事项。

除上述法定文种外，各机关、团体、企事业单位日常工作中还在使用计划、总结、简报、公示、大事记、倡议书、工作记录等文书。

2. 选择法定公文文种的原则

选择法定公文文种时，主要依据下述原则：

(1) 要根据《党政机关公文处理工作条例》的有关规定恰当选择文种，不能任意选用。

(2) 根据发文单位与收文单位的行文关系选择文种。例如：向上级机关反映情况，应使用"报告"；向与本单位无隶属关系的单位联系或询问有关事项，应使用"函"。

(3) 根据本机关职能权限选择文种。有些文种有一定的使用权限，不得任意使用。例如："命令"只有县级（含）以上国家机关才能制发；"议案"是由各级人民政府向同级人代会提请审议事项时使用的公文。

三、认识商务文书

(一) 商务文书的特点

在公司企业的经营管理和商务往来活动中，要形成和使用大量的商务信函、商务文案、商务礼仪文书、市场调研文书和商务管理与事务文书。商务文书的起草、处理与管理，具有与其他类型文书相同之处，也有较为明显的区别。商务文书是应用文书中的一大类，因此一般应用文书所具备的特点，商务文书同时具备。但是，与其他应用文书相比，商务文书还具有以下一些显著特点。

1. 记录性

商务文书是公司企业制定商务决策的客观依据，是科学预测的表达手段，因此其内容必须真实、确凿，要实事求是、准确无误地反映客观实际情况；否则，哪怕有丝毫的失误和偏差，都会影响商务活动的有效进行。

2. 评析性

商务文书不仅要获取各种信息材料，必须对获取的事实、数据、现象等进行深入研究、分析、比较、综合和评估，不能仅仅是事实的表述、数据的罗列和现象的堆砌。只有在充分占有材料的基础上作出评析和判断，商务文书才能发挥其应有的价值和功用。

3. 时效性

制作商务文书的目的，在于依据客观情况，找出正确对策，指导商务活动的有效进行。因此，商务文书必须注重时效性，做到迅速、及时、适时；否则，就会失去其应有的价值和作用。

（二）商务文书的作用

1. 商务文书是制定决策的客观依据

制定科学决策，是有效进行商务活动的关键环节，也是商务工作领导者的首要任务。准确、及时、可靠的经贸信息、市场情报是制定科学决策的前提和基础。商务文书通过对信息资料的有效获取、深入分析、精确评估，揭示当前经济活动变化的特点和原因，预测其发展趋势，为领导机构提供决策的客观依据，使领导者能在多变的现代商务活动中高瞻远瞩，统揽全局，取得良好效益。

2. 商务文书是科学预测的表达手段

商务文书的基本任务是收集、研究有关经济信息，在此基础上预测经济发展动向和市场的变化趋势。科学预测显然是商业文书的主要目的和着力点。商务文书正是通过相应的文字载体进行表达，以使预测的内容不断条理化、精确化、科学化，减少预测中的盲目性，获得最佳经济效益。

3. 商务文书直接为公司企业的经营活动服务

商务文书具有突出的实用性，即直接为公司企业的经营活动服务。每份文书都是有事才发，言之有物，目的明确，基本不涉及政治理论、原则是非和思想认识问题，更不作政策法规的规定，写作目的与用途相对单纯，即一切服从和服务于经营活动的需要，以为公司企业赢得最大的经济效益为根本目标。这与公务文书重点为机关管理服务的功能特点有根本区别。

4. 商务文书直接反映公司企业的形象

商务文书是公司企业商务活动信息的主要载体。文书的内容、形式以及文书形成过程，能够客观地表明公司企业管理者和员工的敬业状态、基本素质以及公司企业长期以来形成的办事风格，反映公司企业的经营管理质量及其诚信指标，甚至在一定程度上成为现代企业CI（企业形象识别系统）战略的组成部分。因此可以形象地说，商务文书就是企业发出的一份促销信，它们都在推销一样东西：公司企业的形象。

5. 商务文书是商务活动的原始记录

商务文书反映了公司企业及其领导者的各种商务活动，记录了公司企业与商业伙伴的合同事项、买卖交易、客户联络、商务洽谈、商业谈判的过程和结果，是考察公司企业发展历程的原始凭证。

(三) 商务文书的种类

商务文书主要用于公司企业的经营管理和商务往来活动当中。根据使用范围和具体功能，可以分为以下几类：

(1) 商务信函，具体包括商务书信、商务传真、商务邮件、商务软文等。

(2) 商务礼仪文书，具体包括礼仪函电、礼仪致辞、礼仪帖卡等。

(3) 商务管理文书，具体包括商务计划、商务总结、规章制度、备忘短信等。

(4) 商务契约文书，具体包括意向书、合同书、协议书、招标书、投标书等。

(5) 商情调研文书，具体包括市场调查报告、市场预测报告、可行性研究报告、经济活动分析报告等。

(四) 商务文书的格式

商务文书并非国家法定公文，在格式规范上，国家没有统一的规定。但这并不意味着拟写商务文书在格式方面可以无拘无束、任意为之。

其实，许多商务活动都遵循一些共同的行业规范，商务文书格式有约定俗成的特点。拟写商务文书要知晓并执行通行的格式要求。

即便某些文书没有严格的行业规范，秘书人员在拟写商务文书或商务函电时，要依据本企业长期以来的行事风格，设定符合本企业风格的文书格式，并且制作成标准的样本。避免由于个人原因对商务文书和商务函电随意处置，确保本企业里的有关商务人员始终如一地采用一种文书格式，保持文书和函电的统一性。

第二节 公文写作述要

一、把握公文写作的特点

公文写作是一项十分严肃的公务行为。做好这项工作，不能仅凭借良好的愿望和高度的热情，必须深刻认识和理解公文写作的基本特点。

(一) 公文写作旨在受领导之命、代机关立言

公文写作从来不是拟写者的发自内心的主动行为，而是一种典型的遵命作文行为。要么是在领导的授意下写作，要么是代表机关阐发意图，要么是根据来文起草答复文章，要么是为了解决即将出现或已经出现的问题而写作。总之，是为了适应领导工作需

要的被动写作，没有什么自由度。因此，拟写者不能凭借个人兴趣拟写公文，更不能将公文写作当作个人行为。离开领导意图或机关工作需要这个根本前提，不可能有公文写作活动。

（二）公文写作要靠集思广益、群体行动

公文写作不是拟写者的个体劳动，而是多数人参与的集体劳动，表现在“领导下命令，众人动起来”。围绕一篇公文，常常是领导“交拟”，公文写作人员“拟议”。规范类、讲话类公文大都要成立专门写作班子，涉及众多单位，集团作战。即便是那些“短篇小品”式的公文，也往往是有人草拟、有人审核、有人讨论修改，最后还要过领导“签发关”。因此，公文是集体智慧的结晶。这就要求公文写作人员善于集思广益，兼收并蓄，协商共事，择善而从，充分发挥每个人的聪明智慧，才有可能让领导满意。

（三）公文写作有特定读者对象、内容针对性强

公文总是写给人看（单位领导）或读给人听（向机关干部或普通公民传达）的，具有特定的读者对象。公文内容是要反映现实工作中需要贯彻、执行、联系、商洽的事项，没有特定的受文对象，就没有发文的意义。所以，公文内容讲究求真务实、事出有因，要坚决反对“无病呻吟”和“假大空”式的公文。同时，对于不同的读者对象，还要注意行文关系正确，语言语气得体。

（四）公文写作事关公务活动、方针政策性强

公文具有特定的现行效用，其内容既要符合党和国家的方针政策或法律规范，又要提出便于执行的具体政策措施。公文是方针政策的物质体现形式，在许多老百姓看来，公文就是方针政策。“你拿政策来，给我看一看”，实际拿出来的就是公文。还要讲究政策的连续性和相关性，不能自相矛盾。

（五）公文写作通常刻不容缓、时限性强

公文是一种典型的应用工具，为解决已经出现的实际问题而提出决策意见，或对即将开展的工作活动提出行动方案，或对执行情况进行反馈。这样的行文目的，赋予公文刻不容缓、时限性强的突出特点。有的公文属于“急就章”，要求起草人员才思敏捷，动笔迅速，具有“倚马可待，立等可取”“召之即来，来之能战，战之能胜”的硬功夫。

公文写作活动必须强化时间和效率观念，力争做到又快又好，解决问题及时，处理工作迅速。

（六）公文写作讲究规范表达、不求标新立异

公文作为典型的而且最为规范的应用文，具有特定的表达方式。首先，在外观格式上，要严格执行公文格式标准。其次，公文在长期使用过程中，形成了大量约定俗成、简洁明了、具有生命力的专门术语，拟写公文要准确应用，确保公文语言得体规范。

综上所述，公文在行文目的、表达方式、思想内容、语言规格、时间要求、制作程序等方面，具有鲜明的特征和独特的规范。承担公文写作任务的人员，必须掌握公文写作的

特征，遵循公文写作的基本要求完成写作任务。

二、符合公文写作的要求

（一）思想内容方面的要求

1. 目的明确，行文有据

目的明确，是说公文要解决“为了……”而发文的问题。就是说，发文要针对客观实际，能够解决实际问题。没有行文目的，就是无的放矢。

行文有据，是说发文要有明确的法规政策依据或事实依据，解决“根据……”发文的问题，借以增强公文的权威性。

2. 准确无误，客观务实

准确无误，是说公文要准确体现和传达党的路线、方针、政策和国家现行法规，要符合上级机关及有关业务部门下达的指示意图与政策规定，要注意与本机关既定政策、规定相协调或相衔接，绝不能与上述内容相违背、相抵触，或自相矛盾，绝不能出现政治性错误，要经得起时间和实践的检验。

客观务实，是说要根据实际情况制发公文，使公文内容具有切实的针对性；公文内容要准确反映客观实际，具有绝对真实性；公文提出的政策、措施、要求等，必须切实可行，力戒主观臆造。总之，要坚持实事求是的科学态度，反对搞形式主义、公文旅行，反对欺上瞒下、弄虚作假。

3. 主题集中，重点突出

主题集中，就是要遵循一文一事制度，每篇公文只写一个主题。

重点突出，就是要有明确的重点内容，详略得当。如果一篇公文这也想说、那也要写，哪个问题也说不清楚。怎样做到主题集中、重点突出呢？契诃夫的话对我们很有帮助：“要知道在大理石上刻出人脸来，无非是把这块石头上不是脸的地方都剔掉罢了。”当剔除与主题无关的内容，剩下的就是表达主题所必需的东西了。

（二）文字表达方面的要求

1. 表达方式恰当

公文具备应用文的一般属性，而且在表达方式上，兼有记叙文、说明文、议论文的一般表达特点。

公文的行文目的各异，要传达的思想内容不同。这就需要采用多种表达方式。比如，为了便于人们了解事件的来龙去脉，就需要对有关情况进行恰当的叙述；为了让人们熟悉、知晓客观事物的性质、特征、功能、状态，了解有关公务活动的时间、地点、要求、步骤和方法等要素，就要进行清晰的介绍和说明；为了表明发文机关的立场和观点，还需要对有关事件的原因、结果或有关工作的成败得失进行科学分析和必要论证。当然，为了表达内容的需要，有的公文要同时运用记叙、说明和议论三种表达方式。拟稿人必须深刻理解公文表达方式的特点与要求，恰当地运用这些表达方式。

2. 准确严谨

（1）准确反映领导意图和发文机关的政策主张。此处的准确，是事实上的绝对真实准确，并非文学作品中追求的艺术上的真实准确，不能移花接木、张冠李戴，也不能无中生有、创造发挥。

（2）严格遵循逻辑要求。这是指运用公文语言表达概念、判断、推理等方面要讲究逻辑性，做到内涵准确无误、外延限制适当；做出判断要符合实际；论证过程不能自相矛盾，事实与结论之间要有内在联系，等等。

（3）合理组织公文语言。运用公文语言要做到表意清晰、合乎事理、搭配合理、成分完整、语序妥当。

（4）恰当使用修辞方法。公文语言一向“重实用，少文饰”，但并不反对必要的修辞。公文崇尚的精粹简洁之美、庄重朴素之美，正是依赖恰当的修辞手法获得的。公文主要使用消极修辞方法，以实现语言表达的准确、缜密、明了、畅达、简洁为标准，一般不追求形象的描述和感情的抒发。公文也要恰当使用积极修辞中的某些辞格。在公文中使用较多的辞格有引用、借代、排比等；一般不用比拟、设问、反复等修辞方法，禁止运用夸张、反语、双关等修辞方法。

3. 简练明了

公文崇尚简练明了，惜墨如金。首先力争简短，即在准确表达思想内容的前提下，力争用较少的语言和较短的篇幅表达思想内容，做到词约旨丰、言简意赅。其次务必简明，即无论哪种公文，都要将思想内容表达得简要明白，便于理解和执行。

4. 庄重严谨

公文崇尚庄重沉稳，力戒浮华造作。首先要使用书面语言，不用口语、方言和晦涩难懂语言，不要随意使用网络语言。其次要使用含义限定的词语，注意语义单一，避免出现歧义。

5. 得体规范

（1）恰如其分地使用专用术语。例如：公文开头部分常用“根据”“依据”“遵照”“按照”“为了”“由于”“兹定于”“兹因”等；称谓用语常用“我局”“本院”“你局”“你部”“贵所”“贵院”“该馆”“该同志”等；引叙用语常用“前接”“顷接”“欣悉”“敬悉”“收悉”等；经办用语常用“业经”“已经”“通过”“经过”等；商洽用语常用“当否”“可否”“意见如何”“能否办理登记”等；期请用语常用“即请”“诚请”“特请”“恳请”“恭请”“拟请”“务请”“希即”“敬望”“企盼”“希望”等；表态用语常用“照办”“可行”“准予”“同意”“原则同意”等；时限用语常用“当即”“即刻”“从速”“届时”等；过渡用语常用“为此”“据此”“经研究批复如下”“特制定以下条例”等；结尾用语常用“现予公告”“特此通知”“特此报告，请审阅”“特此批复”“请认真贯彻执行”等。公文起草人员要不断学习积累公文术语，恰到好处地运用公文术语，才能使公文语言更加规范得体。

（2）注重语气和语言得体。要根据收发文双方各自的地位、职能及相互关系，选用恰当的语气和词语来行文。力争做到对上级行文恭而不卑，对下级行文严而不酷，对平级行文谦而有度。此外，要根据不同文种，确定相应的语言表达形式。例如，决定的语言要威严庄重，一语千钧；通知的语言要平和稳重，具体可行；报告的语言要诚恳谦虚，质朴平实；请示的语言要恭敬温婉，态度恳切；公函的语言要委婉谦和，直接简短；简报的语言要朴实客观，简洁鲜活。

（三）公文格式方面的要求

《党政机关公文格式》（GB/T 9704－2012）规定，公文格式包括版头、主体、版记三大部分。版头和版记中的各要素一般由发文机关负责公文排版与印制的人员审核确定。主体部分各要素则由公文起草人员按照操作要领严格执行。现将主体部分常规项目及写法简介如下。

1. 标题

公文标题由发文机关名称、事由、文种三部分构成。如“北京市人民政府关于加快知识产权首善之区建设的实施意见”，其中“北京市人民政府”是发文机关，“加快知识产权首善之区建设”是事由（主题），“意见”是文种。通常在发文机关与事由之间用介词“关于”连接，在事由与文种之间用结构助词“的”连接，从而构成以发文机关名称和事由为限定成分、以文种为中心词的偏正词组。请看以下一组不同文种的标题，注意体会其写法：

国务院关于2017年度国家科学技术奖励的决定

国务院关于同意建立服务业统计部际联席会议制度的批复

北京市人力资源和社会保障局印发《北京市城乡居民基本医疗保险办法实施细则》的通知

标题使用2号小标宋体，一行或多行居中排布。多行排布时，回行要做到词意完整，排列对称，长短适宜，间距恰当；采用正梯形、倒梯形或菱形排布。标题中除法规、规章名称加书名号外，一般不用标点符号。

2. 主送机关

主送机关是指公文的主要受理机关，即对公文负有执行、办理、答复责任的对方机关，应当使用机关全称、规范化简称或者同类型机关统称。上行文只能标写一个主送机关，普发性下行文标注同类型机关统称。例如，国务院下发的决定、通知等公文，主送机关多数标写为“各省、自治区、直辖市人民政府，国务院各部委，各直属机构”。

主送机关用3号仿宋体字，在标题下空一行，顶格编排，回行仍然顶格。主送机关排序时，同类型机关之间用顿号分隔，不同类型机关之间用逗号分隔，最后一个主送机关之后标全角冒号。

3. 正文

正文是公文的主体部分，用于阐述公文思想内容，使收文者明了公文传递的信息，正文内容要做到一文一事。

正文一般用3号仿宋体字，每个自然段左空二字，回行顶格，自然段之间不空行。文中层次序号依次用“一、”“（一）”“1.”“（1）”标注；一般第一层用黑体字，第二层用楷体字，第三层和第四层用仿宋体字标注。如果公文只有两个层次，第一层用“一、”，第二层既可以用“（一）”，也可以用“1.”。

引用公文时，按照先引标题、再注明发文字号的方式引用，例如《北京市水资源税改革试点实施办法》第一条写道：“根据《财政部税务总局水利部关于印发〈扩大水资源税改革试点实施办法〉通知》（财税〔2017〕80号）”。

正文中的数字，按照国家标准《出版物上数字用法》（GB/T 15835－2011）中的有关要求，一般使用阿拉伯数字标识。

4. 附件说明

附件说明是指公文附件的顺序号和名称。公文如有附件，一般用3号仿宋体字在正文下空一行左空二字标注“附件”二字，后标全角冒号和附件名称。如有多个附件，需使用阿拉伯数字标注附件顺序号，如“附件：1. ×××××××”，附件名称后不加标点符号。附件名称较长需要回行时，应当与上一行附件名称的首字对齐。

公文附件是正文内容的组成部分，与正文具有同等效力。需要说明的是，在标题或正文中写明报送、批转、转发、印发等字样的公文，在其生效标志后附的内容不作为公文附件使用，是这篇公文实质上的核心内容。因此在附件说明处不必标注相关内容。

附件与正文属于一份公文，二者要一起保存。

5. 发文机关署名

发文机关署名应与发文机关标志、标题中的发文机关名称相一致。联合行文时，发文机关署名顺序应与版头部分的发文机关标志顺序相一致。

6. 成文日期

成文日期是公文生效的重要标志。会议通过的决议、决定等公文以会议通过日期为准；经发文机关领导签发的公文以签发日期为准；联合行文的成文日期以最后签发机关领导人的签发日期为准。电报以发出日期为准。成文日期的标注位置有两种：一是在公文正文或附件说明右下方标注，写全年、月、日；二是需要会议通过的公文，在标题之下的括号“（　）”中，写明通过文件的会议名称及年、月、日。公文成文日期统一使用阿拉伯数字标注。

7. 印章

印章是公文生效的标志，是鉴定公文真伪的重要依据。公文加盖发文机关印章，应与机关署名相符。上行文必须加盖印章，会议纪要不加盖印章。联合下行文时，所有联署机关均需署名并加盖印章。

需要说明的是，当公文排版后所剩空白处不能容下印章、成文日期时，可以采取调整行距、字距的措施解决。

综上所述，公文格式及其操作规范，是公文与其他文章形式的重要区别，也是公文权威性、严肃性、有效性的重要体现。公文起草人员必须充分认识到讲究公文格式的重要意义，并认真遵循公文格式规范，起草出符合《党政机关公文格式》要求的公文。

三、遵循公文起草流程

（一）公文起草流程

公文起草过程，从领导下达任务，到定稿签发，前后需要经历很多工作。经过人们对感性认识的提炼，确立了比较完整合理的公文起草流程（如图1－1所示）。

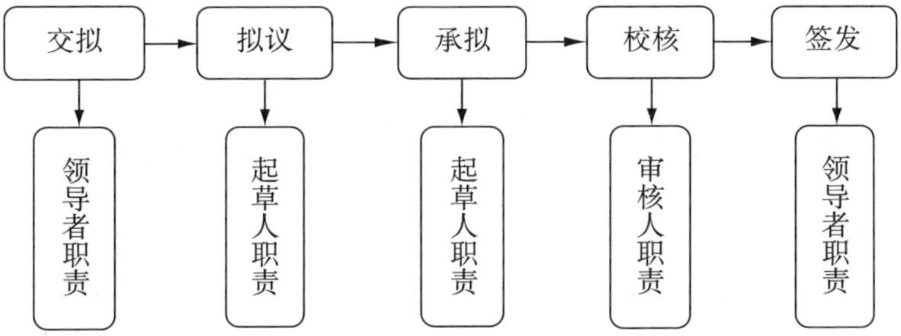

图1－1　公文起草基本流程示意图

现将公文起草基本流程各步骤的基本含义简要说明如下：

步骤一：交拟。是指领导人向公文起草人员交代拟稿任务，这是公文起草流程的起点环节。

步骤二：拟议。是指公文起草人员消化领会领导下达的拟稿任务，必要时可能需要开会研究，这是正式起草前所做的必要准备工作。

步骤三：承拟。是指公文起草人员开始起草文稿，这是公文起草流程中实质性的工作环节，要产生公文草稿。

步骤四：校核。是指审核人员对草稿进行全面的加工修改工作，以确保公文质量。通常先由公文起草人员修改，再交办公室主任或相关人员全面审核把关。这是公文草稿上交领导人签发之前必经的环节。

步骤五：签发。是指发文机关领导人对送审的公文草稿经过审阅之后履行确认生效手续的环节。经过签发的公文文稿，即转化为定稿，成为印制公文正本的标准依据，至此，公文起草工作流程即告结束。

（二）拟稿人在公文起草流程中的职责分解

在公文起草基本流程中，拟议、承拟、校核是拟稿人的基本职责。为了便于理解和操作，现将上述三项基本职责分解为五项任务（如图1－2所示）。

图1－2　公文起草任务分解

1. 思想准备

公文起草人员接受起草任务后，要尽可能多与领导沟通，请教怎样起草。总起来说，就是要做好必要的思想准备。包括：

（1）认真领会领导意图；

（2）明确行文目的和要求；

（3）明确公文主题及重点；

（4）明确行文根据；

（5）确定公文文种。

总之，公文起草人员胸有成竹，意在笔先，动笔之前明确为什么写、写什么、中心思想是什么等问题，是高质量完成拟稿任务的重要保障。

2. 收集材料

材料是指形成和表达公文主题所依据的事实、数据、经典论述、方针政策、相关规定等，这是确保公文内容真实可靠的物质基础，也是实事求是原则在公文起草过程中的必然要求。

（1）收集材料的要求——多。

“多”既指数量充足，也包括类别丰富多样。比如：既要收集历史材料，也要收集现实材料；既要收集本单位、本地区的材料，也要收集外单位、外地区的材料；既要收集正面材料，也要收集反面材料；既要收集直接材料，也要收集间接材料；既要收集文字型材料，也要收集数字型材料；既要收集个性鲜明的、典型的材料，也要收集共性特征明显的、一般性材料；既要收集领导层的材料，也要收集基层组织和群众的材料。这是为了进行多方面、多角度的分析和比较，以便满足写作过程的不时之需。

（2）选用材料的要求——严。

“严”是指使用材料要严格筛选，宁缺毋滥。选择材料时要确保材料的真实、典型、新鲜、适用。公文起草人员可以通过网络收集大量材料，实时了解某些方面的最新情况；可以从各种重要会议上收集材料，及时掌握实际工作和相关事项的最新动态；可以从现有的文献材料中收集有关材料，了解有关情况；可以深入到实际工作第一线，收集第一手活材料，以便反映工作中的动态信息；可以从党和国家现行政策法规中收集有关材料，为拟写公文寻找更多的权威性依据。

3. 总体构思

总体构思就是对公文的谋篇布局，设计一个整体框架。主要包括以下几个方面：一是确定公文内容的组成情况；二是确定公文正文的表达顺序；三是妥善安排公文结构要素；四是拟定具体的写作提纲。总之，经过总体构思，对公文的结构作出精心设计和妥善安排，才能使一篇公文条理清晰、层次分明、衔接紧密、总体和谐。

例 1-1

北京市加快科技创新培育新能源智能汽车产业的指导意见（框架）

导语（略）

一、总体要求

（一）指导思想

（二）基本原则

1. 坚持创新驱动。

2. 坚持市场主导。

3. 坚持突出重点。

（三）发展目标

二、主要任务

（一）增强新能源智能汽车创新能力

1. 不断完善技术创新体系。

2. 着力提升整车集成创新能力。

3. 重点突破关键零部件核心技术。

4. 大力推进新能源智能汽车创新。

（二）构建新能源智能汽车产业体系

1. 提升整车竞争能力。

2. 增强关键零部件配套能力。

3. 加快充电基础设施建设。

4. 培育新能源汽车服务新业态。

5. 支持重点企业发展。

6. 促进产业良性发展。

（三）促进新能源智能汽车产业集聚发展

1. 突出增量聚焦，推动新增产业向创新型产业集群和“中国制造 2025”创新引领示范区集聚。

2. 突出存量优化，提升现有产业基地集聚发展水平。

（四）加快新能源汽车推广应用

1. 扩大新能源汽车应用规模。

2. 推进新能源汽车在北京 2022 年冬奥会和冬残奥会中应用。

三、保障措施

（一）强化统筹协调

（二）严格落实责任

（三）加大资金支持

（四）发挥联盟作用

（五）加强监督考核

［评析］

该指导意见是针对北京市培育新能源智能汽车产业形成的宏观指导性文件。全文划分为“总体要求”“主要任务”“保障措施”三大部分。其中“总体要求”部分拓展为指导思想、基本原则、发展目标三个方面，对全文发挥管领作用。第二、三部分，主要阐明了培育新能源智能汽车产业的主要任务（即干什么）和保障举措（即怎样干）两方面内容。在这两个部分下面，根据具体需要再逐层细化，涉及更加具体的内容。这样的整体框架在起草宏观指导意见时比较常见。

从文件框架还可以看出，为了突显文件逻辑脉络，在层次序号使用上涉及三级序号。其中，第一级序号使用的是“一、”“二、”“三、”，序号后对应的文字是文内一级标题；第二级序号使用的是“（一）”“（二）”“（三）”等，序号后面对应的文字基本是二级标题。标题单占一行、前空二格、后无标点。如果序号后的文字带有标点，通常当作要点看待。第三级序号使用的是“1.”“2.”“3.”等。此文三级序号，采用的是段旨撮要的表达方式，即每一段的内容被提炼为一句话表达，便于读者阅读。

总体构思是公文起草不可或缺的重要一环。构思过程，就是构建和组织公文材料与内容的过程。起草人员要结合具体写作任务，围绕公文主题深入研究，从宏观到微观逐层细化，仔细推敲公文内容，完成结构设计。

4. 草拟文稿

这是公文写作的核心步骤。无论是公文主题，还是公文材料；无论是领导授意的精神实质，还是拟文者“研磨”领导意图之后的锦上添花，都要依赖起草环节，使公文内容固化到公文草稿上。草拟文稿阶段有一些共性问题需要注意：

（1）增强时效观念。即接受任务后抓紧办理，按时结稿；否则，就会影响领导工作的正常开展。

（2）做好会商工作。即公文内容涉及其他机关或部门职权范围时，主办机关要主动协商，取得一致意见后才能对外行文，要防止政出多门、政策“打架”。

（3）材料与观点和谐统一。材料要支持观点，观点要统帅材料，切莫出现材料与观点“两张皮”或相互矛盾的情况。

（4）符合文面规范。即起草公文要使用规范的“发文稿纸”，符合公文格式要求，做到文面规范、整齐划一。

5. 加工修改

常言道：“文章不厌百回改。”草稿完成后，要反复加工修改，认真锤炼语言，切忌急忙交差了事。对公文草稿的加工修改，要从内容到形式两个方面展开。

首先，要审读文稿内容，看文稿主题是否符合政策法规以及领导意图，表达是否正确、鲜明、深刻、集中，有无自相矛盾或抵触情况；要确保文稿的观点经得起推敲，作出的判断和推理必须合乎逻辑；对文稿中引用的数据、事例、引文等要认真核实，避免失误。

其次，要推敲文稿形式。看文稿结构是否完整、严密、合理，重点内容是否突出，层次是否清楚；看文稿语言表达是否准确、简练、顺畅，语气是否得体；是否符合语法规范；标点符号是否正确、规范、恰当等。

修改文稿的过程，必须一丝不苟，精心推敲。一旦发现错谬不妥之处，要认真修改，绝不能降低标准、得过且过。

“文章千古事，得失寸心知。”起草公文是一项综合性的脑力劳动，难在准确规范，苦在领导满意，贵在思想出新。只要我们加强学习，勤于积累，坚持不懈，肯下苦功，虚心向单位领导和有经验的同志请教，就一定能够越写越好，开辟出一方新的天地。

本章小结

文书是人类社会发展到一定阶段时产生的一种重要信息载体。它与机关团体、企事业单位的领导部门部署工作、经营管理、组织生产、安排学习等一切活动乃至公民个人的日常生活相伴而生，客观地、无声地记录着人类认识和改造主客观世界的过程。因此，文书无处不在，对文书的制作和使用，是一种普遍的社会现象。

规范制作和正确使用文书，是秘书人员的重要职责，也是秘书人员辅助领导工作的基本和重要手段之一。为此，秘书人员要深刻理解文书的特点，明确各类文书的基本用途，掌握制作文书的格式规范。这是秘书人员做好自身工作的必不可少的基本要求。

公文写作是秘书人员承担的一项艰苦的脑力劳动，是一种典型的公务行为。起草公文在行文目的、思想内容、表现形式、语言规格、时限要求、制作程序等许多方面，具有突出特征和明确规范，秘书人员要按照领导意图，严格遵循公文起草规范，完成领导授予的拟文任务。追求个性化写作，在公文写作过程中，是不可能实现的。

公文写作流程，在一定意义上反映了人们对公文写作规律性的认识。遵循公文写作流程要求，有助于增强公文写作的科学性，减少盲目性，为提高撰文工作质量、充分发挥公文效能奠定良好基础。

重要概念

1. 文书：社会组织和公民个人在各自活动中为处理各种事务而形成的、具有特定效用和惯用格式的书面文字材料和信息记录。

2. 公文：法定的机关与组织在依法履行职能的过程中按照规范体式和处理程序制成的具有现行效用和信息记录功能的书面文件。

3. 公文文种：根据公文的不同性质和用途，由党政领导机关统一颁布并要求固定使用的公文名称。

4. 公文法定作者：依法成立并能以自己的名义行使权力和担当义务的组织及其领导人。

5. 公文格式：公文特有的表现形式，指公文的外观样式特征，即公文构成项目及其在载体上排列的规范。

6. 商务文书：公司企业在经营运作、贸易往来、开拓发展等一系列商务活动中形成和使用的各种文书的总称，是公司企业从事商务活动必不可少的工具之一。

思考题

1. 公文具有哪些特点？
2. 公文现行效用表现在哪些方面？
3. 党政机关法定公文文种及各自用途？
4. 公文格式的基本内容包括哪些？
5. 商务文书具有哪些特点？
6. 商务文书具有哪些作用？
7. 公文写作具有哪些特点？
8. 公文写作的基本要求包括哪些内容？
9. 公文写作的基本流程包括哪些环节？
10. 拟稿人在公文起草流程中的职责有哪些？

能力检测题

根据下列素材拟写公文标题。

1. ××省人民政府就保护森林禁止乱砍滥伐的问题，向全省人民发出要求遵守周知的公布性文告。

2. 为提高我国食品信誉，确保人民身体健康和生命安全，国务院决定采取切实有效措施，进一步加强食品安全工作。

3. 国务院同意国家发展改革委《关于2017年深化经济体制改革重点工作的意见》，并转发给各省、自治区、直辖市人民政府，国务院各部委、各直属机构认真贯彻执行。

4. 国务院同意中国科协、科技部建议设立“全国科技工作者日”的请示，自2017年起，将每年5月30日设立为“全国科技工作者日”，并由有关部门组织实施。

5. ××大学就××系学生张××擅自离校外出旅游，严重破坏学校纪律，给予记过处分一事通报全校。

6. ××市人民政府为了提高本市绿化水平，拟在××林场内建立一座具有一定规模的××市植物园，为此行文至××省人民政府，请求批准。

7. 为加强对城镇待业人员的管理，进一步做好劳动就业工作，××市劳动局决定对全市城镇待业人员进行统一登记，为此行文告知市属各有关部门。

8. 为了将××地区档案工作协会会议基本情况、主要精神和决定事项，向上级机关作汇报并向与会单位传达贯彻，在会议记录及其他会议文件的基础上加工整理出正式文件。

9. 为深入贯彻落实教育部《依法治教实施纲要（2016—2020）》文件精神，推进学校治理现代化，××市人民政府定于2018年7月召开全市全面推进中小学依法治校工作会议，为此，行文周知各有关单位。

10. ××市林业局经认真调研，拟将××森林公园内的红枫商店列入旅游定点商店，为此，行文至该市旅游局，请求批准。

第二章
商务信函与商务软文的撰写

阅读提示

企业正常经营活动中经常与合作伙伴进行商务联络和信息沟通。这个沟通过程需要使用大量书面信函或电子信息，它们可以有效地取代面对面拜访以及言语联络。本章旨在阐述商务函电的写作要求与方法，说明商务书信、商务传真、电子邮件和电报的使用与处理要求。这对维系和记录彼此的友谊、争取供应商、吸引客户、为企业树立良好的形象，有积极的意义。

第一节　信函写作概述

不同行业、不同事由需要的商务函电各式各样，除了某些国际贸易要求统一的文件样本，多数的商务函电在写作上应做到三个方面：谨记企业的商誉、掌握 7C 的原则、使用正确的信函结构。

一、谨记企业的商誉

商场名言

> 商务信函不仅是公司的代表，更是企业的亲善大使。

商誉虽是抽象无形的东西，但它是客户、供应商及大众对企业的一份信赖，是企业须细心呵护的、不可丢失的无形资产。

商务函电的写作者要清晰地认识到，建立和维护商誉是商务函电写作的要务。许多接收商务函电的人不曾到过你公司，不曾和你见过面，不曾和你说过话，他们对你公司的认识和感觉，以及决定下一步是否往来完全取决于手中的信函。一封精致的商务函电，承担着建立企业“良好的公共关系”的作用，可为企业作出积极的、正面的贡献。许多举世闻名的企业都深感在企业的发展中，商务函电是持续拓展商业版图不可低估的力量。而一封差劲的商务函电会给企业带来消极的负面的影响，它中伤读信者，离间企业与对方的关系，并波及其他客户、供应商及大众对企业的信赖。所以每封商务函电在本质上都是一封促销信，都是在推销着企业的产品、企划、形象，因此都要用心表达，以提高企业的商誉和商机。

商务函电的影响力是深远的，有时连打电话都无法与其相比。因为商务函电有凭有据，它传递的信息可以供大家听、大家看，还可以复印或再传递。

二、掌握 7C 的原则

商场名言

一封优秀的商务信函，就像射到桌上的阳光，发信人感到愉快，收信人收获灿烂。

商务函电是企业与商务伙伴维持联系、进行贸易的一种方式，许多经营活动是通过商务函电的往来而完成的。因此，这样的商务函电与正式文件一样显现出严肃性和庄重性，对双方都具有约束力。商务函电不仅能促使双方达成协议，也可以作为办理商务的凭据，还可当作资料保存以备日后查考。针对国际商务函电的写作，有经验的专业人士总结出写作要求的 7C 原则。

（一）正确（correctness）

首先，商务函电的内容必须正确，因为它涉及商务交往中双方的权利与义务以及利害关系等。写作者必须正确无误地贯彻上司的意图，所传递的每一条信息都必须正确，尤其是有关产品价格、名称、规格、编号、数量等一定要正确无误，否则就必然会造成不必要的麻烦。其次，阐述的观点要正确，写出的话要有道理，不能强词夺理，更不能讲歪理。最后，文字表达要正确。商务函电不同于公务文书，表达时重在沟通、加深友谊，所以要选择恰当的表达方法和词语。如果客户收到一封有许多句法或用词错误的信函，那么他还会对你公司的产品有信心吗？另外，信函中的专业术语要符合国际规范，标点符号也要准确无误。

（二）清楚（clearness）

首先，写作前要思路清楚，明确发文的目的，例如，是询问对方的报价还是催促对方的还款。其次，要将商务函电所述事项表达清楚，让人一目了然，非常明白发函人的意图，要避免双重意义的表述或模棱两可、似是而非的含义。例如某文中“虽然我们公司的政策同意收回完好的退货，但是我们无法同意收回再也卖不出去的退货”一句，就不如“我们公司只接受可以再度销售的退货”清楚明了。内容多的行文层次要分明，先写什么、后写什么，要安排妥当、条理清晰。最后，遵循一文一事的做法，不要把几件不相干的事放一起，让读信人一头雾水。

（三）完整（completeness）

完整是指商务函电所表达的思想内容要完备，发文人的意图和希望在函中阐述的事项要全部写出来，例如有关事项的意图、缘由、措施、建议、要求、希望、时间、地点、人物等要写完整，同时要实事求是，要让对方看后清楚你方的事由、要求和期望的结果，也明白自己要做什么、如何有针对性地答复。如果发出的函电没有将事项阐述完整，等对方再复函询问，第二次再说完整，商机可能已经被耽搁了。

（四）具体（concreteness）

书写商务函电的内容要具体明确。双方利用商务函电联络事情、办理商务，不同于面对面洽谈、商议，因此要将想说的话语、希望对方做的事宜都具体明晰，切忌笼统粗犷、含糊其词和抽象化。表达不具体的函电易发生不必要的麻烦，若要双方反复问答联络才搞清楚，就会贻误了工作。例如，复函中只写“按照你们的要求，我们已将样品寄出”就不如写成“遵照贵方 8 月 17 日 FW-48 号文的要求，我销售部已于 8 月 21 日通过 EMS 将 5 号与 7 号样品寄至贵方”具体，使对方清楚何时、用什么方式能收到何物，也表达了你公司办事的严谨、诚信，给今后继续交往打下良好基础。

（五）简洁（conciseness）

商场如战场，时间就是效益，人们在紧张的工作中不愿意看冗长、拖沓的函电，所以书写者应在无损于礼貌的前提下，用尽可能少的文字简练地表达意图，力戒修饰语堆积、连篇累牍，使人阅后抓不住要领。例如某文中的“关于贵方要求延期支付 5 月 7 日到期的货款一事，现在很高兴通知您，在对这件事情经过慎重考虑后，公司同意多给贵方 30 天的宽限期来支付款额”，语句就过于冗长。若删除多余的字句，写成“公司已同意多给贵方 30 天的时间来支付 5 月 7 日到期的货款”，既简洁又无损语意，更突出了所要传递的信息。

（六）礼貌（courtesy）

礼貌是商务活动中必不可少的有力武器。商务函电作为交际沟通的工具，历来都有“见信如面”一说，所以礼貌是书写函电的起码要求。当对方阅读你发过来的函电时，应该令其犹如面对面与你交谈一样能感觉到你的平易亲切和谦恭有礼。能在商务函电中营造友谊祥和的气氛，有利于双方的协作与交往，即使双方在某些问题上有不同看法，也能以礼相待，保持友善关系，不损及以后的交易。书写商务函电时，态度要亲切诚恳，措辞要妥帖得体，语调要平和客气，要表现出你的企业形象和个人修养。如果知道信函接收者的姓名，最好能在信首给出亲切称谓，而不只用泛尊称，表示出“我特地写给你”的亲切，以获得更好的效果。

（七）体谅（consideration）

在商务活动中使用商务函电时，要使交易成功，信函内容的阐述就要为对方着想，多理解与体谅对方，文字表达要客气而有分寸，这样才能增进双方的友谊，促成协作，发展长远的商务往来关系。如果在提到人、事或缘由动机时，总是出现让对方感觉不愉快的埋怨话语或负面词句，将使商务函电的沟通作用大大降低。例如，复函中写“您在8月24日的订单里忘记注明旅行车的颜色”，就不如用“请让我知道您喜欢哪一种颜色的旅行车，以便我立即将订货发出”让对方看了心里舒服，愿意继续与你沟通。尤其在发出拒绝、斥责、投诉一类信函时，要语气婉转，让对方易于接受，从而达到联络沟通的目的。

三、使用正确的信函结构

商务函电的结构以商务信函为基础，传真、电子邮件等在写作结构上基本参照商务信函的结构。使用正确的信函结构包括下述两方面。

（一）信纸、信封的要求

商务信函的读者在没有阅读信函之前已经对信封以及展开的信纸留下了深刻的印象。信封、信纸的品质、图案的设计、文稿的布局等都体现出发函公司的形象。即使信函内容写得无懈可击，只要这些地方出现瑕疵，如随意撕下的半张纸、破损的信纸、大小不一的几张信函、信纸折叠不规范、信纸与信封不配套等，都会大大降低信函的影响力。

信纸的品质视重量与材质而定，好一些的可以用含25%棉纸的高级证券用纸，其中又分为平面、荧光、纹状等，还可以专门在信纸上设计代表企业文化的浮水印。通常也可以用18磅左右的复印纸。

信纸的尺寸现在国际上通用A4规格，即297cm×210cm。我国过去使用的B5规格的纸张已不能适应当今各企业在文件归档中力求纸张大小统一的要求，因此不要再发出B5大小的信函。

信纸的颜色最常用白色，而其他的浅淡色，如浅灰、微蓝、淡绿及象牙白等，也很受欢迎。

企业如果建立了企业形象识别系统（corporate identity system），就会进行统一化、规范化、标准化的整体设计，其中就包括设计各种类型的信纸、信封，将代表企业形象标志的图案和相关信息进行统一规格的印制。若要代表企业发出商务信函，就要使用印有企业形象标志的信纸和信封，而不要使用空白信纸，且纸张应平整、清洁。一般印有企业形象标志的信纸和信封上有企业的全称、地址、电话号码、传真号码、网址、邮政编码以及企业标志图案，企业标志图案的颜色也需与企业确定的统一色相一致。例如，北京外企服务集团有限责任公司的企业标志图案由36个红蓝色小方块组成，其中28个红色的小方块组成英文字母F（foreign），表示对外服务。其信纸和信封上也有这样的标志图案。又如，北京双鹤药业股份有限公司的企业标志图案为松柏衬托下的两只仙鹤，一只引颈高歌，一只低头觅食，颜色为绿色或灰色。

常识点滴

> 企业经过设计确定的企业标志应用非常广泛，仅在纸面上显示的应用部分就包括：名片、各类大小信封、不同规格的信纸、传真纸、介绍信、便笺纸、留言条、签发单、稿纸、文件袋、文件夹、档案袋、礼品袋、记事簿、台历、工作证、车证、来宾卡、出席证、出门证、胸卡、请柬、贺卡、聘书、礼品标签、包装纸、外装箱、企业简介封面、刊物画册封面、样本封皮、年报封面等。

企业发出商务信函，通常使用与信纸配套的袋式信封，信封类型如图 2－1 所示。一般袋式信封的尺寸为 110cm×220cm。信封上已经印明了发信人的地址、邮编等。发信时，信封上收信人的信息要写清楚，除了写明收信人的邮政编码、详细地址外，还要写清楚收信人的姓名。姓名后的称呼不是发信人对收信人的称呼，而是邮递人员对收信者的称呼，通常可写“先生”“女士”“同志”。在后面可以用“收”“启”作启封词，礼貌表示请对方拆封之意。

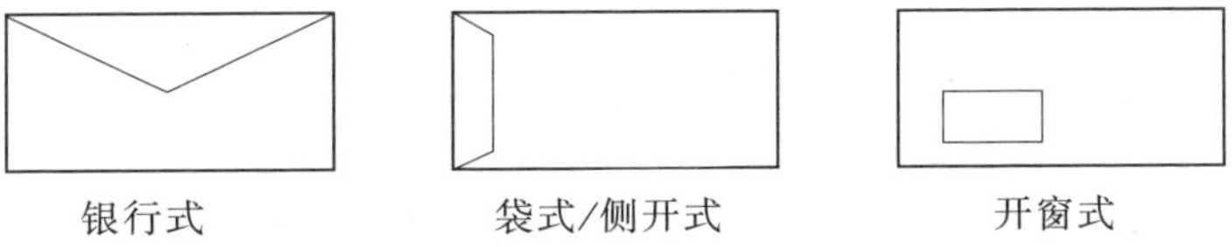

图 2－1 信封的类型

信纸通常折三折，字迹在里，先从信纸下端上折 1/3，再从信纸上端下折 1/3，并保持信纸上端高于折叠线 5～6mm，方便收信人打开信笺时不会倒置。如果装入银行式信封，折口要朝上装入。这样让收信人打开信即可看到亲切的称谓与问候，同时表现出寄信人的谦恭和礼貌。

如果企业发出批量印刷信函，可以使用企业印制的开窗信封。这时，收信人的信息直接打印或粘贴在信纸上，并印好折叠线，使信纸折叠装入信封后，收信人的信息正好与窗口的边沿相距 5～6mm，方便邮递人员准确投递。

（二）信函结构的要求

商场名言

> 打开的信函彰显着企业的风格，展现着企业的形象。

一封商务信函被拆封打开，首先看到信的全景，就像一个人在帷幕拉开时首先看到的舞台一样，要让人赏心悦目，愿意阅读。无论是页边空白，还是字号字体、行距字距，都要让人看了舒服。

当今企业对外发信都使用计算机输入，这就要求在排版时首先要估计文件的字数，再确定行距和字距，而字体通常多用宋体，最后确定上、下、左、右的页边空白尺寸。多数企业信纸的上方印有标志和有关信息，因此上方的空白尺寸要相应确定，左右最少应留出 25mm。若信函要用几页纸，则每页的页边空白、字体字号、行距字距都要一致，而且最后一页要保证有三行正文，不能只有落款几个字。如果打字时发现只有落款或只剩一行字时，应重新对页边距、行间距或字体等进行调整。美观的信函最好落款在纸的下半页，使版面平衡协调。

如果亲笔书写，要字迹工整，不要涂改。可以用蓝色或黑色笔写，勿用红笔。

信函的内容一般包括下述几部分。

1. 信头部分

（1）文书编号（需要时可用）。

文书编号多用于需要存留复件或需要与对方反复回函的信函，它便于日后查找发出信函。

（2）发文者/打字者姓名（需要时可用）。

发文者/打字者姓名是告诉对方一些参考信息，多用于由秘书或他人代发文者执笔或打字并经过发文者同意的信函，有时也表明回函时对方可以回给执笔者。签发人的姓名写在“/”前面。例如“黄志刚/苏静”的参考信息表示，该信函是由苏静执笔写的，由黄志刚签发的。

（3）对受文者的称谓。

称谓是写信人对受文者的尊称，顶格书写，是每封信函必有的一项。书写时可使用以下两类称呼，其后加冒号，以引下文：

一类是使用泛尊称或不指名尊称，例如泛尊称中的“尊敬的先生”“尊敬的女士”“尊敬的朋友”等；不指名尊称中多使用职务、职称等头衔称呼，例如“尊敬的销售部经理”“尊敬的财务总监”“尊敬的教授”等。

另一类是使用具体指姓或指全名的尊称，姓名后面要加上称呼语。如果写信人认识受文者或很明确要发给的人，最好使用这一类。因为这样称呼是把受文者看作有感情的活生生的人，表示出“我特意写给你”的亲切。称呼语可以用泛尊称中的“先生”“女士”“同志”等，也可以用职务、职称、学位等头衔，例如“尊敬的李先生”“尊敬的刘红女士”“尊敬的张经理”“尊敬的王总监”“尊敬的陈教授”“尊敬的赵博士”等。

2. 正文部分

（1）件名或主题（需要时可用）。

有的信函标注“件名”或“主题”，使收信人一打开信就知道信函的内容，明白信的要旨，也方便对方分发和在归档时能参照件名而归类。件名、主题通常用简练的措辞表述，放在一行的中间。件名、主题的含义要确切，才能有所帮助。例如某信函的件名是“厂址变迁”，很清楚让对方知道此信就是告知新厂址的详细信息或联络方法。有的来往信函不需要使用件名和主题，不要硬加，以免让收信人感到生硬。

（2）开头应酬语。

开头应酬语是商务信函都有的，即对收信人打招呼的礼貌问候语或一两句向对方表示尊敬的话，最简单、最常用的是使用“您好”这两个字。对初次联络的有用“久仰高名，未亲雅教”表示尊敬的，回函时有用“惠书敬悉，不胜感激”表示感谢的。

（3）正文。

正文是信函的中心和主体部分，写信人要把双方商洽的事项或要传递的信息叙述清楚、明白。一封能引起收信人阅读兴趣的好信函是由其结构、语法、风格、逻辑、词语等构成的，只有将它们有机地结合在一起，才能在纸面上产生有形的效果。这不仅是写信人才能、知识的反映，也是企业整体形象的体现。内容多的可以分段写，一般分段开头都采用空两格的结构，当今用计算机打字，越来越多的企业接受英文信函的齐头式结构，正文每段都不留空格，而是顶格书写。

（4）结尾应酬语。

正文结束，常用一两句结尾应酬语表示对收信人的礼貌周到。例如提出事由的信函，最后可以用“拜托之处，将不胜感激”；希望回函的信函最后可以用“敬候回音”等。结尾应酬语视信函的内容而定，有的短信不用结尾应酬语也可，直接进入信尾部分。

3. 信尾部分

（1）祝颂语。

所有的商务信函结束都要使用祝颂语。祝颂语分为祝者自身的“请候语”和收信对方的“安好语”两部分。请候语在正文结束后空两格或另起一行空几格书写，例如常用的有“恭祝”“敬希”“顺颂”等。安好语一定要另起一行顶格书写，表示对对方的尊重，例如常用的有“商祺”“金安”“生意兴隆”等。

（2）署名及签名、用印。

商务信函的署名要根据企业的要求或写信人的意见来定。有的企业用单位名称加企业印章的方式，其用法如同公文的做法。有的企业希望写信人直接署名或用手签而不用企业印章的方式，以示对信函中的内容负责。个人签名要亲自手签，而且要使用稳定的、别人不易模仿的字体手签。这种方式通常是在信尾右下方先留足发函者手签的位置，然后在下方打印出发函者姓名及职务，姓名及职务通常排几排。例如“上排：古××，中排：人力资源部经理，下排：××有限责任公司”。有的还用“拜启”“敬上”“谨复”等“启告语”表示礼貌。如果已经用了带企业标志的标准信纸，就不必在签名下再写企业名称，只需写上职务即可。如果需要用个人的私章，则一般盖在姓名最后一个字的下面。

（3）日期。

中文的商务信函一般将写信的日期放在署名的下面，年、月、日可以如同公文的格式用汉字写于署名的下一行，例如“二〇一八年三月八日”；更常用是以阿拉伯数字标注年、月、日，例如“2018 年 3 月 8 日”；还可以按照国际标准简写法使用的阿拉伯数字标记年、月、日，在一位数的月、日前加“0”，例如“2018. 03. 08”。无论哪种写法，都要写齐全，以便存档备查。

（4）附注（需要时可用）。

在信纸的左下角可以标注“附件”“补述”“抄送”等信息，如果附件不止一件，要分别标注“附件一”“附件二”等。现在许多企业经常用英文的缩写字母“Enc.”（Enclosure）来表示附件，例如，“Enc. 3 Invoices”表示附件是 3 张发票。用“P. S.”（Post Script）来表示补述，例如发给香港的信件已经写完，其中提到不少产品的价格，为了使对方明晰价格单位，可以在信纸的左下角标注“P. S. 本函所指价格为人民币元”来表示。用“C. C.”（Carbon Copy）来表示抄送，如果除收信人外还有副本抄送别人，则用 C. C. 引出。用“P. P.”（Per Pro）来表示代签，意思是 on behalf of（代表），如果这封信是秘书或打字员代替上司签名的，则要用 P. P. 注明。

例 2-1

杭州腾飞保险公司标准信笺

尊敬的王先生：（称谓）

您好！（开头应酬语）

由香港保险业联合会提出的……

…………

希望您能在 4 月 23 日抵达香港。（正文）

有何需要，请不吝赐教。（结尾应酬语）

顺颂

商祺！（祝颂语）

张××谨启（手签）（署名）

副总裁

二〇一八年三月二十日（日期）

附件：×××××

抄送：×××××

第二节　商务书信

薄薄的商务书信承担着社会交往的重任，是企业之间相互来往的重要纽带。不同行业、不同事由的商务书信种类非常多，现将企业商务书信中最常见的日常联络信、推销信、询问信、联系函、报价信、还价信、预订信、订购信、接受订购信、索赔信、理赔信、催款信、致歉信和婉拒信介绍如下。

一、日常联络信

商场名言

成功的商务运作离不开必要的商务沟通。

企业与客户、供应商、同行间的日常联络书信都有不同的目的，有的是为处理日常事务，有的是为往来生意沟通，有的是为告知企业信息，有的是为扩大对外联络，有的是为介绍推荐人员，有的是为复函回答对方，各式各样，不胜枚举。这类日常联络书信的写作结构一般按照通用格式；内容要根据目的，说清意图；文字简洁流畅，表达善意。总之，要做到收信人看后觉得清晰、温暖，达到既将事情办好，又强化友谊的目的。

例 2-2

尊敬的胡先生：

您好！

杨总经理外出，要过一段时间才能回来。

您给杨总经理的信我已汇报给他，现由我寄上您所需要的资料，希望这些资料没有耽搁您的工作进度，并对您有所帮助。

在杨总经理回来之前，若还需要我帮忙，请不要犹豫，我定会尽力协助。

敬祝

商祺！

杨总经理秘书

黄××敬上

2018 年 3 月 20 日

［评析］

这是一封极为普通的处理日常事务的联络文书，信函针对对方要求，将问题表达得很清楚；文章短小精悍，又显得有礼。胡先生虽未接到杨总经理的亲自回复，但通过秘书已经得到了满意的结果，并会对杨总经理的公司留下良好的印象。

例 2-3

维修部负责人：

您好！

我公司去年 9 月购入贵公司 1 台 CX5100 型号的复印打印机。由于对这种兼有两用功能的机器不熟悉，造成故障，希望贵部能安排相关技术人员上门维修。我公司的地址是济南市××北路 114 号；电话号码是××××××××转×××；联系人江××。

若能及早得到贵部的帮助，将令我们感激不尽。

恭祝

新年风顺！

××投资股份有限公司

行政部

2018 年 1 月 9 日

［评析］

这是一封很普通、很常用的联络信。写信人是本着双赢的指导思想来撰写的，字里行间体现了相互平等、精诚合作的原则，信写得很有礼貌、很尊重对方，能够达到预期目的。机器坏了，是让人着急的事，如果写信的指导思想不对，信中出现让对方不舒服或产生歧义的语句，例如“由于你公司机器质量问题，总出故障”或“要求你们收信后立即派人来维修”等，反而达不到应有的效果。

二、推销信

商场名言

每封推销信都是对客户的书面承诺，必须兑现。

企业经营中，肯定会有推销活动用信函来进行的，所以推销信是使用最广泛的商务书信。发出推销信就是让对方认识你、接纳你推销的产品或服务，所以推销信的写作应当人性化。

推销信的结构一般包括开端语、正文、结尾三部分。

开端语要做到醒目、有独创性，要引起对方的注意，且简明扼要。为此，开端语常采取有趣的语言、故事、名人名言、民间谚语等形式，突出产品及优点，使读者一读就有“这就是我所需要的东西”的感觉，随之自然过渡到产品介绍上来。

正文部分要在开端语的基础上乘胜追击，将潜在客户的兴趣提升到有强烈购买意愿的程度。通常是依据事实进行产品介绍，具体而充分地分析产品的显著特点，以及它与其他产品的不同之处，如操作方便或质优价廉等。介绍产品要胸有成竹且自然客观，力求言语生动活泼，强调产品的突出特色。还可以适当运用用户的表扬信，让读者唱主角，使读者的认同感增加。在信的最后，常提及价格的合理性，用具体的数字说明购买后可省钱等。如果价格优势不是特别突出，最好是在介绍产品的特点、长处之后报价。

信的结尾，推销者须充满信心地呼吁，以激发读者的购买欲，并明确提出己方期待读者的回应，如希望他填一个订购单或打一个电话等，要说明这种行动的简单性和可能得到的优惠。最后要感谢对方，因为你占用了他的时间。

经验丰富的商家总结出写作推销信的四项重点，即 AIDA 公式，它们是：对方的注意（attention）、兴趣（interest）、意愿（desire）以及行动（action）。这四项重点环环相扣、互为因果。

写推销信是希望得到客户的认可以销售产品，因而可以写得生动、有特色、引人注意、吊人胃口，但真实是根本。信中所有关于产品的名称、品质规格、包装、收费方式等内容，报出的价格、计价单位，给予的优惠或奖品，都是对客户的书面承诺，都是白纸黑字的证据，都要事后兑现，否则就是对客户的最大欺骗。切忌写出叫卖式浮夸、欺骗性诱导等有损企业诚信的推销信。

例 2-4

亲爱的顾客：

您好！

在这秋高气爽的好天气里，您会发现五颜六色的长短丝巾成为城市一道亮丽的风景线。

“秋日丝语”栏目里汇集了我们为您精心挑选的 100 种色彩艳丽、搭配性超强的小方巾、长围巾及披肩，面料多以轻薄的100%真丝及天然亚麻为主，采用了手工染色、喷绘、锁边等工艺，特别能显现您浪漫清新、柔媚无比的女性气质，相信肯定会有几款让您爱不释手。

为答谢广大顾客，我们还专门配备了手工绘制的丝巾扣作为小礼品。

买就送，多买多送，别错过机会哦！

（略）

[评析]

该信函一开始就吸引买方对商品的关注，接下来着重介绍商品的品种、质地、特征和优点，最后还用买就馈送小礼品来抓住顾客的心理。信函语言通俗、活泼，能引起人们的兴趣。

三、询问信

询问对方某些想获知的信息的信函是最常见的商业书信之一。它可能是潜在客户对商品有了兴趣而就某项商品交易的条件向卖方询问商品的价格或咨询有关产品信息的书信，也可以称为询价信；它也可能是卖方有目的地征询客户和收信人对某产品意见的一份问卷；它还可能是卖方发出广告主动邀请潜在客户回复询问信以索取免费样品、产品目录或资料。无论哪一类，最好的结果是让发信人和收信人都皆大欢喜，有所收获。询价信并不是双方交易的开始，故没有法律约束力。

发出的询问信要想得到对方的答复，写信人首先应注重礼貌。如果是第一次与对方接触，应该在信的开头将自己如何获得产品信息做交代。信中询问的问题要注意以下几点：

（1）问题要明确，表达要清楚，让对方一目了然。

（2）问题排列要有逻辑，所提的问题不要分散，不要东拉西扯。

（3）问题的数量不要过多，使对方难以答复。

询问总是需要对方答复的，所以要写明自己的地址和联络人。

例2－5

广西××公司通过同行推荐有意购买山东××公司的××机，但需要进一步了解机器详情和价格，故第一次向山东××公司销售部发出询价信。

尊敬的先生/女士：

您好！

多位同行向我推荐贵公司生产的××机，深知它为国内名牌产品。我公司目前需要××机若干，有意订购贵公司的产品。贵公司能否将××机的产品性能、配套装置等有关细节资料、价格目录、结算方式寄给我公司，供我们参考。

若贵公司能在6月20日前告知，我们将不胜感激。

再次感谢，盼望回复。

联络地址：××××××××

联络电话：×××××××

联系人：××

顺颂

商祺！

广西××公司

业务部

2018 年 4 月 25 日

例 2-6

山东××公司的××机销售了一段时间，希望通过问卷调查了解用户的意见。

尊敬的先生/女士：

您好！

由衷感谢贵公司使用我公司生产的××机，成为我们忠实的朋友。为了更好地为您服务，我公司正在进行征询用户意见的活动，热切希望您能在百忙中将您的宝贵意见反馈给我们，我们将感激之至。

恭祝

夏安！

山东××公司

市场部

2018 年 5 月 10 日

附件：调查问卷一份

回函信封一个

［评析］

例 2-5 是询价信，所询问的对象是一个，所问的信息很明确，回复的联络方式也齐全。例 2-6 是征询意见信，所征询的对象是多个，所问的信息和回复的联络方式放在附件上，还主动为对方准备好信封、附上邮资。这类希望对方填写问卷答复的信，更要对用户礼貌，问题设计要有逻辑，量不要太大，最好用打钩方式回答问卷，尽量少占用对方时间。

四、联系函

任何一家公司企业在正常管理与运营中，都离不开与其他公司企业展开正常的商务业务往来。无论是最初建立商务关系，还是扩展合作范围，以及洽谈具体业务，联系函都是不可缺少并使用频繁的商务信函之一。

起草联系函要注意以下几点：

（1）确保主旨明确，突出发函的针对性。

（2）体现态度诚恳，要履行什么事项、希望达成怎样的结果，都要明白无误地交代清楚。

（3）注重礼节礼貌，重点是在结尾处要用好结尾语。

例 2-7

××公司：

我公司在《化学杂志》上得到贵公司的名称和地址，诚盼与贵公司建立商务关系，特致函奉告。

本公司系中国化学产品最大的出口商之一，具有60余年商务经验，商誉驰名，我公司的服务和产品品质保证会使贵公司满意。

如需对我公司的信用情况作进一步了解，请向中国银行深圳分行直接查询，或通过中国银行官方网站查询。祈盼尽速回音。顺颂

商祺

××商贸公司销售部经理：韩××

2018年8月6日

五、报价信

商场名言

企业对对方询问的承办时限体现出一个企业的效率。

在商业交往中，作为卖方接到客户的询问信应该极为重视，因为一封询问信就意味着一次销售的黄金机会。所以，卖方应针对客户的询问立即发出有关产品信息的报价信。写报价信要注意：

（1）回函要及时。具体回复时限应该遵照各个企业在"承办周期规定"中所要求的时限确定，切不能因为回复迟缓而丢掉潜在的客户。

（2）内容要真实、确切。报价信是代表企业对客户做答复，要尊重对方，这也体现了己方的诚信，不能想当然地回答而实际不能兑现。

（3）答复要周到。回复信的内容要针对对方所询问的事项，并尽可能地将交易中会遇到的问题答复周到，通常包括：产品的数量、质量；产品的规格、标号；产品的价格和优惠情况；产品的包装和交货方式；产品的交货时间和结算方式，等等。最后还应写上"如有问题，欢迎再询"以示礼貌。

如果卖方已经有印制成册的产品介绍、产品目录、产品价格表等，可以向询问方回复短信，并将涉及买方问题信息的小册子随信寄予。如果对方询问信中的问题你无法、无权做答复，可以转给有关部门答复，不能拖延回答时间或不予理睬。

例2-8

瑞福箱包公司6月9日收到××购物中心6月6日发出的询问信，信中希望了解最大号旅行拉杆箱的有关信息。瑞福箱包公司销售部6月10日回函对方，给出报价。

尊敬的章经理：

您好！

由衷感谢贵公司来函询价，现将我公司最大号皮质旅行拉杆箱的有关信息提供如下：

产品编号：NP-F3552/32

产品质量：一级牛皮

产品规格：80cm×50cm×30cm

产品包装：标准硬纸箱

产品价格：2 200元/只

产品结算方式：商业汇票

交货方式：送货上门

送货日期：本市收到订单3日内

优惠价格：订单达20只按9折

如有问题，欢迎再询，我们期待着为您服务。

恭祝

商安！

瑞福箱包公司
销售部
2018年6月10日

［评析］

该报价信回复及时，答复周全，语言温和友好。

六、还价信

在商品成交前，买卖双方对商品交易中的有关问题，例如规格、包装、运输、价格等会有不同的看法或要求，这时需要通过书信磋商，以逐渐达成共识。交易的双方都可以写信将己方对交易中具体问题的看法、要求或理由告知对方，这类信函就是还价信。

还价信在写作上要注意：

（1）还价信是双方平等沟通的体现，是相互间的协商与交流，双方都可以借以表达自己的看法或要求。

（2）还价信的内容要点是某商品交易中有争执的相关信息，不牵扯其他问题，要做到对事不对人。信中只谈论商品交易上的不同认识，不能针对对方的人或单位。

（3）信中用词用语不能强硬，更不能用胁迫的语气。如果确实不能满足对方的要求，也要婉转说明，以求得对方理解和谅解，保持友好的商务来往。

例2-9

××购物中心收到瑞福箱包公司的报价信后，认为瑞福箱包公司提供的旅行箱品质、规格等条件都很令人满意，只是价格过高，给瑞福箱包公司发出了还价信，要求将单价降低5%。瑞福箱包公司销售部收到还价信后，又立即给××购物中心以答复。下面就是瑞福箱包公司销售部回复对方的还价信。

尊敬的章经理：

您好！

感谢贵公司6月12日发来的还价函，明悉贵方难以接受我公司的报价，非常遗憾。

我公司是生产皮质箱包的专业公司，产品品质一向优良，价格合理，尤其是大号牛皮旅行拉杆箱，皮质和工艺都要求非常严格，采用的是欧美流行款式，轻量化设计；外形稳重高贵，内装简洁大方；滑轮系最新型静音轮组，行走时无任何噪声。贵方要求将单价降低5%的还价，我方经慎重考虑，确实难以接受。

考虑贵公司在××市的信誉和销售量，我公司最多只能将原报价降低1%。

恭候佳音。

顺颂

商祺！

瑞福箱包公司

销售部

2018年6月18日

［评析］

这是瑞福箱包公司销售部第二次给××购物中心复信，这次是针对××购物中心发来的还价信的回复。该信并没有在信中指责对方所要求的降价，而是以友好的态度合情合理地分析了不能降价的原因，语气礼貌温和。

七、预订信、订购信

商场名言

订购信的书写者要时刻牢记写出的一字一句都是代表你的企业。

（一）概述

预订信常用于预订旅馆房间、预订机票；订购信常用于订购商品、货物。这类信函是写信方表示接受对方的交易条件，并用信函形式作为成交承诺的商务文书。发出去的预订信或者订购信均以白纸黑字说明写信方的需求，所以具有法律约束力，要承担责任。预订信或者订购信也是对卖方报价的认可信，写信前一定要考虑清楚或得到上司批准方可动笔。

写预订信或者订购信要注意：

（1）要将己方的需求信息向对方讲清楚、说明白，表述要准确，不能含糊不清。

（2）对预订或订购的货物及各类服务的要求要写得具体、完整、正确，不得涂改。订购时若不将所有细节考虑齐全，将会给以后带来麻烦。

（3）发出的信是希望得到对方的确认，因此要将己方的信息如地址、电话、联络人等写清楚，以便联络。

（二）分类及写作内容

1. 预订宾馆房间的信函内容

（1）客人的人数、姓名、性别及国籍。

（2）需要订房的种类、房间间数等相关要求。

（3）客人计划到达日期、时间，离开日期，入住天数。

（4）客人对房间的特殊要求。

（5）付款方式。

（6）联络方式。

（7）要求宾馆给予确认。

2. 预订交通工具的信函内容

（1）客人的人数、姓名、国籍及证件号码。

（2）客人乘坐交通工具的起点和目的地。

（3）客人乘坐交通工具的日期、时间。

（4）客人对乘坐交通工具的具体要求，如航空公司、航班、机型等。

（5）客人乘坐交通工具的舱位等级或特殊要求。

（6）付款方式。

（7）联络方式。

（8）要求对方给予确认。

3. 订购货物的信函

订购货物的信函用于买方按双方谈妥的条件向卖方正式订购所需货物。其形式有两种：一种是写信说明所需订购的货物；另一种是下订单，即以表格形式制作订单，列明交易的条件。有的供应商提前将产品目录发给买方，并附上印制好的订购回执单，买方只要填写清楚相应栏目即可作为订单。

无论哪种，其内容都包括：

（1）所需商品的准确名称和货物编号（目录编号）。

（2）所需商品的详细规格和质量要求，包括检验方式。

（3）所需数量，无明确数量则写明最高或最低量。

（4）商品的单价和价格条件。

（5）商品的包装、运输方式及保险。

（6）明确订购日期和交货日期。

（7）要求商品运达的目的地或交货地点。

（8）结算付款的方式。

若订购几种商品应分别列明以上内容。如果信发出后没有回音，可以向对方发出催问信。

常识点滴

填写订单时，需要考虑的信息包括：

（1）商品：名称、编号、式样、颜色、质量。

（2）数量：多少、长度、每项货物的最高和最低限制。

（3）价格：单位价格、折扣率（或佣金）、总额。

（4）包装：箱装、盒装、袋装、瓶装（视货物需要）。

（5）装运：装运须知、时间、地点（起运地、到达地）、运输方式、保险。

（6）付款：付款方式，确认双方议定的付款条件以及代理银行。

（7）其他：订单号码、日期、负责人签字。

例 2-10

尊敬的王先生：

您好！

贵公司 4 月 16 日的报价单获悉，非常感谢。我公司对货物的品质和价格均感到满意，特订购下列货物：

喜乐女表	B340420	100 只	单价 170 元	金额 17 000 元
方波两用表	B341470	50 只	单价 250 元	金额 12 500 元
超薄对表	B342450	30 对	单价 300 元	金额 9 000 元
荧光对表	B342480	30 对	单价 280 元	金额 8 400 元
				合计 46 900 元

总金额（大写）：肆万陆仟玖佰元整（人民币）

交货日期：2018 年 4 月 30 日前

交货地点：××市××路 11 号百花公司

联络方式：张××先生 480××××

结算方式：转账支票

货物要求迫切，盼望准时交货为荷，谢谢。

顺颂

商祺！

百花日用品公司

市场部

2018 年 4 月 20 日

八、接受订购信

卖方接到买方订单后应该回函给予答复，表示是否同意接受对方的订购，以及还有些什么需要告知对方的，这也是商家对客户的礼貌。订购信和接受订购信是相对应的，接受订购信是订购信的复信。接受订购信既然是给客户的答复和确认，写作时就要慎重，写就的字不能反悔。例如，写出“三天内交货”五个字，就要能做到。虽然接受订购信的内容比较简单，但语气要肯定，要显示出本企业的信誉。

写作要点包括：

（1）收到对方订单的具体时间。

（2）同意并确认接受订购交易。

（3）告知对方发货的具体时间及货物运送等事宜。

（4）明悉货款支付事宜。

（5）询问对方还有什么其他要求。

接受订购信回复要及时，回答明确，表态肯定，礼貌周全。

例 2－11

尊敬的张先生：

您好！

非常高兴获悉贵公司4月20日的订购函，所需4种款式时尚手表货物，我公司备有现货，我方即速办理，保证货物将在贵方要求日期内送抵指定地点。

交货时请贵方将支票备齐。

贵方对货物还有何要求，请即函告。

感谢贵方的惠顾，望保持经常联络。

顺颂

商祺！

飘逸时尚饰品公司

销售部　王××

2018年4月23日

九、索赔信、理赔信

（一）索赔信

出现商务争议或贸易纠纷后，有时双方可以通过协商来解决。书写索赔信就是其中的一个办法。它是受损一方为了维护自身权利，也为了解决问题，而用书面形式向违约一方提出索赔要求的信函。索赔信写好后尽可能发给相关的公司，但也可以发给新闻媒体、消费者协会等监督部门。

1. 索赔信的写作要求

（1）写信前先要认真阅读双方签订的合同和来往函电，分清是非责任。

（2）收集足够的书面文件和证明，可作为信函的附件。

（3）要相信对方收信人会正确处理这一申诉案件，要冷静说明索赔的项目，清楚而具体地解释索赔的理由。

（4）所提出的索赔要求应合情合理，不能漫天要价。

（5）措辞和语气要礼貌，要与索赔原因等情况相适应，要促使事态朝有利于赔偿的方向发展。

2. 索赔信的内容

（1）案件的基本情况，包括事由、时间和原因。

（2）对方违约的事实及依据。

（3）索赔的理由和违约证据。

（4）明确提出索赔意见和要求。

（5）附件，包括双方来往函件及有关证明材料。

例 2－12

邦盛化工机械有限公司就原隆建材有限公司拖欠15台造粒机货款一事向原隆建材有限公司发出如下索赔信。

尊敬的原隆建材有限公司负责人：

您好！

就贵公司经营部去年10月始拖欠我公司15台造粒机货款一事，我公司决定郑重向您及贵公司提出申诉索赔，意在通过我们双方协商的办法来解决该事件。

具体申诉项目及理由如下：

…………

而货款迟迟未付，此间，我公司多次催问，均未见回音，至今已近1年。

我公司经营中因缺此款，已出现运转不灵的现象，损失金额达××万元。

我公司热切希望贵公司务必在本周内将货款（含利息）全部寄至或转入我公司账号。

特此函达，谢谢合作！

此致

敬礼！

邦盛化工机械有限公司

2018年9月10日

附件：×××票据复印件

［评析］

该索赔信开门见山地提出拖欠货款一事，接下来申诉理由及对此事的不满，并说明给企业造成的损失，然后提出索赔意见，最后附上所有相关的文件作证据。这是一封经过长期催款后仍未能解决问题而写的索赔信。虽然此信含有一定的压力，但仍心平气和地讲道理，用词用语礼貌而有分寸。

（二）理赔信

如果企业收到索赔信，应该认真对待，不可马虎，因为它影响着企业的形象和未来的订单。为此，要向索赔人写一封索赔处理信以示答复，即理赔信。

1. 理赔信的写作要求

（1）要认真阅读对方的索赔信，搞清缘由。

（2）仔细调查，明晰原委，然后再复信。

（3）要以诚恳友好的态度处理问题，有错认错，无则加勉。

（4）语言朴实不遮掩，要使用道歉语等，做到礼貌得体。

2. 理赔信的写作内容

（1）先引对方来函及事由。

（2）提出对争议的看法。其中经过调查，责任不在己方的，应友好地帮助其分析事情发生的原委，提出改善建议；如果责任确实在己方，应真诚地向对方道歉，解释事情发生的原委。

（3）写明解决索赔案的意见和处理方法。

（4）信尾要礼貌地感谢对方在解决争议中的合作态度并表示促进友谊的愿望。

例2-13

彩迪玻璃器皿公司4月8日收到某百货公司发出的一封索赔信，提出所收到的货物与订货样品不符。彩迪玻璃器皿公司立即请销售部逐个环节调查，发现对方提出的问题属实，是本公司出库时给对方装货出现差错，故立即答复对方一封信，表示理赔。

尊敬的业务部经理：

您好！

贵公司3月17日来函及货样收悉，十分感激。

信中提到我公司发出的玻璃器皿与订货样品不符一事，我公司立即进行了调查，发现装箱时误装了部分二等品。这确实是我方工作的差错，对给贵方带来的困扰和不便，我们深表歉意。为此，我方愿意接受贵公司提出的要求，将质量不符合要求的部分产品按照降低原成交价30%的折扣价来处理。

若对此事的处理还有异议，欢迎继续来函商洽。产品的质量和客户的满意是我公司努力争取的目标，请相信今后将不会出现类似失误。

希望继续与贵公司友好合作，并得到贵公司的指点及帮助。

特此函复，谢谢！

恭祝

财运亨通！

销售部副经理

冯××敬上

2018年4月2日

十、催款信

催款信是比较难写的商务信函。写催款信有两个目的：一是催收到期的欠款，提醒买方付款结账；二是继续保持双方的友好关系。因而催款信常常不是写一封就能达到目的的，需要催款方根据实际情况设计一系列信件。

（一）催款信的写作要求

（1）掌握催讨的政策，要根据不同情况选择最佳政策，才能影响对方的态度，收到良好的反应。

（2）以保持友好关系的态度写信，内容力求简单，不要伤害对方情感，形成敌意。

（3）注意用词分寸，不要用尖酸刻薄、讽刺挖苦的语言；也不要胁迫要挟对方，动不动就下最后通牒。

（二）催收信的内容

（1）写明催款单位和欠款单位的全称和账号，必要时写上催款单位的地址、电话和经办人姓名等。

（2）指明欠款的原因、时间、金额、发票号码等具体信息。

（3）说明催款单位的处理意见，需要时要强调最后期限。

例 2-14

××公司：

贵我公司于 2014 年 4 月 18 日签订了××商厦建筑施工合同。合同签订后，我公司严格按照合同组织施工，并于 2017 年 10 月 18 日完成竣工验收，随后交付贵公司使用。但时至今日，贵公司一直未做工程结算（我公司已于 2017 年 10 月 28 日将全套工程结算材料正式转交贵公司），导致工程款不能落实，故特向贵公司制发此函，请于 2018 年 1 月 8 日前完成工程结算工作。

收到本函后，请贵公司将回执签字盖章后挂号邮寄给我公司。

邮寄地址：××××××××

邮　　编：××××××

××公司（公章）
2017 年 12 月 22 日

（三）不同阶段的催款信

多数大企业将催款信分为三个阶段发出。

1. 第一阶段

第一阶段的催款信可以包括一封打印的有固定结构的信或一封简短亲切的便函，加上盖有催款单位印章的月份账单。这一阶段的催款信应该用友好的口吻，强调以往和对方的良好关系，认为这次欠款是对方业务繁忙，一时疏忽大意，所以致函只是予以提醒，相信对方能付清结算等。

例 2-15

某公司研发部从文昌办公用品公司销售部购买了一批打印机，超过了规定的期限仍没有将款额付清，文昌办公用品公司销售部向该公司研发部发出第一阶段催款信。

尊敬的××公司研发部：

在此向贵公司问好。

自我们两公司合作以来，双方信赖，关系一直良好，希望这种互利友好的关系永远保持下去，热切盼望上批打印机款额尽快寄来，为我们今后的合作关系奠定更坚实的基础。

恭祝

生意兴隆！

文昌办公用品公司销售部
2018 年 6 月 10 日

附件：票据复印件

第一阶段的催款信也可使用标准模板形式。公司可印制标准样式的催款单，用时只要填上相应几项内容即可。

例 2-16

友朋公司印制的第一次催款单的标准样式如下。

友朋公司催款单 **编号：**

单位名称：________________ 单位地址：________________ 电话号码：________________ 这只是一次友好的提醒。 第一次通知 发出时间：________________	致：________ 您好！ 如果您的支票已经寄出，请不要理会这份通知；如果您的支票还未寄出，我们热切地期待着您能及时将款额付清。 衷心感谢！ 发票号码：________________ 到期时间：________________ 所欠金额：________________

2. 第二阶段

第二阶段的催款信应直截了当地要求对方付款，并询问对方有什么困难，邀请对方商议付款事宜；如果有其他的付款方法，也可以向对方提出。信中可以强调良好信用的重要性，要求对方注重信誉。这一阶段的催款信语气要坚决、直截了当，但不可粗鲁，也不可讽刺和威胁。

例 2-17

文昌办公用品公司销售部发出第一阶段催款信后，并没有得到某公司研发部的回应，于是发出第二阶段催款信。

尊敬的××公司研发部：

贵公司 2018 年 6 月 1 日从我公司购买的一批打印机，双方协议于 2018 年 6 月 4 日付款，现已过期 20 日有余，请尽快付清款额。良好的信誉是我们双方应共同遵守的，如果贵公司有什么困难，可来人来函商议付款事宜。联系电话：×××××××，联系人：王××。

望速回音。

恭祝

生意兴隆！

文昌办公用品公司销售部

2018 年 6 月 28 日

3. 第三阶段

第三阶段的催款信要反映出一种紧迫感，语气措辞愈见坚定，毫不含糊地要求对方尽快付款，否则将提出诉讼，采取法律行动。信中要表示出你方已经做到仁至义尽，要明确限定对方付款期限。

例 2-18

文昌办公用品公司销售部发出第二阶段催款信后 10 天，某公司研发部仍然没有任何动作，于是以文昌办公用品公司的名义发出第三阶段催款信。

尊敬的××公司负责人：

贵公司应于 6 月 4 日向我公司付款一事迟迟未兑现，现已过付款期 1 月有余，此间多次去函催问，未见回音。我公司投入再生产急需该笔款额，请务必于 7 月 13 日前付清全部货款，以免发生向法院提出诉讼等不愉快事宜。

此致

敬礼！

文昌办公用品公司

2018 年 7 月 8 日

［评析］

三个阶段的催款信说的是一件事，但是在三个不同时间发出，可以看出例 2－15 语气随和，称赞双方的合作关系，做到提醒对方；例 2－17 内容仍设身处地为对方着想，提出有什么困难可商议，但催促对方回音，不能不理睬；例 2－18 的语气比例 2－15、例 2－17 更紧迫坚定，毫不含糊，并提出诉诸法律予以解决。三封信都能做到理性对待，礼貌得体。

十一、致歉信

商场名言

永远要站在客户或顾客的立场考虑问题。

发现企业工作中的某点失误殃及客户或收到了客户的投诉信，应立即发出致歉信表示道歉和改进。书写致歉信的态度要认真坦诚，要牢记“顾客永远正确”这句商业名言。不管对方投诉的理由是否充足，都应对其投诉表示接受。

致歉信的内容要有针对性，不同的情况会有不同的内容。但一般会包括以下几点：

（1）要真诚地向对方道歉，无论你的理由多充分，但结果是给对方带来了麻烦或不愉快，所以致歉的话一定要说。

（2）在经过认真了解后要实事求是地向对方承认己方的责任或做必要的解释，千万不能强词夺理，为自己辩解。

（3）针对实际情况提出可行的解决办法或意见，并征求对方看法，尽量化解矛盾和不愉快，达到解决问题。

写致歉信的语言要礼貌得体，语气平和朴实，防止出现带刺激性的语言或抱怨的语气。如有可能，最好由企业的相关领导亲自签名，以示重视。

例 2－19

尊敬的夏女士：

您好！

惠书敬悉，感激您这样清晰地说明情况。

对我公司电暖气产品的某些问题给您造成的困扰和麻烦，我们深感歉意。我们将立即派员工上门为您提供周到的售后服务，并保证采取措施避免质量因素给您增添的不愉快。

您是我们尊敬的顾客，请相信我们的改进会让您满意。

恭祝

安康！

（手签）唐××

世纪电器公司销售部经理

2018 年 11 月 18 日

十二、婉拒信

商场名言

交易不成仁义在。

当收到对方来函，无论是邀请信、求助信、询问信，还是索赔信、催款信，若你的答复是否定时，都需要写一封婉拒信以回复。

写婉拒信时，首行应有一个缓冲开头，用表示友好的、礼貌谦恭的词语和积极的语气，强调双方相互理解。态度要保持中性、和善，提供的理由要令人信服且逻辑性强。当双方看法有差距时，书写的语言要委婉、冷静，注意用词技巧，不要伤害读信人的感情。可以重复一些关键词语和句子，让对方阅读后认为在某种情况下你所作出的否定是最佳解决方案，再顺应自然地明确说出你的否定答复。有的信还可以在最后提出建设性意见，让对方感到你的温暖和乐于助人。

例 2－20

湖东医疗机械经销商一直经销特兰特公司的大型医疗机械产品，双方合作关系一直很好。但近期在经销中，发现产品确实存在质量问题，用户不满意，故没有向特兰特公司付款。特兰特公司发来询问催款信，湖东医疗机械经销商针对此事回复了一封婉拒信，说明没有按时付款的理由和处理办法。

尊敬的业务部经理：

来函收到，勿念！

自我公司经销贵公司产品以来，合作关系一直很好，希望这种互利友好的关系永远保持下去。

至于上批货款未及时付给贵公司之事，首先表示真诚的歉意。关于此事，原因是这样的。

…………

在经销中，发现贵公司产品确实存在质量问题，许多用户不满意，不少用户要求退货。

为了使用户不至于退货，我们正积极组织力量维修，将损失降到最小。待该批货物解决之后，我们再根据解决的情况付款。如果现在付款，必然会造成我公司经济上的损失和声誉上的影响，这完全是从双方利益出发而不得已作出的决定。我公司慎重商议，认为这是目前解决问题的最佳方案，望贵公司理解。

祝

商祺！

湖东医疗机械经销分公司

业务部　武××上

2018 年 9 月 16 日

第三节 商务传真、商务电子邮件

一、商务传真

发送和接收传真是当今商务活动普遍采用的信息交流方式。通过传真，企业的文件、图表、照片等信息可以方便地相互传递，它是目前采用公用电话网传送并记录图文真迹的有效方法，这也是它获得广泛应用的重要原因。制作商务传真件时要注意下述几点。

（一）发传真要使用企业正规传真首页

代表企业对外发送传真应采用正规结构，即使用印制好的带有企业标志的传真首页。这可以让接收方感到文件正规，给予重视，同时也通过传真首页了解相关的信息，如该传真件有几页。通常的传真首页内容如图 2-2 所示。在发送前，要将传真首页填写齐全，不要遗漏。

（企业名称、相关信息和标志）

收件人 To	发件人 From
传真号 Fax	日　期 Date
电　话 Phone	页　数 Pages
主　题 Re	抄　送 Cc

紧急 Urgent	审阅 For Review	批注 Comment	答复 Reply	传阅 Recycle

图 2-2　传真首页

（二）商务传真内容书写如同商务信函

在填写齐全传真首页的栏目后，商务传真内容的书写同商务信函的写作，包括：对受文者的称谓；件名或主题；开头应酬语；正文；祝颂语；署名及附注。由于传真首页上已经填写了日期，在落款时可以不写。

如果传真文件已经打印好，则在传真首页的栏目后只需要写一封短信，表示随之将文件一起传递过去。

例 2-21

新华科技有限公司秘书苗×给国际饭店市场部的刘×先生传真了五页有关在国际饭店举行的大型技术研讨会所需各类音像辅助设备的具体要求，并填写了新华科技有限公司的传真首页信息且在首页上写了一封短信。

新华科技有限公司传真

收件人：刘× 传真号：××××××××× 收件人单位：国际饭店市场部

发件人：苗× 传真号：××××××××× 电话：×××××××××

主题：会议所需设备 页数：5

抄送： 日期：2017 年 12 月 5 日

□紧急 □请审阅 □请批注 ☑请答复 □请传阅

尊敬的刘先生：

您好！

遵照贵方要求，现将我公司下周末在贵饭店举行的大型技术研讨会所需各类音像辅助设备等的具体要求传递给您。我们是分别按照各分会场的需求提出的，请贵方收到该件后做好会议准备工作。如有问题，请速与我方联系。

顺颂

商祺！

苗× 敬上

附件：设备要求

发送传真比邮寄信函快，一些紧急的业务，应该利用传真进行。

常识点滴

1. 不同传真机使用不同的纸

（1）热敏纸传真机，使用热敏纸，这种纸是一面经过特殊处理的光滑的热敏感光纸，成卷筒型，不需要墨粉。这种纸接收的传真件的清晰度会随时间下降，同时要注意存放，防止高温，避免强光照射，以保持字迹清晰。

（2）普通纸传真机，是使用喷墨或激光技术在标准复印纸上传真文件。这种传真纸和复印机或打印机共用，可以批量购买，以降低价格。这种传真机需要墨粉盒或喷墨盒，传真的质量也非常好，而且传递非常迅速。另外，这种传真机能制作复印件，通常可以在小企业中作为复印机使用。

（3）多功能组合机，是将电话机、传真机、答录机合为一体，用一条电话线连接，分别承担各项功能，使用标准复印纸。这种机器适合于小型企业和传真量少的单位。

2. 可以使用计算机通过网络收发传真

如果将计算机通过调制解调器连接到网络，可以不必将需要的传真件打印到纸张上再用传真机发送出去，而是通过计算机直接发送或接收传真件。发件人可以先在计算机上拟订传真稿，再通过计算机程序中的 WinFax PRO 通信软件拨叫对方的传真机，点击要发的文件，或从计算机中的“地址簿”中选择传真号码，传真便能自动发送给收件人。

当接收传真时，对方发过来的传真信息能被收到并以图像形式储存在计算机内，可以方便地阅读，或用计算机中标准的传真结构打印出来。

3. 发送机密信函要注意保密

发送需要保密的传真件，应先打电话给接收者，请对方在传真机边等候，并立即取走传真件。

二、商务电子邮件

(一) 商务电子邮件概述

在当今企业中，运用电子邮件进行办公室通信是最方便和最快捷的通信手段，其发送快速，不受时间、地域的限制，任何一个互联网用户都可以使用电子邮件系统在全球任何地方与也是互联网用户的和自己有商务来往的朋友交换电子邮件。它可以借助互联网强大的力量和技术降低信息传递成本，实现一对多的邮件传发。它可以以附件形式传递各种电子版文件和多媒体商务信息，包括文字、声音、动画等。它还可以举办虚拟会议，与他人沟通，进行不见面的商务谈判，草签合同以及保存文件。

电子邮件的英语是 electronic mail，缩写为 E-mail，其作为商务联络工具，具有方便迅捷、费用低廉、形式丰富、可靠性高的特点，在商务往来中发挥着越来越重要的作用，大量替代了纸质书信。

企业内部目前常设立局域网，电子邮件可以发送到每个人的信箱里，便于企业内部人员的联系，是企业管理中进行沟通的好方法。

(二) 编辑电子邮件

编辑电子邮件很容易，先单击“新邮件”按钮，在出现的空白电子邮件上填写电子邮件头和电子邮件体两部分。

1. 电子邮件头的填写

电子邮件头通常包括以下内容：

(1) 发件人。

该栏内的信息就是写信人的电子信箱地址，往往不需要输入信息，计算机就自动显示，让收信人知道是谁发这封信给他的。

电子邮件地址结构分为两部分：用户名和域名，中间用符号“@”分开，典型结构是：用户名@域名。

用户名就是自己选择的代表自己的电子名字，长度为 4～20 位，一般用小写英文字母和数字构成，不能有空格。@在用户名与域名之间，英文意思是“在”。@之后是域名，即为你提供电子邮件服务的服务器的名称。例如，电子邮件地址 liulige@pub. shantou. cn 表示在 pub. shantou. cn 的服务器上的用户 liulige，他的信件都会先保存在该服务器上，他要查看这些邮件，必须用 liulige 这个用户名登录并通过密码验证。

（2）收件人。

该栏内的信息应正确输入收信人的电子信箱的完整邮件地址，能否正确输入信息是能否发出 E-mail 的关键。点击“发出邮件”时，要再次确认其准确无误，否则收信人将收不到信件。

（3）抄送。

在“抄送”栏中可以输入多个人的 E-mail 地址，彼此之间需要用英文逗号分隔开来，表示此邮件同时抄送给以上地址的几个人阅读，收件人也能据此了解到所收的邮件发件人还抄送给了谁。

（4）密件抄送。

“密件抄送”表示收件人看不到其他收件人的地址。

（5）主题。

“主题”栏中应输入要发出邮件的信息主题，它概括信息内容，简要鲜明。它将显现在收件人的收件箱中，使收件人打开邮箱即可了解来件的主题思想，利于信件处理，提高效率。

要设置邮件的优先级或重要性，可从“新邮件”工具栏中选择“工具”，设置“优先等级”。

电子邮件可以不用书写日期，而由计算机自动生成，对方能够通过收件箱中的时间了解发件的日期和具体时间。

2. 电子邮件体的书写

电子邮件体主要由正文和附件两部分组成。

（1）正文。

正文栏在邮件头栏下方的编辑窗口中，可以输入信件的主体内容，结构同商务信函。对外发出的电子邮件正文包括：对收件人的称谓；开头应酬语；正文；祝颂语；署名。在具体写作上有时比较随意，更讲求内容的针对性和表述的扼要。

（2）附件。

附件栏是正文之外的附加件内容及其他功能，如可以附上与正文内容相关的文件、照片、图片及音像资料等。

（三）电子信函的写作要求

（1）正文写作要有的放矢、言简意赅，起到及时沟通的作用。

（2）主题概括准确、精练，富有吸引力。每一封信件都设一个主题，提醒收信人重视和阅读。

（3）语言简明，直接坦率，可以采用对话语气，更富有人情味。

（4）内部间电子邮件结构可从简，省略应酬语、祝颂语等，甚至只保留正文，以提高效率。

（5）为了方便快捷，在结构上可以采用齐头文写法，所有段落开头都顶格写，就连落款也顶格写。

对于比较重要的商务信函还是用纸质材料传递显得比较庄重。

例 2 - 22

省企业人力资源研究中心向宏达公司黄××先生发出的电子邮件，是一封会议邀请信。

电子邮件
发件人：sha××@sohu. com
收件人：huang××@sina. com
主　题：会议邀请信
内　容：

黄××先生：

您好！

我省每年一届的企业人力资源交流会议定于 11 月 8 日（星期六）上午 9:00 在花园饭店举行，会期一天。您作为宏达公司多年的人力资源总监，是从事企业人力资源研究的专家，我们真诚地邀请您在会议上做一个 60 分钟的发言，建议发言内容围绕员工的绩效考核工作。晚上 19:00—21:00，会议将安排酒会，便于各位专家交流。

我们衷心希望您能接受这项邀请，为进一步向您提供有关细节，请尽快给我们回音。

会议联系人：刘××
电话：×××××××
盼望您的光临。
恭祝
近祺！

省企业人力资源研究中心主任
沙××

由于国际化交流越来越频繁，目前许多商务电子邮件采用英式信函书写结构中齐头式写法。在这样的结构里，信中的所有文字，包括地址、主题、称谓、段落开头、结尾问候以及署名等都靠左对齐，顶格书写。齐头式写法如例 2 - 23 所示。

例 2 - 23

电子邮件
发件人：sha××@ sohu. com
收件人：huang××@sina. com
主　题：会议邀请信
内　容：

黄××先生：
您好！
我省每年一届的企业人力资源交流会议定于 11 月 8 日（星期六）上午 9:00 在花园饭店举行，会期一天。您作为宏达公司多年的人力资源总监，是从事企业人力资源研究的专家，我们真诚地邀请您在会议上做一个 60 分钟的发言，建议发言内容围绕员工的绩效考核工作。晚上19:00—21:00，会议将安排酒会，便于各位专家交流。
我们衷心希望您能接受这项邀请，为进一步向您提供有关细节，请尽快给我们回音。
会议联系人：刘××
电话：×××××××
盼望您的光临。

恭祝近祺！

省企业人力资源研究中心主任
沙××

第四节　商务软文

一、认识商务软文

介绍商务软文之前，有必要了解软传播、软实力、软文营销等基本概念。

（一）软传播

软传播是指从消费者和受众立场出发，从渗透式、互动式和分享式的视角入手，注重挖掘品牌的思想、观点、方法和情感，以非硬性、非强制、非知觉的方式潜入消费者和公众头脑，进而长期影响消费者心智的传播行为。

（二）软实力

软实力是一种能够影响他人喜好的能力；也可以理解为吸引力，即通过吸引手段而不是强迫或收买手段达到预期的能力；还可以理解为同化力，一个国家可以创造出一种环境，使其他国家模仿该国的发展方式，有利于自己利益的实现。

（三）商务软文及软文营销

商务软文是带有商业动机的文体，主要由企业的市场策划人员或广告公司文案人员撰写。与硬性广告相比，商务软文的精妙之处在于一个“软”字，好似绵里藏针，克敌于无形，等人们发现这是一篇软文时，大都已被精心设计的“软文广告”所吸引，它追求的是一种春风化雨、润物无声的传播效果。

软文营销是通过撰写软文直接或间接达成交换或交易目的的营销方式。换句话说，软文营销是指企业以强化与顾客或公众的感情和文化交流为内容，以淡化商业活动的盈利意图为手段，间接服务于企业经营目标的一种营销活动。之所以将软文营销称作“软营销”，并非指营销力度的差异，而是指营销活动更具灵活性、委婉性和全局性。软文营销是一种无界的、混合式的营销，不拘泥于任何媒体，不限于任何形式，是网络营销中有关消费者心理学的另一个理论基础。该理论强调企业在市场营销时，必须尊重消费者的体验和感受，使其舒适主动地接受企业的营销活动。

二、软文的范围

软文的范围包括传统软文和网络软文两种类型。

(一) 传统软文

传统软文以报纸、杂志、书籍、海报及直接邮寄广告为主，仅限于用文章或图文并茂的形式进行静态的宣传。

(二) 网络软文

网络软文主要表现为网页形式，如网站网页、博客博文、论坛发帖，但又不局限于网页，软文可以通过即时通信工具加以传播，还可以通过 E-mail、评语、留言、签名、回帖、手机短信、图片、电子书、PDF、PPT 等来表现。互联网的出现丰富了软文的表现形式和传播途径，提高了软文的使用价值，使之成为一种低成本、高效能的营销手段。

(三) 网络软文和传统软文的区别

(1) 传统软文可信度高；网络软文可信度低。

(2) 传统软文有谋略，抱团打天下；网络软文无布局，独行走天涯。

(3) 传统软文打持久战，一浪高一浪；网络软文打游击战，一枪接一枪。

(4) 传统软文撰写价格较高；网络软文以威客为例价格低廉。

(5) 传统软文发布时间长且门槛高；网络软文发布及时、迅速、有弹性。

(6) 传统软文游走在新闻与广告之间；网络软文行走于隐藏与发现之中。

(7) 传统软文不易转载；网络软文极易被复制、粘贴和传播。

(8) 传统软文窄覆盖、成本高、不够精准；网络软文宽覆盖、成本低、相对精准。

(9) 传统软文以大中小企业工厂为主；网络软文以网站站长、网商及店长为主。

(10) 传统软文以纸质媒体为主，是静态的；网络软文以网络媒体为主，是动态的。

(11) 传统软文较为成熟，多样多元，多为有偿服务；网络软文方兴未艾，单篇单一，多为无偿发布。

(12) 传统软文寿命短，难保存，报纸一天一换；网络软文寿命长，易保存，数据库中较保险。

(13) 传统软文投放渠道系统，有规模，读者相对固定，忠诚度好；网络软文投放渠道发散，数量大，访客游移不定，忠诚度低。

三、商务软文的分类与作用

（一）商务软文的分类

1. 从形态上划分

（1）广告版面上的软文，采用新闻文体形式，实则广告。

（2）专刊专版上的软文，采用新闻报道形式，实则广告性文章。

（3）新闻版面上的软文，采用新闻文体形式，有的冠以广告之名，有的则不加任何标注；有的看似新闻报道，实则为广告宣传。

2. 从作用上划分

（1）推广类软文，即有利于达成交易或带来流量的软文。

（2）公关性软文，即有利于企业处理好内外公共关系，以及向公众传达企业各类信息的软文。

（3）品牌力软文，即有利于品牌建设、累积品牌资产的软文。

（二）商务软文的作用

1. 广告与公关

撰写商务软文旨在直接或间接地促进销售，为维护企业形象或建设品牌而写，达到优化传播质量、放大传播效果的功效。

2. 文化营销

文化营销即有意识地构建企业的个性价值观，并组织与消费者的个性价值观相匹配的营销活动，包括浅层次的构思、设计、造型、装潢、包装、商标、广告、款式，也包含对营销活动的价值评判、审美评价和道德评价。

3. 促进销售与品牌建设

商务软文具有促进销售的作用，具体而言如推广网站、推销产品或服务、撰写销售信函等。也可以进行软文优化，设定相应关键词，通过搜索引擎检索来提高网页排名，提升网站流量，以此来营销产品或服务，并且可以促进品牌资产的积累，起到品牌建设的作用。

4. 提升点击量与转化率

网络中的商务软文具有明显增加外部链接与提高点击量的作用，可以带来更多的流量及提升网站的转化率。

四、商务软文的基本要素

（一）受众群体

商务软文有清晰的受众群体，即软文读者。撰写商务软文旨在向特定的受众群体传达某种信息，没有受众群体或受众群体模糊不清，商务软文将失去意义。

（二）传播内容

一篇商务软文总要传达一定的思想内容，或试图推广一些观念或某种产品。确定受众群体之后，就要明确对他们说些什么，没有思想内容的软文，将毫无价值。

（三）传播形式

即商务软文通过何种形式向受众群体传递信息，让人们在潜移默化中接受软文引导。“表达形式”得当与否，直接关系到软文质量优劣，并影响到最终的推广效果。

（四）软文载体

即商务软文投放的信息载体。商务软文总要在某种信息载体上发表。在哪里发表，就意味着有特定阅读群体和受众聚集地。软文载体定位准确，才会得到最佳的推广效果。

（五）投放时间

即商务软文发表的时间。懂得“天时、地利、人和”的人，都知道具备“天时”的条件，是成就一番事业不可或缺的重要条件。实践中，虽然投放商务软文是一项长期不断的宣传策略，但必须讲究投放时段。

五、商务软文标题的撰写

（一）商务软文标题的基本特征

（1）可以被点击，具有动态效果。
（2）可以通过标题关键词被检索到。
（3）概念上有所扩展，除了指文章标题之外，还指网页 title。
（4）标题字数有所设定。
（5）一般以横向标题为主。

（二）拟写商务软文标题的基本要领

（1）吸引消费者的眼球。
（2）简练清晰，一目了然。
（3）标题应该有针对性。
（4）标题应该生活化。
（5）标题应该通俗化。
（6）标题应该人性化。
（7）标题应该形象化。
（8）标题应该个性化。

（三）商务软文标题的拟写技巧

（1）巧用标点符号或特别的符号。

（2）字数一般不超过 14 个字。
（3）带有数字的标题，更容易被点击查看。
（4）在中文标题中放入英文单词。
（5）适当提问，具有打破惯性、聚焦信念的作用。
（6）将公众的焦点、视点、热点转化为标题。
（7）恰当地运用动词来表述。
（8）将搜索量大的关键词设计为标题。
（9）在标题中直接提到优惠折扣或免费等字样。
（10）揭露或揭秘网民熟悉却并不知情的内幕。
（11）与主题网页页面相匹配。
（12）可以将标题色彩化，颜色也是能够吸引阅读的关键。

（四）拟写商务软文标题的注意事项

（1）用标题概括文章大意。
（2）将访客的潜在问题作为标题。
（3）使用访客的语言作为标题。
（4）少用名词或名词短语作为标题。
（5）标题的层级关系一定要很明显。
（6）标题的层级设计以两级为宜。
（7）使用陈述方式将对访客潜在问题的回答作为标题。
（8）充分利用排比语言。
（9）使用行为短语作为操作指南中的标题。
（10）利用字号、颜色或粗体来区分标题和内容。
（11）使用链接帮助访客跳转到所需的主题页面。
（12）对标题进行评估，多次阅读所写标题，确认其题能达意。

（五）商务软文标题的常用类型

（1）数字型标题，如：“软文营销的十大优势”。
（2）揭秘式标题，如：“知名整形医生曝行业内幕：1/4 手术是为补救失败”。
（3）疑问型标题，如：“××暂停补货为哪般”。
（4）描述型标题，如：“××为限娱令叫好”。
（5）建议型标题，如：“××建议冬季减肥更要关注健康”。
（6）结论型标题，如：“印度减肥靠手术，××顾问表担忧”。
（7）联想型标题，如：“××引发的营销思考”。
（8）流行语标题，如：“减肥消费陷阱伤不起”。
（9）故事型标题，如：“我和采茶美女的邂逅”。
（10）警告式标题，如：“这六种水千万不要喝”。
（11）夸张型标题，如：“30 岁的人 60 岁的心脏”。
（12）逆向思维标题，如：“挥汗如雨未必有益健康”。

（13）解决方案式标题，如："一个月瘦身 20 斤的两种方案"。

（14）对称或对偶性标题，如："去雪域看雪景，看雪景去雪域"。

六、商务软文正文的拟写

（一）巧妙设计开头

1. 开门见山

开头直奔主题，引出文中的主要人物或点出故事，或揭示题旨或点明要说明的对象。要快速切入中心，语言朴实，不能拖泥带水。

2. 情境导入

开头有目的地引入或营造软文行动目标所需要的氛围、情境，以激起读者的情感体验，调动阅读兴趣。这对渲染气氛、预热主题有明显效果。

3. 名言警句

开头采用合适的名言、谚语、诗词，或精心设计一个短小、精炼、扣题又寓意丰富的句子，引领文章内容，凸显文章主旨。既显露了文采，又提高了软文的可读性。

4. 巧用修辞

开头采用比喻、比拟、借代、夸张、对偶、排比、设问、反问等修辞手法，增强语言感染力。

（二）讲究整体布局

1. 软文布局的整体要求

整体布局就是指对软文的结构、组织形式的全面安排。一篇布局完美的软文，形象地说，应当做到"凤头、熊腰、豹尾"。"凤头"即开头要新奇引人；"熊腰"就是主体内容丰满详尽；"豹尾"即结尾巧妙，强而有力。概括来讲，软文布局要做到秩序井然、气势连贯、高度一致、身材匀称。

（1）秩序井然，是指所有材料的排列次序要有先后，安排妥当。

（2）气势连贯，是指软文表达要一气呵成，不能有脱节现象，更不能离开主题。

（3）高度一致，是指软文中提出的观点和论据要统一，不能互相矛盾。

（4）身材匀称，是指软文分段要长短适宜，开头要有吸引力，内容要有说服力，结尾要有震撼力，如此才不会变成虎头蛇尾、头重脚轻。

2. 软文布局的常用方法

（1）悬念式。

悬念即设置疑团，不做解答，借以激发读者的阅读兴趣。在情节发展中，要把故事情节、人物命运推到关键处后故意岔开，不做交代，或说出一个奇怪的现象而不说原因，使读者产生急切的期盼心理，然后在适当时机揭开谜底。要达到这种效果，撰写软文时要有意识地制造悬念。

（2）抑扬式。

可分为欲扬先抑和欲抑先扬两种情况。欲扬先抑是先褒扬，但是不从褒扬处落笔，而是先从贬抑处落笔，“抑”是为了更好地“扬”。欲抑先扬则正好相反，用这种方法可以使文章情节多变，形成鲜明的对比。

（3）并列式。

一般用于表达对象的横向、静态的情况，能够省略某一部分，先后次序不那么固定。采用这种结构，各部分之间独立性强，共同为说明主旨服务，其好处是概括面广，条理性强。把一个问题从不同角度、不同侧面进行阐述。其组材形式基本上有两种：一是围绕中心论点，平行地列出若干分论点；另一种是围绕一个论点，运用几个并列关系的数据。

（4）层递式。

在论证时层层深入，一环扣一环，每部分都不能缺少。论述时，由现象到本质，由事实到道理，这是层递；提出“是什么”，再分析“为什么”，最后讲“怎么样”，也是层递。运用层递式结构，要注意内容之间的逻辑关系，顺序不可颠倒。这种方法的好处在于逻辑严密，能说明问题。

（5）穿插回放式。

适合记叙类文章，即利用思维可以超越时空的特点，以某物象或思想情感为线索，将描写的内容通过插入、回忆、倒放等方式，形成一个整体。具体操作上就是选好串起素材的线索，围绕一个中心截取组织材料。

（6）片段组合式。

将几个生动、典型的片段有机结合起来，共同表现一个主题。用这种方法构思的文章，可以在短小篇幅内，多角度地表现人物，叙述事件，描写商品特点，烘托品牌。

（7）正反对比式。

通过正反两种情况的对比分析来论证观点的结构形式。通篇运用对比，道理讲得更透彻、鲜明；局部运用正反对比的论据，材料更有说服力。

（8）总分总式。

往往开篇点题，然后在主体部分将中心论点分成几个横向展开的分论点，一一论证，最后在结论部分加以归纳、总结和必要的引申。运用总分总式结构，要注意分总之间必须有紧密的联系，分述部分围绕总述的中心进行，总述部分是分述部分的总纲或水到渠成的结论。

（三）用心安排结尾

1. 点题式

行文中没有明确提出论点，结尾时要用一句或一段简短语言点明文章观点，起到卒章显志、画龙点睛的作用，有助于读者领悟全文真意，提升软文品格。

2. 首尾呼应式

结尾与开头遥相呼应，开头若提出论题或论点，结尾时要回到开头的话题上来。这样的结尾多用于议论性文章，能够让结构更完整，使文章浑然一体。

3. 名言警句式

用名言、警句、诗句收尾，让软文意境深远，含义深刻，使读者印象深刻。

4. 抒情议论式

收尾处用真情激起读者情感的波澜，引起共鸣，有着强烈的艺术感染力。

5. 余味无穷式

结尾之处留白，让读者纵横想象、适当补白。韵味悠长的结尾，除了妙手偶得外，大都是对生活有了独特感情后精心提炼的结晶。

6. 请求号召式

即在结尾处向人们提出某些请求或发出某种号召，力求意味深长、引人深思。

7. 展开联想式

由此及彼、由表及里、由小到大、由具体到形象，使主题得到升华。

8. 祝福式

站在第三者的角度对软文中的人或事物给予祝福。

9. 自然收尾

即意尽言止，自然结束，是没有结尾的结尾。记叙性文章常以事情终结作为自然收尾。

例 2－24

一个×××网新人的心声

创业留下的伤痕，令我陷入财务的泥潭里，就如同《笑傲江湖》中任我行被囚禁在密室之中不能动弹，抑或像一根铁链，它紧紧地束缚我迈向远方，去实现人生的梦想。曾经多少次心中渴望成功，再一次想创业，可是没有钱，又该何去何从?

记得读大学的时候，由于家境贫困，多彩的课后生活常常使我望而却步，甚至连自己喜欢的女生也不得不敬而远之。望着月色下一对对情侣，浪漫情怀顿时在心中升起。但是，正如当时校园中流行的一句话："没有钱就没有女朋友!"

经济是基础，没有面包的爱情又怎么会长久呢? 办法就像海绵里的水，挤一挤总是有的。后来我选择了×××网，一个可以通过撰写软文来赚钱的网站，并通过推销产品来推广该网站。点击进入主题后，通过发挥自己的专长，帮助个人或企业解决问题来增加自己的收入；可以兼职亦可以专职，可以成为写手也可以称为推手，全凭个人意愿行事。

想当年能谈得起恋爱，就是自己通过兼职写文章到处投稿赚来的辛苦钱，因为深知钱不是万能的，可是没有钱是万万不能的，因此后来选择了自己创业。但是创业艰难，难于上青天啊! 一失足成千古恨，再回头时债务深。不过我相信，通过与×××网的合作，不但可以赚到钱，而且可以积累人脉，为我二次创业做好准备。我相信天道酬勤，天地任我行，我也相信人人都能赚钱，人人都能成功!

［评析］

该文曾投放在各大论坛、博客、社区中，是一篇得到普遍认同的软文。文章所述似乎纯粹是个人之事，以主要篇幅回忆过往家境贫寒、经济拮据、恋爱受挫的经历。作者所面临的艰辛与痛苦很值得人们同情，也很能引起共鸣。然而，深读之后就会发现，包裹在这些文字里面的另一层内容，才是这篇软文的真实意图：通过为网络撰写软文、推销产品的形式可以赚钱，以摆脱生活的窘迫，实现人生的梦想。

文章题目嵌入“心声”二字，颇具匠心，既贴近作者的内心感悟，又符合软文所要表达的核心意图，可谓题文相符、名实相符。文章开头采用情境导入的方式，并提出问题引导人们去思考。全文有故事、有情节，内容饱满，文笔清新，质朴自然，表达通畅，可读性强。

本章小结

商务函电的写作要谨记企业的商誉、掌握 7C 的原则和使用正确的信函结构。常用的商务书信有日常联络信、推销信、询问信、联系函、报价信、还价信、预订信、订购信、接受订购信、索赔信、理赔信、催款信、致歉信和婉拒信，写作中要根据不同对象、不同商洽内容把握用语，达到沟通的目的，又体现企业形象。随着电子商务的普及，运用商务传真和电子邮件这种现代通信工具进行商务联络、代替商务书信是最佳选择。商务软文具有广告与公关、促进销售与品牌建设等作用，拟写商务软文时应巧妙设计开头、讲究整体布局、用心安排结尾。

重要概念

1. 商务函电：企业进行正常经营活动过程中用来与业务关联方就业务联络、告知、磋商、洽谈等进行沟通的应用文书。

2. 推销信：在商业交往中卖方向买方推销产品和服务以吸引关注的商务信函。

3. 报价信：在商业交往中卖方向买方就产品的有关信息予以答复的商务信函。

4. 还价信：在商业交往中买方对有关信息或条款提出修改意见或建议，以供卖方考虑的商务信函。

5. 订购信：买卖双方经过洽谈或电子信息沟通等方式谈妥某项交易，事后买方用书面形式向对方予以确认，以防产生差错的商务信函。

6. 接受订购信：卖方在接到买方的订购单后用来告知买方接受订购，以及货物办理情况和货款支付方式等事宜的商务信函，也称确认订购信。

7. 索赔信：在买卖过程中受损一方向违约一方提出索赔要求的商务信函。

8. 催款信：卖方在约定期间未收到买方货款时提醒对方尽快支付货款所用的商务信函。

9. 商务传真：运用公用电话网和传真工具传送并记录商务信函的图文真迹。

10. 商务电子邮件：运用计算机网络技术在互联网上进行商务信息沟通的方式。

11. 商务软文：带有商业动机的文体。

12. 软文营销：企业以强化与顾客或公众的感情和文化交流为内容，以淡化商业活动的盈利意图为手段，间接服务于企业经营目标的一种营销活动。

思考题

1. 写作商务函电的7C原则及其具体内容是什么?
2. 预订交通工具的信函应包括哪些内容?
3. 催款信的写作要求有哪些?

能力检测题

1. 根据以下材料写一封联络书信。

你是里尔医药公司销售经理汪芝恒的助理，汪经理交给你一项工作，帮他起草一封日常联络书信，即告诉西区六位分销商，总公司负责与他们联系的业务代表有了人事变动。内容大致如下：

负责联系西区六位分销商的业务代表李春平因工作需要被调走做其他工作了，另调刚毕业一年的赵鹏辉接替李春平的工作，继续与西区六位分销商进行业务联系。赵鹏辉毕业于武汉商贸大学市场营销专业，在总公司市场部工作了一年，对公司的业务渠道、产品性能和市场情况有了较深入的了解，市场部的同事都反映赵鹏辉工作认真、虚心好学，并有较强的人际交往能力，是个热心人。相信赵鹏辉接替工作后，定会密切与各位联系，作出更大成绩。

可写一封联络书信的模板，发信时再填写各位分销商的确切姓名。

2. 根据以下材料设计一份调查问卷。

你是嘉华润滑油公司经理部的员工，公司准备在冬季到来之前了解开车族为自己的车使用润滑油的情况，需要你设计一份以封闭式问答为主，最好让被访者打钩回答的调查问卷。标题是“您的爱车小档案”。内容包括五个部分：（1）车的品牌型号；（2）车龄；（3）在哪里更换润滑油；（4）使用哪种品牌的润滑油；（5）隔多长时间更换一次润滑油。

3. 根据以下材料写一封预订信。

你是清瑞印刷有限公司经理部秘书。公司要接待四位很重要的澳大利亚来访客人，其中有一对夫妇：达西·吉布森夫妇（Mr. and Mrs. Darcy Gibson），另两位是爱德华·约翰森先生（Mr. Edward Jonson）和拉尔夫·罗杰斯先生（Mr. Ralph Rogers）。公司要求安排在四星级的紫竹宾馆。达西·吉布森夫妇要安排在有客厅的套间；约翰森先生和罗杰斯先生各住单间，有可能的话要安排窗户朝大海一面的房间。时间为4月11日到达，住6晚，第七天晚上离开。

请你给紫竹宾馆订房部写一封预订信。

4. 根据以下材料写一封推销信。

你是嘉华润滑油公司经理部的员工。公司准备在冬季到来之前搞一次促销活动，大力推销高品质的嘉华牌冬季级别润滑油。现需起草一份推销信寄给开车族，说明在11月31日前购买任意一款嘉华牌冬季级别润滑油即可以获得公司赠送的小礼品——一个保暖椅垫。

推销理由：普通的润滑油在严寒中流动性会下降，甚至冻结，不能流过发动机并在金属部件表面形成有效的保护油膜，从而失去润滑、清洁和保护作用，这将严重损坏发动机。嘉华牌冬季级别润滑油的独特配方使其能承受极低的温度，能做到：（1）低温下仍有上佳流动性；（2）能有效形成保护油膜；（3）减少发动机运动部件的摩擦，并保持清洁；（4）使发动机易在冷车时启动。

5. 根据以下材料写一封致歉信。

你是红星百货公司家用电器部的管理人员。公司 12 月 20 日收到来自郊区顾客宋香草的投诉信，诉说 20 天前在公司订购了两台 EJ370 型“油汀式取暖器”，交了 820 元钱，说好 3 天内送货到家，但近日下了两场大雪，她与家人也没有享受到暖气，非常气愤。

公司领导请你在 12 月 22 日以前代家用电器部经理许仁发起草一封给宋香草女士的致歉信，表示虽然由于连下两场大雪，通往郊区的路出现困难，送货车几次返回，但公司应该讲信誉，应该想方设法兑现对顾客的许诺。

6. 根据以下材料写一封还价函。

你是辽宁国联商厦供应部的员工。你公司食品部与浙江金华宏发肉品加工公司一直有生意往来。最近你公司为春节热卖，发出需求 500 千克各式香肠和 200 千克金华火腿的大宗业务函，并收到宏发肉品加工公司 1 月 5 日的回函，给出了新的报价。你公司对宏发肉品加工公司的产品质量、价格、支付条件、交货日期等都很满意，只是希望改进以往的包装，包括：将销售中的聚乙烯袋式包装改变成硬纸盒式包装，以便顾客携带；将运输包装改变成瓦楞板纸箱式包装，以便长途运输。

公司供应部请你给浙江金华宏发肉品加工公司销售部回复一封信，表示同意对方新的报价，同时提出改变食品包装的具体要求。若对方同意，你公司则正式下订单。

7. 根据以下材料发一封催款电报。

你是成都××医疗器材有限公司财务总监谢××的秘书。陕西××口腔医院于 2018 年 2 月 3 日购买了你公司的一批医疗器材，包括牙科专用椅、血压计、牙科专用工具等，总计金额 235 400 元。对方原定 30 天内付清款额，但在 3 月 20 日、4 月 3 日你公司财务部先后发出催款信和账单后，仍没有收到陕西××口腔医院的支票。其间也曾电话联系过，对方只是用事务繁忙来解释。

财务总监请你以他的名义给陕西××口腔医院院长赖××发一封催款电报，继续催款。时间：2018 年 4 月 18 日。陕西××口腔医院地址：陕西省××县××路 15 号。

8. 商务信函所以发出，是要争取客户，建立友谊，为企业树立良好的形象。所以，在信中要避免使用有负面影响的句子，以免造成对方不愉快。下面是一些语言有问题的句子，请你修改。

（1）你在订单上忘了注明浴盆的颜色。

（2）你在信里抱怨我们的板材质量差，我们深表遗憾。

（3）你显然是没有看我们随产品寄去的说明书。

（4）我不得不反驳你对我们交货期的指责。

（5）相信你不会指望我们不顾公司政策，将你方的付款期推迟 3 个月。

（6）作为老客户，你不会不知道，所有入关货物至少一周才能交货。

（7）如果你仔细阅读招聘广告，就应该知道销售代表要具备一年的相关经验。

（8）你订的绿色遮阳伞库里没货，我们无法立即处理你的订单。

9. 设计一张传真首页，并写一份传真，作为样例。

你是新成立的紫辉电脑科技有限公司综合事务部的员工，综合事务部经理张熔欣让你设计一张公司对外传真的首页（公司目前还没有统一的标志），并写一份对外传真，作为样例，让公司员工发传真时参照。

传真的内容是：因张熔欣经理今天刚接到区工商局的通知，明天要外出开会，原定于明天下午 2:00 在公司与海胜装饰公司业务部王昆山经理商谈销售大厅装修一事要另定时间。

10. 发电子邮件。

你是万家装修公司销售部员工。万家装修公司经常将装修中的小知识、新观点等向客户和业主宣传。最近公司总结出业主装修书房要注意明、静、雅、序四个字，大概意思是：明是指书房的照明与采光，主人不能在过强或过弱的光线下读书写字，写字台的位置要在阳光充足但不直射的窗边，还要备有台灯、书柜用射灯等；静是指书房的安静，是主人修身养性之必需，要尽量选择吸音效果好的装饰材料，如吸音石膏吊顶、PVC 板或装饰布包墙、铺地毯、挂厚窗帘等；雅是指书房的氛围，清新淡雅以怡情，除桌椅柜外，应把主人的情趣充分融入书房的装饰中，选择一些绘画、照片、墨宝、工艺品等；序是指书房工作的秩序，保证读书、用书、藏书的高效率，最好将书房分为书写区、查阅区、储存区，工作起来井然有序。

请将上述内容整理充实为一篇文章，作为附件，通过网络发给有装修和设计需求的业主。

第三章
商务礼仪文书的撰写

阅读提示

中国加入WTO之后，企业更加注重与外界的礼仪交往，更加注重规范得体地使用各种类型的商务礼仪文书。本章旨在阐明商务礼仪文书的写作规范，为商务秘书树立良好的企业形象、提升企业公关的效果、增进企业之间的友情、加深公关交往的内涵与层次提供参考借鉴。

第一节　商务礼仪文书的写作要求

有的商务礼仪文书与商务函电属同一种文体，但内容的侧重点、所起的作用、写作要领都与商务函电有区别，体现了礼仪文书的特点。

一、注重交际

作为社会交往、礼仪活动的文体，商务礼仪文书主要体现交际各方的愿望、友情，反映的是人们之间的关系，只不过以书面媒体进行相互接触、联络信息、交流感情、称颂慰问、感谢致意，以达到加强合作、增进友谊的作用。中华民族历来重视人与人之间的和谐关系，信奉“一个篱笆三个桩，一个好汉三个帮”。社会发展到今天，任何企业的壮大发展都不可能孤家寡人、关门经营，必然与多方协作交往，例如要取得供应商的支持、要扩大客户面等。这就自然出现一系列与企业相关的商务活动，如邀约拜访、宴请聚会、周年庆贺、落成典礼等。这是企业交际活动长链上的“彩环”，将这些活动办得周密和谐，企业将朋友众多、交际广泛、事业兴旺、福瑞祥和。

在办理这些商务活动时，大多的往来联系是通过礼仪文书展示的。因此礼仪文书的写作不可忽视，要强调交际性，广结人缘，开展公关，塑造企业的形象。任何一封商务礼仪信函或小卡片都要从接受者角度出发，在协调人际关系、增强双方友谊、体现人情味方面起催化剂作用，不能以我为主、以老大自居来写，让人感到强加于人或平淡无味。

二、注重目的

商务礼仪文书皆在服务于企业的一定目的和动机，有一定商务性或事务性内容。一份商务礼仪文书必须目的明确，才有主旨、有灵魂。一个企业不仅要明确交际活动的主旨，还要明确交际对象以及交际场合。即便是同一个交际活动的主旨，对于不同的交际对象以及不同的交际场合，仍需要选择与之相适应的商务礼仪文书的表达方式和言辞。通常用“对什么人说什么话”“到什么山上唱什么歌”来形容这类情况。例如，欢迎词是用作对客方到来表示欢迎的祝词，篇幅不长，但开头和结尾都有表示热烈欢迎的词语。而请柬是用作邀请某位宾客出席某次活动的卡片，上面只能有一句话，还必须说明时间、地点、内容等。可见，商务礼仪文书有直接的应用性，写作必须达到其实用目的。这就要求写作前必须明确交际目的、对象、场合，体察世事人情，明达事理，以确定使用何种礼仪文书、构成什么书面形式，以及遣词造句采用什么风格等。

三、注重礼节

商务礼仪文书与普通商务信函的明显不同在于注重礼仪。一方面，因为企业发出商务礼仪文书的目的就是与沟通对象加强感情联络，聚朋会友；所以各类商务礼仪文书一定要讲究礼仪，用简短的文字、小巧的贺卡传达并展示发出者美好的祝愿、亲切的问候、忠诚的友谊，达到交际的效果。另一方面，商务礼仪文书多用于各种节日活动、庆典仪式、宴请聚会、迎来送往等中国传统中最崇尚礼仪色彩的场合，这就更要求商务礼仪文书从内容到形式都讲尊重礼。不同的文书要根据不同时间、地点、对象、事由，按照社会通行的礼仪方式，礼数到位，显示出良好的企业形象。历史上“礼不周，事难成”“礼不当，友情伤”的教训数不胜数，尤其随着人们物质生活水平的提高，对文化领域的要求也越来越高，交际应酬活动中的礼仪文书的内容及形式越来越丰富。在这种发展趋势下，商务礼仪文书的写作更要细致推敲，做到谦恭文雅、礼仪周到。例如，企业举行周年庆典活动，对本企业职工可以发出“大会通知”，通知最后可写“请准时出席”的句子；而对于邀请来的贵宾，就不能用“大会通知”了，就要发出“请柬”这种礼仪文书，其中用语更要显示出讲尊重礼的特征，最后还要用到“敬请光临”的词语，且“敬请”之后“光临”要另起行顶格，如果“请柬”上也用“请准时出席”的句子，就是对对方的失敬，会伤害感情，影响交际效果。

四、注重体式

商务礼仪文书在漫长的应用实践中逐渐形成了一套比较规范的基本定式、体式和款式，有的不仅结构约定俗成，连用语也比较规范，体现出它的文化内涵。例如贺信的写作通常前有祝贺，后有祝愿；名片的内容都会有单位、姓名、地址、电话；祝酒词在欢迎、感谢、祝贺的最后，总会落到“为……干杯”。所有的商务礼仪文书在措辞上要符合对象、场景、时令及情谊深浅，所表之情、所达之意要起到加深情谊的作用，让对方感到真诚恳切，情溢文中。书写要大方、自然、得体，用纸用料、笔墨颜色也很有讲究，要既美观又符合实际效果，并能从中体现出有关交际中的礼节、礼貌要求。例如礼仪信函要以蓝黑色笔墨为宜，若用红色则意味着绝交；讣告、悼词则要用素封、白纸，而不能用印有红字体的信封信纸；喜庆活动的请柬则用纸新颖，色彩鲜艳，烫金镶边，字体活泼，可以精心设计，体现出企业的风格和特色。

第二节　礼仪函电

人际交往需要感情的联络沟通，礼仪信函就是交流感情的文字样式。企业通过礼仪信函与外界架起沟通感情的桥梁，将喜悦、欢庆、感谢等感情倾吐表达，将有关的信息告知展示。礼仪信函有许多种类型，在企业中经常用到的有问候、庆贺、感谢、邀请、拜访、慰问等。在此，主要介绍庆贺信、感谢信、邀请信、慰问信和拜访函五种。

一、庆贺信

庆贺信或称祝贺信，是逢喜庆之时交流感情、密切双方关系的重要文字形式，常用于向其他组织及其代表人表达祝贺，也有用于对有功人士的祝贺。例如某企业的成立、某会议的召开、某工程的竣工、某商店的开业、某合作伙伴的晋升等值得庆贺的事件发生，都可以用庆贺信表示祝贺。它以书面信函发出或直接送达，有的贺信还可以在报刊上登载或在广播、电视等大众传播媒介上播送。

（一）庆贺信的结构和写法

1. 标题

给组织的庆贺信或需要公开化的庆贺信，常将主题放在信的最前面作为标题，如用大字体直接写“贺信”两个字或指明为“给××公司的贺信”。对个人的庆贺信也可以不用标题。

2. 称谓

顶格写被祝贺的单位名称或个人姓名，对个人用尊称，如“尊敬的李××总经理”。

3. 正文

空两格写庆贺信的内容。内容大体包括：

(1) 祝贺之由。说明祝贺的原因，明确祝贺的具体事件（成绩、成就或成功等），有的可以略述形势或社会背景。

(2) 祝贺之情。满怀激情地表示热烈祝贺、赞颂，如“欣闻（欣悉）……代表……向……表示最热烈的祝贺”或“值此……之际，特表示诚挚的祝贺”。

(3) 祝贺的意义。具体展示己方对祝贺事件的态度，概要分析和亮明对该事件的肯定，说明所祝贺事由的重要性或所作的贡献。

(4) 希望和勉励。表示对对方热情的鼓励和殷切的希望，或提出双方共同的理想。

4. 结尾

写相应的祝愿话语，如“祝大会圆满成功”“祝贺……事业一帆风顺”。

5. 署名和日期

另起行，在右下方署名，并于下一行写清年、月、日。

(二) 庆贺信的写作要求

写庆贺信的重要原则是及时，在要祝贺的事由之前或当时最好。如果事情过了一段时间对方才收到庆贺信，就不合适了。所表示的祝贺要符合实际、恰到好处，不能过分拔高；语言要感情充沛，鼓舞人心，使对方感到激励振奋；言辞真挚，态度鲜明，也可以适当用一些夸张、溢美之词，但不要过分渲染或堆砌太多华丽辞藻；文字精练，行文流畅，篇幅短小；贺信中不兼谈其他事宜。

例 3-1

庆 贺 信

×××软件有限责任公司：

贵公司落成开业，是××开发区商界的一件大喜事。在此谨向公司领导与全体同人致以最热烈的祝贺！

贵公司拥有一支由国内外软件专家组成的庞大专业队伍，技术力量雄厚，必定能开发出具有竞争力的高科技软件系统，对于满足用户的需求、活跃我国的电脑市场，定会起到不可替代的重要作用。

衷心祝愿贵公司开业大吉，宏图大展！

××股份公司
敬贺
2018 年 10 月 26 日

二、感谢信

感谢信是企业公关活动中不可缺少的礼仪文书。感谢信的对象和事由都与感谢者有直接关系，或者因感谢者在商务活动中受到对方的照顾，或者因感谢者在精神上得到对方的支持和鼓励，或者是因客户、顾客为企业提出了宝贵意见而向其表达感激之情。所以，感谢信也具有褒扬之意。它可以直接发给个人或对方所在的组织，也可以公开张贴在对方单位内或适宜的公共场所，还可以通过报刊、广播、电视等大众传播媒介予以宣传，以表谢意。

组织与组织之间、组织与个人之间、个人与个人之间，只要一方曾得到对方的支持和帮助，都可以用感谢信表达谢意。

按照西方人的习惯，如果对方把你作为嘉宾接待或你出席了对方举办的某项活动，如果对方给了你帮助或你收到了对方赠予的某件礼物，你都应该写一封感谢信给对方，这比打一个电话致谢显得更为诚恳。

（一）感谢信的结构和写法

1. 标题

发给组织的或需要公开的感谢信，常将主题放在信的最前面作为标题，如用大字体直接写“感谢信”三个字或指明为“致……的感谢信”；发给个人的感谢信可以不用标题。

2. 称谓

称谓即感谢的对象，一般顶格写组织名称或个人姓名，对个人用尊称，称呼后用冒号，如“×××公司产品开发部：”或“尊敬的王强先生：”等。

3. 正文

空两格写感谢的内容和感谢的心情，其中常包括如下几点或其中几点，前两点是必要的：

（1）说明感谢之由。包括说明感谢的原因，以及简述被谢者的有关事迹，如对方的好品德、好作风、先进事迹和无私帮助等。叙述中可将涉及的人物、时间、地点、事件、结果交代清楚，但不需要详细介绍，只要能使对方明白为何要感谢即可。

（2）表示感谢之情。通常在正文的一开始就有“表示衷心的感谢”或“致以深深的谢意”之类的话语，并将感谢之情贯彻始终。

（3）赞颂与评价对方。要热情赞颂对方的思想品质、精神风貌及客观影响，重点说明对方的关心、帮助所产生的效果，显示对方行为的积极意义、深刻影响等。

（4）表达自己的态度、决心或承诺工作。可以表示向对方学习，也可以表示今后将工作或服务做得更好。在谢意之外，还可以允诺对方一些切实可行的事或说一些进一步密切双方关系的话语。

4. 结尾

既可写表示敬意和再次感激的词语，如“致以最诚挚的谢意”，也可以用商务信函的结尾祝颂语，如“恭祝事业有成”。

5. 署名和日期

另起行右下方写发出感谢信的组织名称或个人姓名，署名下边写明发信的年、月、日。

（二）感谢信的写作要求

感谢信要在相关事后立即发出才能让对方感到你的诚意。感谢的事项要准确、明晰；要满怀感激之情，态度要诚恳，话语要真诚、朴实，且符合双方的身份、境遇情况，不可装腔作势、矫揉造作，也不可过于卑屈；叙述事迹要真实准确，不做夸大描画，要抓住事迹的感人之处；要注意赞颂到位、评价恰当，不可滥用溢美之词；文字精练，切忌过分拉长篇幅。

例 3-2

感 谢 信

××运通有限责任公司：

上月 25 日，我公司业务员李××在××出差时不慎将皮包忘在出租车上，贵公司司机罗××先生将皮包主动交到公司，并通过多方查找，设法返还给我公司业务员李××。在此向贵公司领导、罗××先生及众员工致以最衷心的感谢！

李××皮包里装有我公司新产品研制方案的技术信息及支票等财物，如若丢失，将给公司造成不可挽救的损失。如今皮包失而复得，完璧归赵，使得新产品的中试计划能按期进行，今年的企业指标能得以实现。

罗××先生及其他员工们这种拾金不昧、急人所难的高尚思想和优良品德是贵公司教导的结果，值得发扬光大，也值得我公司员工认真学习。

感谢之余，衷心祝愿贵公司兴旺发达！

此致

最真挚的敬礼！

××市重阳建材公司

2018 年 4 月 2 日

[评析]

该信开门见山地写出了感谢原因并表达了谢意，接着重点说明对方行为的结果，最后对对方的行为给予了足够的赞扬和恰当的评价。信中语言真诚有礼，热情鲜明，可让人深深体会到其中的真情所在。

三、邀请信

邀请信是用于邀约的一种商务礼仪文书，包括邀请对方参与有关会议、典礼、晚会、仪式、展览、宴会、喜庆纪念等活动以及讲学、剪彩等具体工作。有时邀请信还可能用于约定会面、会谈等场合。但多数时候约定侧重商务内容或事务内容，礼仪的内容相对较少，一般将约定内容的邀请信看成商务函电中的日常联络文书。

邀请活动中，用当面、电话、手机等口头方式来邀请是可以的，但从交际效果看，从体现企业形象看，采用邀请信更为正式、庄重。邀请信在邀请功能上与请柬有相同之处，但邀请信的使用范围更广、内容更具体、信息量更大。

(一) 邀请信的结构

邀请信的结构约定俗成，内容非常简单，不用写标题，直接写正文。

1. 称谓

顶格写邀请对象的姓名，用尊称，称呼后用冒号，如“尊敬的方××博士:”。

2. 正文

正文提供活动的完整信息，包括：

(1) 问候语。信首问候语常用“您好”。

(2) 活动内容。写明活动的目的、主题、内容、时间、期限、地点、要求、联络方式等。

（3）其他要求。如果对被邀请者有特殊要求，应切实说明。例如，邀请到会演讲，则应提出希望演讲的主题、开讲时间和演讲时间长短，以让对方心中有数。必要时可以注明有关待遇，如交通问题等。有时不必在第一封邀请信中将所有细节如食宿待遇等统统说明，不妨等对方有了回音后再联系。

3. 结尾

多写期盼性敬语，如“届时恭请光临”“敬请莅临指导”。如果希望对方回复，有时还需要注上“敬候赐复”。

4. 署名和日期

另起行右下方写发出邀请的组织名称或个人姓名，署名下边写明发信的年、月、日。

（二）邀请信的写作要求

写邀请信的重要原则是提前发出，要让对方收到信后有所准备，需要时也来得及回复。正文内容要完整具体，不要留下让对方疑惑或猜测的地方，如不要写“请参加周三的开幕仪式”，而应具体说明日期，如“敬邀光临 8 月 4 日（星期三）上午 10 点的开幕仪式”。邀请信礼仪性强，所以措辞要讲究文雅得体，要诚恳邀请，但又不强求，不能让对方有被要挟、强制的感觉，不能写“希望准时出席”等词语。若是邀请参加宴会、晚会等社交活动，而对方是外宾夫妇，应邀请夫妇二人，不要只邀请一位。

例 3-3

××建筑集团公司举办大型建筑机械展览会，向同行知名企业家彭××总裁发出邀请信。

尊敬的彭××总裁：

您好！

真诚地邀请您于 2017 年 10 月 14 日（星期六）上午 9 时前往××市××路 12 号会展中心 1 号大厅，出席我集团举办的大型建筑机械展览会开幕典礼。

您作为建筑行业知名的企业家，我们以崇敬的心情邀请您光临展览会并为开幕式剪彩。

如果您能接受这项邀请，我们将备感光荣。热切期望您的回音。

敬颂

佳节愉快！

常××

总经理

××建筑集团公司

2017 年 9 月 28 日

联系方式：（略）

（三）对邀请信的回复

收到一封邀请信，应该将之看作邀请方对你的敬意和真心，且应该迅速、有礼貌地回复，以示对邀请方的敬重。信中首先要感谢对方的盛情邀请或对所举办的活动的赞扬。接着应明确表示是接受邀请，还是谢绝邀请。如果答复对方“我尽量参加”“有空我就去”，就显得模棱两可，使对方不知所措。如果不能接受邀请，也不能不理睬，而更要及早告知对方，以便邀请方另做安排，并要在信中表示歉意和遗憾，要用婉转的话语表达不能赴邀的原因，不能只说一句“对不起，我不能参加”了事。不表态，最后不参加，使对方措手不及的做法是极为失礼的。如果接受邀请，也要明确告知对方，让对方心里有数。

四、慰问信

慰问信是营造良好人际关系的重要方式之一，使用范围较广。从内容上看，主要有三类：一是业绩慰问，即向为国家、企业付出辛劳、作出贡献、获得成就的集体或个人表示慰问，鼓励他们戒骄戒躁、继续努力。二是灾难慰问，即向由于某种原因遭到重大损失或巨大困难的集体或个人表示同情和安慰，激励他们战胜暂时的困难、改变现状；向个人的不幸遭遇（患重病或亲人亡故等）表示同情和安抚，给对方以温暖。三是节日慰问，即遇到传统节日、纪念日等时向有关人员表示慰问和祝贺。

慰问信的双方可能有直接关系，可能没有直接的关系，这和感谢信双方会有直接关系不一样。对有直接关系的慰问对象，慰问方最好亲自前去探望，最低限度也要发出慰问信或慰问电，表达慰问之意，以增进相互间的友谊和感情，这是人际交流的重要部分。一封真切的慰问信，会给对方带来莫大的欣慰，增强对方克服困难、战胜灾难的勇气和力量。

慰问信不用于上行发送，下级组织对上级组织、个人对上级组织一般不宜用慰问信。

（一）慰问信的结构和写法

1. 标题

对组织的、集体的或需要公开化的慰问信，常将主题放在信的最前面作为标题，如用大字体直接写“慰问信”三个字或者用“……致……的慰问信”这种慰问组织、慰问对象和信件名称三者齐全的标题。发给个人的慰问信可以不用标题。

2. 称谓

顶格写被慰问的组织名称或个人姓名，对个人用尊称，称呼后用冒号，如“……公司三车间全体员工：”“尊敬的宋××先生：”“敬爱的李××女士：”。

3. 正文

空两格写正文内容，包括：

（1）表示慰问。说明写慰问信的背景、原因、目的，并表示慰问之意，使对方明白为什么受到慰问。例如，“值此新春佳节之际，您仍坚守在生产岗位，辛勤劳动，特向您致以节日的亲切问候!”

（2）概述事实。概述慰问的有关事实，如对被慰问者的先进事迹、突出贡献、思想品德等进行简要述说与赞扬；对受灾受难者表示关怀和鼓励，对他们战胜困难的气概与精神表示赞赏。这部分尤须注意针对不同的对象，有的放矢，有感而发，要写得殷切而实在，切忌说些概念化的话语。

（3）表达希望。表达共同的愿望和决心，点明希望与前景。可以再次表示深切慰问、关心之情，可以鼓舞受慰问者振奋斗志、奋勇前行。如对地震灾难可写“相信你们一定能尽快恢复生产，夺取抗震救灾的更大胜利”；对节日慰问可写“祝愿您和您的家人幸福美满”；对逝者亲属慰问可写“我们同样深爱着他”等。

4. 结尾

写表示祝愿的词语，如“此致最诚挚的慰问”。对患病者可以用“祝您早日康复”。

5. 署名和日期

另起行右下方写发出慰问的组织名称或个人姓名，以组织名称发的要写全称，署名下边写明发信的年、月、日。

（二）慰问信的写作要求

慰问信要在相关的事实出现并确认属实后及时发出以示慰问。慰问信要针对不同的对象、不同的情况，恰如其分地表达慰问之意，不能照搬照抄。慰问信要向对方表示出无限亲切、关怀的感情，对于灾害、事故、疾病等内容，不宜询问和详细描述，切忌以不必要的言辞勾起对方的痛苦回忆，更不能责备对方的过失；话题以安慰、鼓励、温暖、友谊为主；语气要诚恳、真挚、得体，不宜过于低沉，客套话少说；文字要凝练、朴实，篇幅以短为宜。有些问候和慰问信最好亲笔书写，更显亲切和温暖。

例 3-4

致公交战线全体员工的慰问信

××市公交战线广大干部及司售人员：

你们好！你们辛苦了！

值此新春佳节之际，你们仍坚守在公交第一线，忘我敬业，为民服务，特向你们致以节日的亲切问候与衷心感谢！

处在祖国北部边陲的××市，冬季寒风凛冽，雪花飘飞。（略）

最后，请再次接受我们真切的慰问，并祝愿您和您的家人：

身体健康，生活美满，新年快乐，万事如意！

××市公共交通总公司

二〇一八年二月十六日

五、拜访函

（一）拜访函的结构与写法

拜访函，顾名思义，是为了拜访有关人士，事先发出的具有预约和沟通信息作用的礼仪文书。公司企业为了拓宽业务渠道、寻求更多人脉，建立合作关系，经常需要使用这种商务礼仪文书。

撰写得体的拜访函，对促成拜访成行并达成预期成果具有重要作用。

拜访函的结构约定俗成，内容比较简单。各部分的写法如下：

1. 称谓

顶格书写拜访对象的姓名，要用专尊称，称呼后面用冒号，如“尊敬的张××董事长：”“尊敬的方××博士：”。

2. 正文

（1）自我介绍，说明本方单位或发函者姓名。

（2）说明拜访意图、相关事项，预约拜访时间。

3. 结尾

表达期望得到回音的心情，或使用表示祝福的礼貌用语。

4. 署名和日期

另起行在右下方写明发出拜访函的组织名称或个人姓名，署名之下写明发函的年、月、日。

（二）拜访函的写作要求

拜访活动是一种典型的人际交往行为，要讲究必要的礼仪，这也决定了拜访函写作的基本要求。

（1）要讲究礼节周到，包括对拜访对象的称谓以及开头、结尾的写法，都要符合礼仪规则。

（2）要尊重拜访对象，约定拜访时间、地点等具体事项，要充分考虑拜访对象是否便利，不可强求。

（3）要交代清楚拜访目的，涉及拜访事项点到而止。

（4）文字表达要简洁凝练，简短为宜。

例 3-5

尊敬的陈××先生：您好！

我是××工业集团公司副总经理，十分感谢您在百忙之中拨冗阅读此函件。

××工业集团是一家以大规模工业标准厂房建设为主业，以现代集装箱加工为辅业，集科研制造为一体，按国际标准组织生产的大型集团公司，下辖多家公司。本集团公司致力于科技创新平台建设，现要从事××的研发、生产及销售。

鉴于陈××先生在业界的崇高地位，我集团公司总经理张××拟于本月中旬（具体日期由您安排）前往深圳拜访您，旨在加深与您的联系与友谊。

期待您的回音！即颂

秋安！

××工业集团公司副总经理：杨××

2017 年 9 月 10 日

电话：××××××

手机：××××××

E-mail：××××××

第三节　礼仪致辞

在商务庆典、吉庆佳节、迎送宴会的礼仪活动现场，宾主各方常用简短讲话表达自己的心情和美好的祝愿，这些讲话稿是商务礼仪活动中常用的文体，统称礼仪致辞。最常用的礼仪致辞有欢迎辞、欢送辞、答谢辞、告别辞、祝贺辞。

一、礼仪致辞概述

礼仪致辞在特定的和较隆重的场合使用，由致辞人当场演讲，接受对象是众多的人群，因而有着自身的特点与结构。

（一）礼仪致辞的特点

1. 突出尊敬

礼仪致辞建立在双方互相尊重的基础上。首先在称谓上突出尊敬之意，称谓之前使用表示敬慕、亲切之情的修饰词，如“尊敬的”“敬爱的”“亲爱的”等词语，然后在姓名之后加上头衔，如职位、职称、学位、衔位，或用泛尊称“先生”“女士”等字样。在致辞中也要表示出对对方的尊敬，多用称赞性的语言。

2. 强调真挚

礼仪致辞是在迎来送往中当场表达自己对对方情感，所以应在字里行间反映出真情实意，这种情感一定要以诚相见，不要虚情假意或过分堆砌辞藻。说出的话要符合场合、符合身份，要注意对象和氛围。例如，就欢迎辞而言，若欢迎上级领导，言辞应当谦恭；若欢迎来访的客户和供应商，言辞应当诚恳；若欢迎新加盟的职员，言辞应当热情。在涉外致辞中要注意维护国家和民族尊严，要有表达情感的客套话，应恰到好处，不能夸大过滥。

3. 文体简洁

礼仪致辞完全出于礼节需要，在特定场合由致辞人当众演讲，所以文体应短小精悍，不能长篇大论。有的致辞听众是站着听的，更要简洁明了。在表达感情和有关内容方面要点到为止，不用叙述、说明、论证，以表现出致辞人的精明、干练、果断。

4. 词语委婉

礼仪致辞本身是一种社交礼节，不是会谈和谈判。因此，致辞大多不谈具体的商务内容和业务技术，最多只讲一些有关原则和基本点，不涉及或不直接涉及双方有争议的内容或事项，多用委婉的语气和词语来阐明各自的见解，避开敏感话题，以便取得对方谅解，将友好的合作与交流继续下去。

（二）礼仪致辞的结构

1. 标题

标题有两种写法：一种是简式标题，直接写礼仪致辞的名称，如“欢迎辞”“答谢辞”“祝酒辞”；另一种是复式标题，由致辞人姓名、职务和礼仪活动的名称组成，如“××总裁在欢迎××招待会上的祝酒辞”。无论哪种标题，要注意致辞人在演讲时不念标题。

2. 称谓

称谓有两种写法：一种是用泛尊称，如“尊敬的女士们、先生们”“尊敬的各位朋友们”等；另一种是用专尊称，写明致辞对象的全称及职务、头衔，如“尊贵的××总裁阁下”。书写时称谓要顶格，并在后面加冒号。

3. 正文

一般根据双方的关系和礼仪活动的目的而定。内容包括以下几层意思：

（1）表明自己的身份和代表谁（个人、团体还是两者都有）讲话。

（2）向当场人员的问候。

（3）表示此次活动的原因和对对方的情感，是欢迎、欢送，还是答谢、祝贺。

（4）概述赞扬双方过去交往、合作的成绩或友谊。

（5）提出对未来的希望，向对方表示祝愿，以及表达继续交往、合作之意，并以热烈的祝颂词语结束。

4. 落款

最后一行右边写上致辞人所代表的单位名称或签上致辞人的姓名、职务，下面写明日期。在当众演说结束后，致辞人一般不念落款署名，只有在公开发表时，在题下或落款处署上致辞者的姓名与日期。

综上所述，礼仪致辞虽短小，但书写时也要区别不同的活动场合、致辞对象、时令氛围等情况；要注意用词用语既客套有礼貌，又文雅有分寸，符合致辞人身份。礼仪致辞是要当众演讲的，句子长短、词语选择都要适合朗读，不能过分书面化。有些礼仪致辞是事先拟就，临场宣读；有些则是即席发挥，事先没有文字稿，这与书面形式的礼仪信函有写作上的区别。另外，致辞时是面对面的交流形式，所以致辞要热情洋溢、气宇轩昂、洒脱大方、富有感染力，将致辞人的真挚感情和气质风度表达出来。

二、迎送致辞

（一）欢迎辞

在商界，遇上贵宾参观、访问以及上级前来检查工作或重要职员加盟，在见面之初，发表一篇热情洋溢的欢迎辞往往必不可少。写欢迎辞时要围绕“欢迎”这一主题，以发自肺腑的语言，向对方表示热烈欢迎、期盼来访的心情，并展望美好的未来。切忌东拉西扯，游离主题。

例 3-6

欢　迎　辞

尊敬的女士们、先生们：

值此××有限公司成立30周年庆典之际，请允许我代表××有限公司并以我个人的名义，向远道而来的贵宾们表示热烈的欢迎。

朋友们不顾路途遥远专程前来贺喜并洽谈贸易合作事宜，为我公司30周年庆典更增添了一份热烈和兴旺，我由衷地对各位表示诚挚的谢意！

今天的各位来宾中有许多是与我们有着良好合作关系的老朋友，公司成立至今能取得如此业绩，离不开老朋友们的真诚合作和鼎力支持。对此，我表示衷心感激。同时，我们也为能有幸结识来自全国各地的新朋友感到无比高兴。在此，我再次向新老朋友表示热烈欢迎。我相信，今后我公司一定会与新老朋友密切协作，推动相互间的友好合作关系进一步发展。

“有朋自远方来，不亦乐乎。”真诚祝愿各位朋友在短短的几日来访中愉快！

吴××
总经理
××有限公司
2017 年 9 月 25 日

［评析］

该篇欢迎辞从欢迎、感谢和祝愿三个层面展开，并分别针对老友和新朋表示了情谊，主题突出，层次分明，语言流畅，短小精悍。

（二）欢送辞

当宾客告辞之际或同事离职、朋友远去之时，主人为之送行常会对他们说些祝福话，这是一种于情于理的临别赠言，称为欢送辞。欢送辞的内容要表达出非常珍惜重视与对方友好交往的情感，充分表达致辞者的惜别之意。成功的欢送辞写作内容常包括：对被欢送者的高度评价；对既往相处时光的温馨回忆；对对方离去的惜别之情；对被欢送者的美好祝福。所以欢送辞结束语常有祝愿对方“身体健康、旅途愉快”之词。与欢迎辞相比，欢送辞应更富有文采，更具备真情实感。

例 3－7

欢 送 辞

尊敬的史密斯先生、尊敬的史密斯夫人、尊敬的朋友们：

经过炎热的夏季和金色的秋季，史密斯先生及夫人在我厂的指导工作顺利结束，就要离开我们回国了。

史密斯先生及夫人虽然将要离开这里，但你们忙碌的身影会留在厂房里，慈祥的笑容会留在每个人的心里。你们热情友好、学识渊博、技艺高超，给我们留下了许多美好的回忆。在这依依不舍的告别之际，我们衷心地希望史密斯先生及夫人今后像回自己故乡一样，常来这里做客。

真诚祝愿史密斯先生及夫人旅途愉快，一路平安！

薛××
总经理
××机电设备有限公司
2017 年 10 月 20 日

三、答谢辞、告别辞

（一）答谢辞

在特定的礼仪场合，一方发表讲话答谢另一方也是商务活动中的常事。答谢辞的事由通常分两类：

一类是在商务交往中，己方遇到值得庆贺的活动或事业上取得重大成就时，他人给予祝贺后，应主动向他人或在场者致辞答谢。例如企业举行庆典活动中，上级、同行等祝辞后，主方向贵宾或贺喜者致辞答谢；又如某人立功受奖、荣获称号后，向上级、同事及在场者致辞答谢。此类答谢辞的重点是表示对他人的感谢、感激，例如感谢对方的祝贺，感激领导的关怀、他人的帮助；然后表示今后的努力方向，希望继续得到支持。在这类答谢辞中，虽己方取得了成就，获得他人好评，但态度要谦虚，不能自吹自擂、得意忘形。

另一类答谢的场合是宾客为感谢主人的盛情款待和多方照顾而讲的致谢辞。有的是在双方交往活动开始时，主人致了欢迎辞之后，客人立即对主人的盛情欢迎和感受到的礼遇表示感谢；也有的是在双方交往活动后，通常是在临行前专门安排的答谢活动（如告别会、告别宴）上客人发表答谢讲话，以感谢主人的盛情接待与安排。这类答谢辞的重点在于向对方表达真挚感谢之意，对主人的盛情款待高度评价，对交往活动的结果表示满意和赞赏，对自己的收获给予充分肯定。结尾可以再次表示感谢，并祝愿双方关系得到进一步发展。

人人都有感激之心，需要在适宜之时通过适当的方法表达出来。在商务往来中，发表一篇言之有物的答谢辞，会让上级、宾主、友人、同事感到亲近，能够密切宾主之间的关系。

例 3-8

答　谢　辞

尊敬的张××总经理、尊敬的××电子集团公司的朋友们：

首先，请允许我代表××网络设计有限公司的 6 位同人向尊敬的张××总经理及××电子集团公司对我们的盛情款待表示衷心的感谢。

我们 6 位同志代表××网络设计有限公司首次来到贵公司访问，仅 3 天时间就与贵公司建立了友好的技术合作关系，并成功地洽谈了××网络技术合作事宜。这一切，都得益于贵方的真诚合作和大力支持。对此，请接受我们诚挚的谢意。

网络技术是新兴的产业，正蒸蒸日上，有着广阔的前景。贵公司拥有一支由网络专家组成的庞大队伍，技术力量相当雄厚。我们有幸与贵公司建立友好的技术合作关系，这为我公司的网络技术发展提供了新的契机，必将推动我公司的网络技术迈上一个新台阶。

最后，我代表××网络设计有限公司再次向××电子集团公司表示衷心的感谢，希望我们继续加强合作，并真诚祝愿贵公司迅猛发展，再创奇迹。

我提议：

为我们之间正式建立友好合作关系，

为今后双方的精诚合作，

干杯！

××网络设计有限公司

总工程师 胡××

2017 年 11 月 2 日

（二）告别辞

双方交往活动结束后，客人准备离开，常在临行前向主人表示谢意和辞行，这类讲话就是告别辞。它与交往后安排的答谢讲话可以合并进行，既表示对主方的盛情接待与安排的感谢，又具有辞别性质，要表示出一种辞行时的依依惜别之情，因而可以重笔抒发情感，表达做客的心情。

例 3-9

告 别 辞

尊敬的公司领导、尊敬的各位师长及朋友们：

我就要离开你们雄伟的厂房和这座美丽的海滨城市，回到我的西北故乡。

在这短短的两个月中，我学习了许多书本上没有的知识，掌握了许多技能，获得了许多的宝贵经验。更重要的是我结识了这么多尊敬的老师、朋友，与大家建立了珍贵的友谊。我将带着你们的友情和希望，满载而归，为祖国大西北的开发奉献我的力量。

在临行之前，纵有千言万语，也难表达我心中的不尽之意，我只能发自内心地说出两个字：谢谢！

最后，恭祝各位领导、各位师长及朋友们：

身体健康！事业有成！

学生　彭××

2018 年 10 月 21 日

四、祝贺辞

（一）祝贺辞概述

祝贺辞又可以称为祝辞、贺辞，有时也可以称为祝酒辞。企业在商务社交活动或交际宴会上向对方表示良好祝愿和庆贺之意时经常使用祝贺辞。当代企业家们深知，不要轻易放过任何一个可以向自己的交往对象表示友好、敬重的时机。每一位商务人员应当独具慧眼，抓住喜庆佳节之机，向对方正式祝贺，以加强双方的关系。

祝贺辞写作的核心内容是向对方表示热烈的祝贺，但祝辞与贺辞之间还有些细微的差别。祝辞是对某件刚开始做的事情表示祝愿、希望的意思；贺辞是对某一件已经取得成功的事情表示庆贺、道喜的意思。

（二）祝贺辞的分类

祝贺辞根据祝贺的对象不同，可分为不同的类型，商务礼仪活动中常用的有下述几种。

1. 事业祝贺辞

用于祝贺企业成立、商店开业、工程开工、展览会或大型活动剪彩以及科研取得成就、试制获得成功等聚会活动。该类祝贺辞的内容要针对相应场合赞扬成绩，祝愿对方的事业吉祥顺利并取得更大的功绩。

2. 会议祝贺辞

用于祝贺会议的隆重举行。如果是对同行发表的祝贺辞，主要是表达祝贺之意，希望会议顺利进行，取得圆满成功；如果是上级对下级发表的祝贺辞，还可以增加对会议的希望和要求。

3. 祝酒辞

专用于酒席宴会开始阶段为助酒兴而发表的讲话。商务往来中的祝酒辞不像外交活动或国宴上的祝酒辞那样庄重严格，只要向对方表达祝贺与友好之意、表示密切今后合作交往关系的意愿、将酒席宴会的气氛烘托得更加热烈即可。主客双方都可以当场发表祝酒辞，向对方表示良好的祝愿。

4. 人生祝贺辞

人生祝贺辞是在庆祝他人诞生、寿辰、结婚或取得重大成就时的祝贺致辞，如祝寿辞、新婚祝辞。写作内容主要是用美好的词语赞颂对方、祝福对方。人生祝贺辞虽是对某个人的祝贺，但通常是在人们集聚的场合面对众人念出的。

祝贺辞旨在向对方表示热烈的祝贺，要以恭喜为首要内容。在祝贺辞的字里行间，要自始至终充满热烈、喜悦、愉快、激动的气息。写祝贺辞要仔细斟酌辞令，做到语言优美感人。通常内容中会写到对对方的称颂、赞扬、肯定，但不要过度恭维或词不达意。祝贺辞的结尾应诚恳地向对方表达“大吉大利”的良好祝福。

例 3－10

祝　酒　辞

尊敬的女士们、先生们：

晚上好！

“中国第四届丝绸展览会”今天开幕了。今晚，有机会同各界朋友欢聚一堂，我感到由衷的高兴。我谨代表中国丝绸贸促会，对各位朋友光临招待会表示热烈的欢迎。

“中国第四届丝绸展览会”开幕一天来，已引起我市及外地商界人士和科技人员的浓厚兴趣。展览会提供了经济往来和技术交流的好机会。我相信，这次展览会在推进这一领域的技术进步和经贸发展方面将起到积极的作用。

今晚，各界朋友欢聚一堂，我祝愿大家广交朋友，寻求合作，共同度过一个美好的夜晚。

现在我提议，请大家举杯，

为“中国第四届丝绸展览会”的圆满成功，

为在座各位女士、先生们的健康，

干杯！

中国丝绸贸促会

敬贺

××××年 2 月 20 日

第四节　礼仪帖卡

商场名言

品牌就是竞争力。

在竞争中品牌的吸引力举足轻重，从这个意义上说，品牌就是竞争力。打造品牌、扩大品牌的知名度应该是所有企业所追求的。体现企业品牌的内容有方方面面，含金量也大小不同。其中，企业的各种礼仪帖卡是体现品牌不可忽视的一个方面。在企业中，礼仪帖卡包括名片、请柬、贺卡、聘书等。

一、名片

名片是人际交往中通报姓名、介绍身份、联络沟通不可缺少的纽带。在现代商务交往中，主要使用职业名片，多以中文西式自左至右横排的样式或中外文对应式。随着名片的使用日益广泛，名片的种类也越来越多，名片的印制也越来越讲究。

（一）名片的样式

企业使用的名片规格为 5.5cm×9cm 的单张，也有的企业制作折叠式名片，前页为后页的 3/4，增加版面以印制更多的信息。名片多使用白色卡片纸，也有使用浅淡色彩的，在选择纸张的质地、颜色上要和自己的职业、职务相协调。当前也有将自己的照片印在名片左上角的“影照名片”。名片上的字体也多种多样，可以用美术字及各种字体。无论怎样变化，让对方拿到时能立即看清楚是根本目的。如果企业经过 CI 设计，有企业规范的标志和颜色，则所有员工的名片都应遵守这一规范要求，不能另行设计。总之，名片设计要美观大方，要体现企业的风格。

（二）名片的内容

名片的内容没有严格要求，通常包括：服务单位和部门名称，姓名，职务、职称或学衔，工作地址和邮编，工作电话号码、传真号，企业网址、个人电子邮件信箱，有的还印上住宅电话或手机号码。

名片内容的安排没有统一格式，其布局结构形形色色，其设计风格多种多样。最通用的是将姓名放在名片中间，并注上职务、职称或学衔，这些头衔不能过多，一两个为宜，密密麻麻反而喧宾夺主；名片左上角写明单位名称、部门名称，左下角注明各类联络信息。名片背面可以空白，也可以用外文印上正面的内容。名片是企业的招牌，具有广告的作用。有的企业为了宣传业务，在名片上印有业务内容、产品宣传或路线图，以便接收者了解企业。

（三）名片的用途

名片的用途极其广泛，除了通报姓名、介绍身份外，还可用于简便的访问、答谢、邀约、辞行、慰问、馈赠等交际活动，加上名片携带方便，因而被广泛使用。

在许多礼节性往来活动中，名片有代替便条的功能，而且比便条更儒雅、更庄重。在交际中，可以在名片上写上一个词或一句短语表达自己的情感。例如客户有喜事，不能亲自前往祝贺，可以在名片的姓名后写上“恭贺”两个字，请他人送去祝贺。在收到对方礼物后，还可以发出一张名片，在自己的姓名下写上“谨谢”两个字表示谢意。还可以在请旁人代你给他人送礼物时，或在给他人送鲜花时，附上自己的名片，写上短短的祝福语。如果想拜访对方，可以在名片姓名下写上“求见”“拜见”字样，转行顶格写上对方姓名称谓，送给对方。如果拜访对方而没有见到被访者，可以留下一张名片，写上“很遗憾，未能一见”等，这也是很友善的通报情况的方式。在一些非正式的邀请中，名片可以代替请柬，只要在名片上写明时间、地点、内容即可。

国际上为了用名片表达出不同的用意，通常用法文缩写的小写字母写在名片左下角作标记，对方收到名片，看名片注脚即可了解用意。几种名片注脚的写法如表 3-1 所示。

表 3-1　名片注脚的写法

用意	缩写	法文全称
敬贺	P. F.	pour felicitation
谨谢	P. R.	pour remerciement
介绍	P. P.	pour presentation
辞行	P. P. C.	pour prendrecongе
谨唁	P. C.	pour condolence
恭贺新年	P. F. N. A.	pour felicitation lenouvelan

二、请柬

请柬是柬帖类礼仪文书中的一种。柬帖类礼仪文书中还包括喜事用的喜帖、送礼用的礼帖、报丧用的丧帖等。商务礼仪活动中主要使用请柬这种书面形式作为各种会议、庆典、展览、宴请等活动中正式邀请宾客的媒介，起到礼仪活动的通知书作用。

（一）请柬的特点

请柬虽小，字又很少，却传递和展示着许多信息，并具有鲜明的特点。

1. 告知性

商务活动中使用请柬的目的就是邀请、通报对方来参加活动，所以要非常清楚地写明活动的名称、时间、地点、谁邀请、邀请谁。许多活动还希望对方收到请柬后能够反馈信息，常在请柬上标注 R. S. V. P.（法文缩写，即敬请赐复），它表示请被邀人收到请柬后回复主办方是否能够接受邀请并出席活动。所以请柬起到双方相互告知的作用。

2. 礼节性

请柬都是在正规、隆重的商务礼仪活动中使用的，而且是处于礼仪活动之前的对外亮相，要体现对被邀请者的尊重，所以具有重要的礼节性。对方所接到的请柬卡，无论是纸张、内容、用词、款式、色泽、字体无疑都反映了发出请柬企业的风格和形象。因此，注重礼节性、制备精美的请柬，一定能够为双方的交往起到事半功倍的效果。

3. 规范性

请柬虽与邀请信函一样起到邀请作用，但它在写作上与信函有着很多区别。它有独特的规范要求，例如，正文内容只有一句话，一般不使用标点符号等。又由于请柬多为印制的卡片，某次活动发出的请柬常是一样的，可以在活动中起到入场凭证的作用；而邀请信函针对不同的被邀请者可以书写不同内容。在纸张品质、色泽等方面，请柬也有严格的讲究，制备时要考虑活动内容和交际对象，使发出的请柬与活动场景和谐一致。

（二）请柬的形式

请柬的形式形形色色，并随着社会的进步和文化的发展而不断变化。

1. 外观形式

从外观形式看，请柬可分为正反式和折叠式两种。

（1）正反式请柬就是一张卡片，比较简单，企业社交活动中一般不使用这种请柬。

（2）折叠式请柬经过对折形成四个面，封面常印有“请柬”二字，并加以适当的艺术装饰；封里书写具体内容，并有与之相配套的信封。现代企业所举办的活动多用这种形式的请柬。

2. 书写形式

从书写形式看，中文请柬可以分为竖式和横式两种。竖式请柬是传统的竖行书写，自右向左移动；横式请柬则是横行书写的方式。在选择设计请柬竖、横式时要考虑如下几点：

（1）请柬版式要适应邀请对象。如果此次活动主要邀请港台客商，则以竖式请柬为妥；如果此次活动邀请的面较广，又是以企业的名义发出的，则以横式请柬为佳。

（2）请柬版式要适合活动内容。如果举办的活动体现中国传统文化或具有民族特色，可以用竖式请柬；如果举办的活动是具有现代感或业务技术性浓厚的，应采用横式请柬。

（3）请柬版式要适应文字书写。属于涉外性质的活动，发出的请柬应有中外文两种书写。除了用中文、日文等书写的请柬可以选用竖式请柬外，其他中外文请柬都应用横式，以便文字排列。

总之，企业可以根据交际活动内容的需要，从文化用品商店购买或自己设计印制请柬。如果要使举办的活动显示企业文化、企业特色、企业精神、企业风格，最好专门设计并印制请柬，利用小小的请柬展示企业的良好形象。请柬一般使用带有颜色的卡片纸；尺寸形状、花边镶嵌、烫金加银、图案装饰没有统一的要求，但要庄重、大方，给人以美感。如果企业经过CI设计后，有企业规范的标志和颜色，则在设计请柬时也要与之相统一，不能另开别径。

（三）请柬的结构与写作要求

无论哪种形式的请柬，其结构形式都基本相同。

1. 标题

在封面或页面居中，用大号字体书写“请柬”二字。标题如在封面，一般要做些装饰或者印上企业的标志。也有的标题点明了活动的主题，如“庆祝××集团有限公司成立20周年请柬”。

2. 称谓

被邀请对象的姓名，用尊称，称呼后用冒号。统一印制的请柬往往是印好“尊敬的××先生/女士:”，只要填上姓名即可。目前许多请柬将被邀请对象的姓名和单位写在信封上，封里没有被邀请对象的姓名；还有的将被邀请对象的姓名放在正文的内容中。无论被邀请对象的姓名放在哪里，这一项内容都不可缺少。

3. 正文

印制的请柬用一句话将被邀请参加的活动事由、名称和活动的时间、地点说清楚，行文中不用标点符号。如“谨定于××××年×月×日（星期×）上午×时×分在×××会议厅举行××集团有限公司成立40周年庆典大会”，后面不能用句号；在下一行空两格写上“敬请”或“恭候”字样；再另起一行顶格写“光临”或“莅临”，后面不能用感叹号。

4. 署名

在右下方写清楚邀请单位或邀请人姓名。如果写单位一定要写全称，不能写简称。请柬可以不写落款日期。

5. 注意事项

有的请柬在最下面标注出有关事项，如需要被邀请人回复的则注上“R. S. V. P.”或“敬请赐复”及电话号码、联系人；需要告知被邀请人要提前就座的则注上何时就座；需要告知被邀请人服装要求的在右下方注明服饰；大型活动常标注上请被邀请人由哪个大门入场等。

如果是涉外活动，可以分别在请柬的封里对应写上中外文，这种请柬的文字排列可以按照西文结构居中安排，艺术处理。

例3-11

××灯具股份有限公司为举办的产品展销订货会发出统一印制的请柬。折叠式请柬封面印着公司的标志和烫金大字“请柬”，信封上写明被邀请人的单位、姓名，封里内容如下：

兹定于2017年7月21日（星期五）上午9时在工业展览馆大厅举行产品展销订货会

敬候

光临

××灯具股份有限公司

二〇一七年七月十日

联络电话：××××××

联系人：苏××

三、贺卡

每当节日或庆典活动时，在制作精美的卡片上印着或写上庆贺、祝福等词语赠送给对方以表示心意，这种卡片就是贺卡。它是现代社交礼仪中双方密切联系、增进感情不可或缺的媒介。在元旦、春节、生辰及其他节日庆典中相互赠送贺卡，成为商务交往、文化生活和社交礼仪的风尚。

（一）贺卡的形式

贺卡的形式比请柬的样式更胜一筹，可谓风情万种，并随着社会的进步和文化的发展而不断变化，花样翻新，科技含量也越来越高。

从外形看，厂家印制的贺卡大小不一，小到一个单张小卡片，大到8开、4开尺寸并带信封的都有；厂家印制的贺卡款式不一，有的只是一张开合的折叠卡片，有的卡片内有复杂、精美的立体造型或镂空等设计。近年来贺卡受了“礼大情深”观念的影响，尺寸越做越大，外观更加气派，以显赠卡人情真意切。封面是贺卡的门面，往往设计中独具匠心，使之精美华贵，让人爱不释手。

从内容看，随着人们使用贺卡的增多，贺卡制作者迎合多种社会祝贺活动的需要，将不同的祝贺词语印在贺卡上，供人们选择。贺卡不像请柬，封面上不印制“贺卡”字样，而是用祝福词语表示不同的祝福种类。例如印上“新年快乐”就表示是元旦贺卡。贺卡的内面比较素洁，通常也因贺卡的种类不同而选择印上了一两句祝贺文字或情语心声，同时还会留出一些空白供赠送者亲笔写祝辞。近几年，更有音乐卡、发光卡等现代贺卡流行，将祝福的心愿录在磁带上或布在彩灯上，让接收者一打开便能获得祝福的内容，可谓形色辉映、声情并茂。例如有的生日贺卡就在封内存放上“祝你生日快乐”的音乐磁带。贺卡的封底常与封面相连，一起彩色印刷，也有的是使用素色，在恰当的地方注上印厂标记。

目前许多企业在年节等庆贺时期，为了与商务伙伴、各界朋友加强联系、增进友谊，表示愿意在新的一年里继续合作往来，专门设计和印制具有本企业特色的贺卡。如果企业经过 CI 设计后有企业规范的标志和颜色，则在设计贺卡时也要与之相统一，以突出企业形象。

（二）贺卡的使用

1. 贺卡的挑选

由厂家制作的贺卡有不同的款式、不同的色彩、不同的贺辞、不同的字体等。企业要向对方进行礼节性祝福，如何挑选贺卡相当重要。

（1）贺卡的装饰内容与祝贺词语要同赠送贺卡的节日背景相一致，要在节日之前递送到收卡人手里。例如许多企业与不少西方国家的合作伙伴有生意来往，则可以在圣诞节前挑选一款圣诞新年兼用的贺卡寄出，表达对两个节日的一并祝贺，不宜只用祝贺新年的贺卡，也不应在对方圣诞节过后才到达。

（2）贺卡的大小质地、装饰风格以及印制的祝颂词语要与赠送方的名义、身份相匹配，要与赠送目的和要表达的祝愿相一致，要能代表赠送方。例如以某企业的名义或企业领导者身份送出的商务礼仪贺卡，应选用那些质地优良、带有配套信封、图案比较庄重大方、祝颂词语比较通用恰当的贺卡。如果发出的是质地绵软、单张的，或绘着卡通图案的，或写着“好好学习、天天向上”的贺卡，会使对方啼笑皆非，甚至造成误解。

（3）贺卡的款式装潢、文化色彩要与赠送对象的文化修养、审美情趣、民族习俗相一致，用词用语要适应双方的情景关系，让接收者打开贺卡便感到喜悦、感到温馨。例如企业给法国的商务伙伴送贺卡，就不要选择用黄色花朵装饰的贺卡，因为法国人忌黄色的花，认为黄色花象征不忠诚。又如某企业给一个还没有生意往来的新客户送贺卡，挑选的贺卡上印着这样一段话：“这张贺卡是纪念我们共同的回忆、共享的欢乐，祝您永远幸福。”新客户看后肯定莫名其妙，反而生厌。

如果企业自己专门设计和印制贺卡，设计前可以参考上述三点。

2. 贺卡的写作

购买来的贺卡上除了印制的祝福语外，都会留出一些空白供赠送者亲笔写作。企业专门印制，并印有代表企业祝福词语的贺卡，一般也需要亲自写上接收方和赠送方的姓名。

所以，贺卡只有通过写作才能把赠送者与赠送对象连接起来。

贺卡的写作包括两方面的内容：

(1) 写明赠送者与赠送对象的关系及赠送日期，表明这张贺卡是送给谁的，又是谁送的。如果贺卡上印制的祝贺词语很合适，就可以将这个祝贺词语当作贺卡的主要内容，只在祝贺词语前面顶格写明赠送对象的姓名和称谓，在祝贺词语后右下方写明赠送者的名称和日期，贺卡的写作内容就齐全了。例如企业印制的贺卡印上了："恭祝圣诞及新年快乐!"如果要赠给合作伙伴，并表达祝福对方圣诞新年快乐，只要写明赠送者与赠送对象的关系及赠送日期即可。

(2) 写明送出这张贺卡的中心内容，也就是祝贺词语，让接收者理解赠送者的情意。如果贺卡上印制的祝贺词语还不能充分表达赠送者的情意，赠送者便可以利用贺卡上留出的空白增写、补充几句祝贺词语，有针对性地表达双方的关系和祝福的情意。要注意的是，贺卡上的祝贺词语都是一两句话，不能夹带其他内容，更不能长篇大论。贺卡上的祝贺词语要用词得体、简洁，书写的字迹要工整、秀丽，显示出赠送者的气质和文采。

有的企业运用贺卡不但表达祝福，还进行业务联络。例如某保险公司给客户的新年贺卡如下例所示。

例 3-12

尊敬的客户：

时光飞逝，转眼又是新的一年。让新年的钟声捎去我们最诚挚的祝福！带着您的支持和关注，××人寿在一天天成长，因为承负着太多期待，我们不敢懈怠，只有更加努力。××人寿是您永远的朋友，有空常联系，请拨打我们的热线×××××。

四、聘书

聘请方聘请有关人士担任或兼任本单位的某一职务时常向对方发出聘书，它庄重地表示了双方的聘任关系，成为聘任工作的凭证。聘书的授予，既尊重了应聘者，又加强了应聘者的工作责任感，促使应聘者更好地发挥聪明才智。

(一) 聘书的形式

通常的聘请书或聘任书都使用装帧考究、质地优良的材料制成册页式，尤其注重封面，多用红色系的丝绒、锦缎、皮革、合成等面料，并烫金印制"聘书"两个大字，封面内可以插入书写聘请内容的卡片纸。企业需要使用聘书，可以到文化用品商店直接购买厂家印制的各种尺寸、各种类别的聘书；如果企业在商务工作中需要特别表示求贤若渴之意，可以专门设计和印制具有本企业特色的聘书。如果该企业经过 CI 设计后有企业规范的标志和颜色，则在设计聘书时也要与之相统一，以突出企业形象。

(二) 聘书的结构与写作要求

聘书的内容多由标题、称谓与正文、落款四部分组成。

1. 标题

标题居内页首行中间位置，一般使用“聘书”“聘请书”作为标题。字体要比正文大些。厂家印制的聘书，多在内页卡片纸上已经印上了标题。

2. 称谓与正文

聘书的结构以两种样式居多：一种是称谓与正文分开；另一种是称谓与正文合一。

（1）称谓与正文分开的写法同信函。称谓在标题下一行顶格写上被聘人的姓名，也可以附上职务、职称或头衔等。然后另起一行写上被聘人的职务、聘任期限等相关内容。结束语另起一行，用“此聘”或“特授予此证”等语即可。目前习惯上不将有关待遇、要求写进聘书，而是另外行文。

（2）称谓与正文合一的写法通常用一句话写明被聘人的姓名和所聘请担任的职务。企业设计使用的聘书多为这一种，尤其是聘用各界人士为企业某一项工作的技术专家等，可以将所聘请担任的职务等内容都印好，只要填写姓名即可，或在企业电脑中制作好聘书的模板，分别输入被聘人的姓名，再打印出来。

3. 落款

落款与信函写法一样，在右下方写清聘请单位全称，有时应写明有权聘用的负责人姓名，并加盖单位章或个人名章。然后另起一行写发出日期，其位置比落款更靠右侧。

有的企业为了记载发出的聘书，在聘书的右下角编上号，如“聘字×号”。

例 3-13

××纺织有限责任公司聘请纺织界一些专家、学者和高级工程师担任公司产品质量监督专家委员会的专家，与公司内部的专家、技术人员一起共同严把产品质量关。统一印制的聘书内页为：

聘　书

兹聘请　　　先生/女士为××纺织有限责任公司产品质量监督专家委员会特邀专家。

××纺织有限责任公司

二〇一七年十二月××日

本章小结

商务礼仪文书是企业在商务与社交活动中经常使用的文书，具有突出的交际与礼仪特点。

商务礼仪文书包括信函类的庆贺信、感谢信、邀请信、慰问信、拜访函；致辞类的欢迎辞、欢送辞、答谢辞、告别辞、祝贺辞；帖卡类的名片、请柬、贺卡、聘书等。

制作商务礼仪文书，必须遵循约定俗成的常规或国际惯例，讲究使用的场合，适应交流对象的实际需要。

重要概念

1. 商务礼仪文书：在交往联络、礼仪活动中用来调整、改善和发展组织间、个人与组织间、个人与个人间相互关系的书面媒介。

2. 庆贺信：对组织、个人取得的成就，或就某件喜庆之事，表示赞颂和祝贺的礼仪文书。

3. 感谢信：向关怀、支持、帮助过己方的组织或个人表示感谢的礼仪书信。

4. 邀请信：用以邀请单位或个人参加某项活动所使用的礼仪文书。

5. 慰问信：以组织或个人名义向有关集体或个人表示慰问、问候和致意的礼仪书信。

6. 拜访函：为了拜访有关人士，在事先发出的具有预约和沟通信息作用的礼仪文书。

7. 欢迎辞：在宾客到来之际，主人为了表示欢迎和愿意交往的意图所致的接风洗尘之辞。

8. 欢送辞：在宾客离开之时，主人为之送行并表示珍重所致的惜别之辞。

9. 答谢辞：在特定的礼仪场合，因某事由一方答谢另一方的演讲辞。

10. 告别辞：客人临行前在专门安排的告别活动上表示谢意和辞行的讲话。

11. 祝贺辞：在商务社交活动和各类庆典以及宴会中一方向另一方表示良好祝愿和祝贺之意的讲话。

12. 请柬：邀请单位或个人参加某项活动时向对方发出的专用礼仪卡片。

13. 聘书：聘请他人担任或兼任某一职务时向对方发出的专用礼仪文书。

思考题

1. 商务礼仪文书的特点有哪些？

2. 名片上可用哪些字母来表示一定的用意？它们分别代表什么用意？

能力检测题

1. 阅读材料并据此完成写作任务。

××跨海大桥建成通车

××跨海大桥通车仪式1日下午在位于桥中央的海中平台附近桥面举行。中共××省委书记×××15时40分宣布，××跨海大桥通车。

××跨海大桥全长36公里，作为国道主干线——沈海高速跨越杭州湾的便捷通道，大桥将缩短宁波至上海间的陆路距离120余公里。

××跨海大桥是中国自行设计、自行管理、自行投资、自行建造的特大型交通基础设施。按双向六车道高速公路设计，设计时速100公里，设计使用年限100年，概算总投资约118亿元。大桥于20××年11月14日开工，于20××年6月26日全桥贯通。目前依法通过交工验收，经××省交通厅同意开始试运营通车。

工程指挥部副总指挥×××列举说，大桥在国内第一次提出了设计使用寿命大于或等于100年的耐久性要求；大桥50米箱梁“梁上运梁架设”技术，架设运输重量从900吨提高到 1 430 吨，刷新了目前世界上同类技术、同类地形地貌桥梁建设“梁上运梁架设”的纪录；大桥深海区上部结构采用 70 米预应力砼箱梁整体预制和海上运架技术，为解决大型砼箱梁早期开裂的工程难题，在国内第一次成功实施了“二次张拉技术”，彻底解决了这一工程顽疾；大桥采用整桩螺旋钢管桩，最大直径 1.6 米，单桩最大长度 89 米，整桩螺旋钢管桩长度在国内外桥梁钢管桩中位居前列；大桥南岸 10 公里滩涂底下蕴藏着大量的浅层沼气，对施工安全构成严重威胁，在滩涂区的钻孔灌注桩施工中，第一次采用有控制放气的安全施工工艺，此工艺在世界同类地理条件中属首创。

据了解，大桥开工以来，共获得了 250 多项技术革新成果，取得了以 9 大核心技术为代表的自主创新成果，攻克了在强潮海湾建设跨海大桥的技术难题，累计节约建设成本约 11 亿元。目前已有 6 项关键技术通过了国家鉴定，其成果总体达到国际领先水平。仅用了 3 年零 7 个月就实现了全桥贯通，提前工期 8 个月全线试运营通车。

大桥建成通车后，上海、杭州、宁波之间将形成“两小时交通圈”。大桥的建设有利于推动长三角地区合作与交流，使宁波、温州、台州等长三角南翼城市与上海的关联度、紧密度得以提升，对整个长三角地区的经济社会发展都将产生重大的影响，并进一步促进长三角“世界第六大都市圈”的形成。

××跨海大桥建设的另一亮点，是在国内率先引入了民营资本参与国家特大型基础设施建设。

根据上述材料完成下列任务：

（1）拟写祝贺信。

得知××跨海大桥通车庆典将于 20××年 5 月 1 日举行的信息后，中国××省桥梁建设总公司决定特发一封祝贺信。发文日期：20××年 4 月 25 日。受文单位：××跨海大桥通车庆典组委会。

（2）拟写邀请信。

以××跨海大桥通车庆典组委会的名义写一封邀请信，邀请曾参与大桥设计论证的著名桥梁专家、××大学教授张××出席××跨海大桥通车庆典活动。

（3）拟写慰问信。

××跨海大桥工程建设接近尾声，以××跨海大桥建设总指挥部的名义写一封慰问信，向三年多来奋战在大桥建设第一线的全体工程建设者们表示亲切的慰问，并希望大家齐心协力，高质量地完成大桥建设任务。发文日期：20××年 3 月 10 日。

2. 写一封欢迎辞。

你是龙安保险代理有限公司人力资源部助理。我国保险行业专业人士极缺，龙安公司经过多方努力，诚邀 10 名海归专业人士加盟，其中不少是具有博士、硕士学位或具有丰富的财险、寿险等经验的人才。为了欢迎这 10 名海归人士加盟，公司专门组织了一个欢迎会，并要求你代分管人力资源部的沈××副总经理起草一份欢迎辞，以供在会上宣讲。

3. 写一封答谢辞。

你是民世达国际货运上海分公司经理黄××的秘书，你跟随他出差去香港谈生意。在港期间，你们受到香港环通货运公司热情接待和关照，双方会谈很有成效。临行前，黄经理为答谢香港环通货运公司的几位领导和朋友，特意准备了答谢宴会，以表示辞谢。请你代他写一份在答谢宴会上用的简短答谢辞。

4. 你是中英合资企业京英医药有限公司中方经理的秘书，公司在北京已经有了药品生产基地，10 月底公司又在创业园开发区扩建保健品生产基地，英方的管理人员、医药专家和生产线技术专家与中方人员一样，每天都在繁忙地工作着。快到圣诞节了，仍有十几位英方专家不能回国与家人团聚。公司准备在 12 月 24 日举行中英员工参加的“庆祝圣诞节和新年晚宴与化装舞会”，晚宴上，中方经理要向在座的全体人员祝酒，着重感谢英方专家。

要求：

(1) 比较祝贺辞、贺电与祝酒辞的相同点和不同点；

(2) 为公司中方经理起草一份在圣诞节和新年晚宴上的祝酒辞。

5. 请你收集 10 张不同企业的名片，要求是：10 张要有本企业的标志；9 张要有 2 种或 2 种以上色彩；7 张要有中外文对照；5 张要有能显示本企业产品的字或图。

请你对这 10 张名片认真进行分析和比较，选出自己最满意的 2 张名片和最不满意的 2 张名片，并说出满意和不满意的理由以及改进意见。

6. 设计一份请柬和写一份内部通知。

你是润翔集团有限责任公司经理部的秘书，集团公司正在筹备 20 年庆典大会。大会内容包括：各级领导讲话及祝贺；为 50 名先进个人颁奖；集团分公司及各部门的演出等。要求下属单位和部门除了必要的工作留人处理外，都要参加大会。50 名先进个人安排坐在会场的前两排，上级领导、政府官员、同行贵宾、重要客户等 25 人坐主席台上。庆典大会时间是 2018 年 4 月 28 日下午 2：30，地点在××路××会议中心 1 号大厅。

筹备工作组分给你的任务是设计一份庆典大会的请柬和写一份会议通知给集团公司内部各单位、部门。

7. 设计两款贺卡。

你是莫沃（MOWO）涂料有限公司的员工。每年圣诞节和新年前，公司都要购买一大批贺卡赠送上级领导、政府官员、客户、供应商、同行等。今年公司准备设计企业的标志，经过讨论，决定用企业名称“莫沃”的汉语拼音“MOWO”组成标志，可利用字母的变形来强化形象，要求简洁且表现力丰富，达到较好的视觉效果。公司领导请你按照上述意见设计两种样式的企业标志，并将标志应用到新设计的新年贺卡上。

第四章

商务管理与事务文书的撰写

阅读提示

企业在经营运作中，除了国家公文、经济法律文书、商务函电、礼仪文书外，还需要运用商务管理与事务文书实现内外沟通、交流商务经验、部署企业工作、规范员工行为以及处理日常事务等。本章旨在阐明商务管理与事务文书的特点，介绍商务计划、商务总结、商务报告、规章制度、备忘短信等文书材料的撰写要求与方法，为商务秘书协助企业领导处理日常事务提供参考和借鉴。

第一节　商务管理与事务文书概述

一、商务管理与事务文书的特点

商务管理与事务文书类别众多，内容繁杂，长短不一。有的是行前计划，有的是事后总结；有的是对内指导，有的是对外交流；有的发展规划有上百页，有的会议记录只有一页。

商务管理与事务文书行文方向也不固定，同一类别的报告中，有的是上行——向领导部门报告，有的是在内部使用——向全体员工报告，还有的通过传播媒介向社会交流。

由于企业的经营类别极为广泛，不同企业会对商务管理与事务文书有不同需求，例如一个经营保险产品的公司和一个生产采矿设备的公司在商务管理与事务文书的内容上会有不同。但计划策划、总结报告、章程制度、备忘短信等方面的商务管理与事务文书是企业经营运作和规范管理中最基本的文书，是每一个企业都会遇到和需要的。

商务管理与事务文书虽因类别各异会显现鲜明的不同点，但各商务管理与事务文书也有相同之处，归纳起来有下述共同特点。

（一）指导性

商务管理与事务文书是针对企业运营中客观的、实际的需要进行写作的，有明确的目的，强调现实的、具体的指导意义。起草某一文书前，应先明确为解决什么问题而写，要求哪些人了解并使用。每一份商务管理与事务文书的出台都是为了解决实际问题，推动企业的发展，提高经济效益。一份计划是为了使今后的工作按照确定的目标而开展；一篇总结是通过回顾反思所走过的路，以理清事物规律，指导今后迈出更大的步伐。

（二）真实性

商务管理与事务文书的指导性是以真实性为前提的，离开真实性，也就谈不上指导意义，甚至会误导工作。企业的经营活动是不断发展变化的，新事物层出不穷，要写出对工作具有指导性的文书，就要收集信息准确，反映情况真实，经验合乎规律，表达实事求是。商务管理与事务文书切忌虚构杜撰、弄虚作假、欺骗浮夸、歪曲真相。所以写作者要有严肃的写作态度和深入的调查研究作风，将真实的内容反映出来，归纳提炼，再指导实际工作。

（三）专业性

商务管理与事务文书承载商务管理的内容，有很强的专业性，写作者不仅要会写文章，还要具备一些商务管理知识；不仅要会用文字来表述各类信息，还要能够使用多种方法呈现信息；不仅要懂得一般的商务规律，还要对本企业的产品了如指掌。例如，制订销售计划，应该懂得什么是销售、怎样做到销售对路；做年终总结报告，可以运用各种折线图、柱状图、饼状图进行对比，强调视觉效果；写技术研讨会纪要，就要了解产品的专业术语和技术词汇等。所以，写好商务管理与事务文书也是不容易的。当今计算机及多媒体等高新技术的发展，给商务管理与事务文书的呈现方法带来许多方便，应有效利用这些高新技术。

（四）灵活性

商务管理与事务文书的每一类都有惯用的书写结构和基本的写作要求，掌握这些结构和写作要求是写好商务管理与事务文书的前提。由于不同企业经营情况差别很大，而商务管理与事务文书又强调实际应用和管理效果，且多在企业内部制发、传送，所以对商务管理与事务文书的体例结构不必规范化统一要求，不同企业可以根据内容的需要灵活运用，使形式为效果服务。例如，不同企业的策划方案有不同的结构，只要是能起到策划效果、能给企业带来利润的，就是成功的策划方案。

二、商务管理与事务文书的辅助呈现形式

由于商务管理与事务文书的内容繁杂多样，又希望在沟通中能让读者迅速理解知晓，

所以商务管理与事务文书的书面呈现方式不只是单一的文字叙述、议论、说明等，还有丰富的其他视觉辅助形式，尤其是通过现代技术来强调视觉效果。例如，企业的商务管理与事务文书中常会出现大量统计数字，大量的统计数字用文字表述将使读者难以理解，甚至感到枯燥乏味。如果将这些数字信息单独分离出来，用表格或图表的形式展现，就会产生清晰的视觉效果。因而写作者在写作前很重要的一点是认真选择最有效的展示信息的形式，以达到商务沟通的最佳效果。选择时可以考虑该商务管理与事务文书的写作目的、阅读对象、信息内容、传送途径以及所需工具等。

除文字表述外，企业最常用的几种书面呈现信息的辅助形式有各类表格、图片图形、图表和其他可视化辅助物。

（一）表格

表格是由行与列构成的记载并显示信息的形式，它在表达统计数字方面非常直观和简单。表格设计中应该明确所有项目栏代表的含义，例如一份某企业五年销售汽车数量和获得利润统计表，其项目栏内容包括年份、销售数量和获得利润。表格设计中还应该有逻辑地、整齐地排列信息，使读者易于理解。许多企业制订的工作计划也多用表格呈现。表格能方便地用计算机编辑制作，结构美观，显现专业化的外观。

作为企业程序手册的一部分，质量进度控制表也经常用简便的表格来体现（见表 4－1）。

表 4－1　质量进度控制表

项目编号	项目内容	项目要求	完成时间	完成部门	直接负责人	负责人	备注

（二）图片图形

图片图形是最直观的信息展现，它比文字阐述更容易被人理解，并能给读者以很深的印象。如果在写作商务管理与事务文书时有恰当的图片图形可用，应该选择它们来辅助表达文字信息。图片图形包括照片、地图、产品图、企业组织图、剪贴画等。通过扫描仪等现代工具能方便地将图片图形展现在文本上，也可以利用计算机图形处理软件导入图片，使文字更生动。

例如，某企业的年度报告中，当阐述公司主要控股子公司的经营情况及业绩时，不但用表格明示了 21 个控股子公司的主要产品、注册资本、资产规模和净利润，还用图形显示出 21 个控股子公司在全国的分布图，使读者一下子就了解了该股份有限公司在全国各地的经营情况。又如，许多企业在做销售策划方案时会将有关产品的照片附上，这样能使比较复杂的对产品的叙述变得简洁明了，使读者更形象地认识产品。如某计算机销售公司在其销售策划方案上将产品用简易图表示出来，让人们能很直观地了解其产品（见图 4－1）。

（三）图表

在商务管理与事务文书中，特别是一些专业性很强的文种，如总结报告、会议纪要

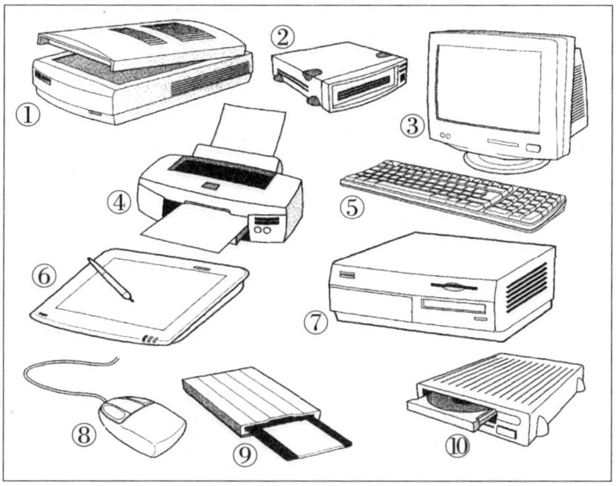

说明：①扫描仪；②软驱；③显示器；④打印机；⑤键盘；⑥绘图板；⑦机箱；⑧鼠标；⑨读卡器；⑩光驱。

图 4-1　产品简易示意图

等，经常需要将一些数据统计资料制成图表来说明、描绘事物的变化或动态，例如：企业经营中随时间的推移，营业收入和利润的对比情况；不同时间段的产品销售量的增减变化；员工薪酬总额在经营成本中所占比例，等等。这些数字信息用图表来呈现更形象、直观，能反映趋势和走向，能对比出差异，能揭示其重要特征。有时，图表的作用远胜文字，更有吸引力。随着计算机的广泛运用，图表制作越来越方便、准确，人们也逐渐认识到用图表呈现商务管理与事务文书表达效果好且省时省力，于是图表得到了越来越广泛的应用。

图表的种类多样，最常用的有折线图、柱状图、饼状图、象形图等，使用时可根据展示信息的目的来选择图表的种类。

1. 折线图

折线图是以线的形式表明两个变量之间的关系，其中因变量（纵轴）随自变量（横轴）的变化而变化。画图时，分别找到横轴与纵轴的交点，延伸下去，将一串点连成折线，以显示信息的趋向和走势。折线图可以是单线折线图；也可以画多线折线图，将几条折线进行比较。例如，某企业电视机销售量（因变量）随着年份（自变量）推移而变化的情况如图 4-2 所示。

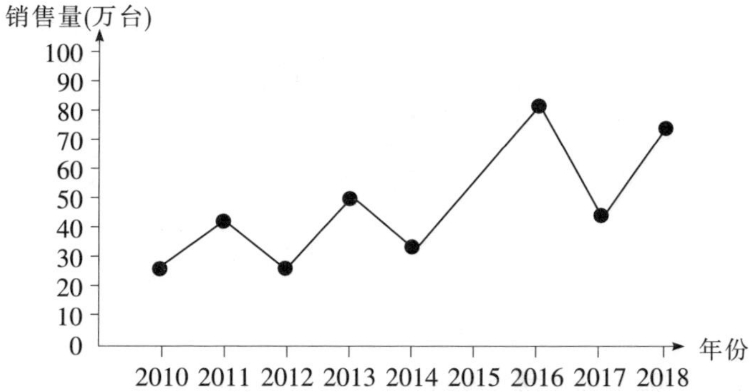

图 4-2　某企业 2010—2018 年电视机销售量折线图

2. 柱状图

柱状图是以柱状或立体柱表示统计数据或数字的图形。其横轴、纵轴与折线图一样，柱的长度代表因变量。柱状图可以清楚地通过比较图上各个柱的长度来获取相应的数据信息，在统计比较方面比折线图更易被人理解。例如，某企业 2014—2017 年洗衣机和微波炉销售量情况如图 4-3 所示。

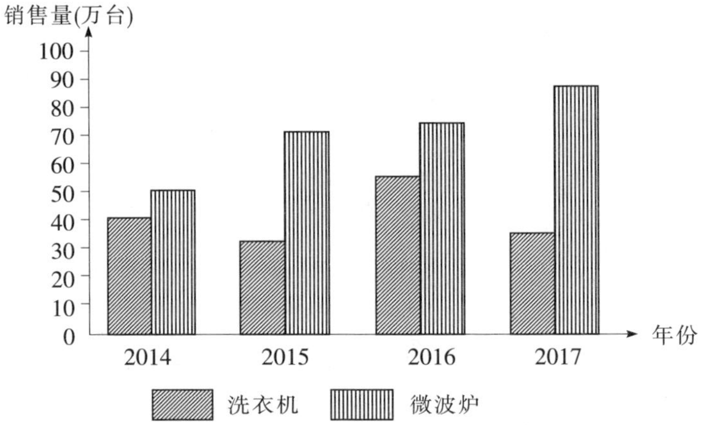

图 4-3　某企业 2014—2017 年洗衣机和微波炉销售量柱状图

3. 饼状图

饼状图表明整体中不同部分之间的相对数量关系。饼状图的形状像一个圆饼，饼中切出的每一个扇形代表饼的一部分。要计算出饼中每一个扇形部分所占的比例，必须将相关的数据换算成 360 度中所占的角度。例如，某企业 2017 年三类电子产品的销售量如图 4-4 所示。

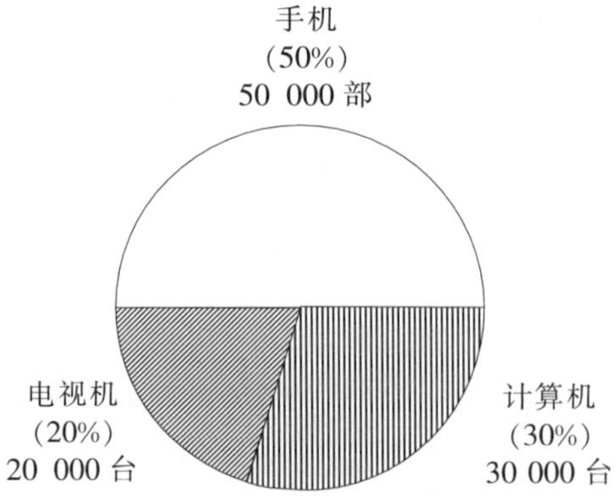

图 4-4　某企业 2017 年三类电子产品的销售量饼状图

4. 象形图

象形图是用图画或符号标示数量或数值的图形，有很好的视觉效果。每一个图画或符号代表一定的量，图画或符号越多，表示数值越大。在象形图中使用的图画或符号应该有吸引力，让人容易识别，其所代表的基本单位在图中要明确标出。例如，某出版社图书销售量的象形图中用一摞书的图形代表销售 10 万册图书，如果某年度中画有 5 摞书则代表该年销售了 50 万册图书（见图 4－5）。

图 4－5　某出版社 2015—2017 年图书销售量象形图

5. 框架图

框架图是将每一个信息用最简练的词汇表示，并写入绘制的各种框架图形中，用各个框架图的位置或之间的连线来揭示各个框架图的关联。例如，许多企业在工作报告中用框架图表示企业的组织结构，勾画出企业中各个部门的层级关系和职权责任（见图 4－6）。

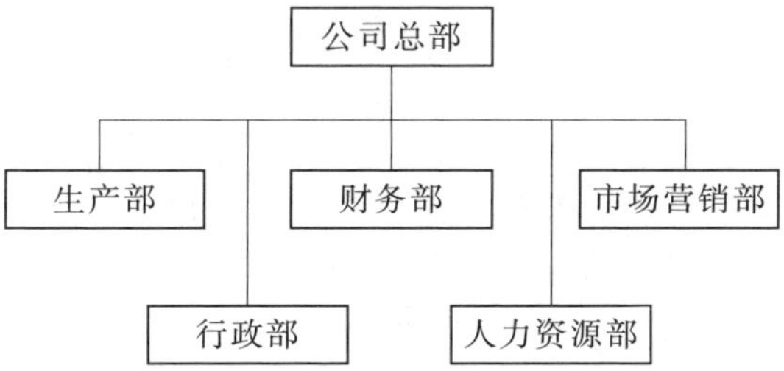

图 4－6　企业组织结构图

6. 流程图

流程图是用箭头将各个框架图连接起来表示某系统中各项内容的先后顺序、程序步骤和运作趋势。商务管理与事务文书中，可以有效地利用流程图这种简单图形揭示企业产品生产的顺序、服务工作的流程以及管理工作的程序。流程图可以直观地、有逻辑地展示任务的流向和步骤，有助于企业很好地按照先后顺序计划各项工作，按照时间顺序安排相关资料，使经营活动有条不紊地进行。例如，某企业财务部确定用差额分析进行预算管理，提出管理会计过程包含若干个步骤，其流程图形式如图 4－7 所示。

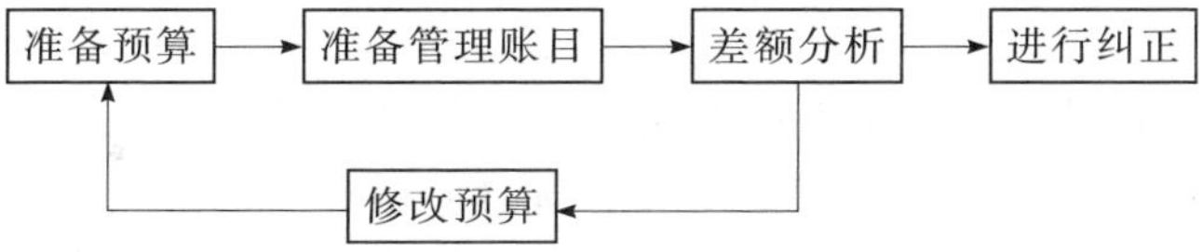

图 4－7　管理会计过程

（四）其他可视化辅助物

企业书写商务管理与事务文书就是要让该知晓的人阅读和了解，因此除了上述可视化图表外，还可以利用许多其他的可视化辅助物来帮助展示信息，例如在演讲工作报告时，用投影、录像、挂图、展示架等可视化辅助物来帮助听众理解信息。有的告示性商务管理与事务文书，如安全须知、备忘录等，还可以采用布告、白板形式呈现。还有的工作计划、生产进度可以用计划编制板、墙上进度表等方式呈现。一些只能用文字表述的且不易于被人接受的大块文本，也能使用一些标题、要点符号或分部编号，以及大小不同的字体与字号，加强层次感，以吸引读者，方便阅读。总之，商务管理与事务文书要达到最佳效果，就要根据内容、要求和使用意图选择最有效、最简明的呈现信息的方法。

第二节　商务计划

商场名言

> 深谋远虑，计划得当，可自由搏击于市场经济的海洋；
> 企划欠周，决策失误，亦会饮恨于经济大潮的湍流。

企业的一切商务活动都围绕计划在开展和运营，制订计划、实施计划、监控计划是企业管理系统的三大支柱，所以计划在商务运营中起到极为重要的作用。计划内容包括总目标及具体指标、任务内容、划定时间、设计步骤、实施措施等。计划是个统称，企业中常用的“规划”“安排”“策划方案”“要点”“纲要”“打算”等，都是一些时限不同、范围不同、指导性或具体性不同的计划。形象地说，商务计划就是企业在现在和将来之间架设桥梁的日程表。

一、商务计划的特点和分类

商务计划是工作的指南，但制订一份周密的商务计划不只是按照结构动笔写作的问题，更重要的是应知晓商务计划特点和作用，把它作为企业管理中的一项重要工作。

（一）商务计划的特点

1. 目的明确

任何一种商务计划都是为了达到某种目标、完成某项任务而制订的。一份计划的终极效果就在预定目的是否实现中得到集中反映。盲目地制订计划必然会使计划失去指导行动的作用。企业中计划的种类颇多，写作前一定要目的明确，知道将要制订的是什么计划。

2. 科学预期

任何计划都是先于实践活动而制订的，科学预期就是针对计划的前导性，认真吸取以往的经验，认识当前的情况，对未来进行科学的预见，确定达到什么目标、做什么、如何做、会遇到什么问题、应采取什么对策等。若设立不实际的目标，预期失误或偏差，就会给工作带来被动和损失。

3. 切实可行

为实现预期目标，商务计划中必须有切实可行的实施步骤和有力的措施，并符合制订者的自身实际，包括人力、资源、重点、时间表等，这些是目标能够顺利实现的保证。目标远大而措施不实的计划只能是纸上谈兵。

4. 系统整合

企业的商务运作是严密复杂的系统运动，每一种计划的制订都不是一项孤立的工作。企业整体的计划组合了不同职能部门的计划，一个项目的策划方案又必须和企业的总目标一致，企业中的所有计划，例如生产计划中的质量计划、数量计划、成本计划等都要加以整合，与企业的运作系统匹配。

5. 监督调整

制订计划就是为了实施，所以要及时检查和监督计划的执行情况，努力去实现要求的标准。计划实施中有时会发生不可预测的情况，监督中会发现不尽合理的问题，这时，需要灵活地调整计划、重新整合资源，所以制订计划者还要在实施计划中修订计划。

（二）商务计划的分类

商务计划的类别繁多。由于不同企业对各种计划的需求不同，所以分类方式上有差距，名称也不一样。

1. 按性质划分

按性质分有综合性计划与专项性计划。综合性计划具有全面性，包括企业经营中的各个方面内容；专项性计划具有专题性、单一性，是就某一方面工作或活动作出的安排。

2. 按时限划分

按时限分有长期规划（3 年以上）、中期计划（2～3 年）、年度计划、季度计划、月计划、短期安排、周计划和日程安排等。

3. 按范围划分

按范围分有总公司计划、分公司计划、地域计划、部门计划、车间计划、班组计划等。

4. 按内容划分

按内容分有管理计划、生产计划、销售计划、技术改造计划、科研计划、财务计划、分配计划、审计计划、基建计划、人力资源计划、培训计划等，举不胜举。

5. 按形式划分

按形式分有条文计划、表格计划和条文表格复合式计划。

由于商务计划是在企业运作的大系统中，所以计划的分类是交叉重合的，一份具体的计划可以归入几类中。例如，《××石油公司 2018 年产品出口计划》既是企业计划，也是年度计划；既是专项计划，也是条文计划。

二、商务计划的基本结构和写作要求

（一）商务计划的基本结构

商务计划的基本结构归纳起来为三部分，即标题、正文和落款。

1. 标题

齐全的标题由制订计划单位名称、适用期限、计划内容、计划种类组成。例如“××水泥厂2018年增产节约计划”“新城食品公司第四季度农村市场推广方案”。

有的计划标题省了其中某些要素，如“2018年生产计划”，而在落款处要写明制订单位。有的计划未定稿或未经最后批准，应在标题后用括号加注“草案”“讨论稿”等字样。目前许多企业管理者将企业经营中的许多指导、执行的工作计划称为“策划方案”或“企划书”等。

2. 正文

正文是计划的具体内容，通常含有背景、目标、措施三要素。其写作结构并不统一，比较通用的计划正文结构包括前言、主体和结语三部分。

（1）前言主要交代“为什么做”的问题，说明制订计划的指导思想、缘由、目的、依据等相关内容或概述背景情况，并说明完成计划的必要性和可能性。前言部分行文简明扼要，不宜作过多的阐述。

（2）主体是计划的主要内容，阐述“做什么”“怎么做”“何时做”“由谁做”的问题，包括目标任务和措施步骤两方面内容。通常目标任务中先鲜明指出总目标、总任务和完成期限，然后列出分项指标和具体任务，指标要确切，尽可能做到量化、细化。措施步骤是为了保证目标任务的实施落实，所以要详尽说明具体措施办法、时间进度、资源保障、人员分工、主管责任、步骤顺序等，这部分内容要有针对性、可操作性，安排有序、条理清晰，责任到位、有利于执行。

（3）结语是计划的结尾，包括如何利用有效手段维护和控制计划有条不紊地实施，如何监督、检查、评估计划的实施以及实施后的激励措施和成果奖励等，使计划真正落到实处。

3. 落款

在正文右下方写明制订计划的单位名称和日期。如果标题中已经标明单位名称，并在下方注上日期，那么落款也可以不写。许多商务计划是需要带有附件的，如图表、图片、文字说明等，这也是计划的重要组成部分，应逐一将附件名称列于正文之下、落款之上，并将所有附件与计划装订在一起。

（二）商务计划的写作要求

1. 客观求实

计划内容必须根据自身的实际情况，分析自身存在的各种条件，量力而行，提出新目标、新任务和解决的措施。这就要求制作者要领会有关的方针政策，认真调查研究，使计划的写作紧紧依据客观实际和企业发展需要，追求企业效益的最大化。为了应对市场竞争中瞬息万变的形势，指标、措施的确定要留有余地，确保计划经过努力得以实现。

2. 准确清晰

计划的表述必须清楚、准确，没有歧义，要避免长篇大论，避免抽象笼统的空话套话，力求用简明易懂、平实确切的词语把计划的目标任务、措施步骤落实，不用“大概”“左右”“估摸”等模糊词语，尤其是一些数字、百分比等数据以及一些专业词汇不能有丝毫差错，以免贻误大计。

3. 有条有理

无论是条文计划、表格计划还是条文表格复合式计划，在整体安排上都要做到结构合理、层次分明、眉目清楚、逻辑性强。安排时要考虑任务的主次和急缓，按照先重点后一般、先急后缓的逻辑顺序展开。每一工作都要先指出目标和任务，再说明措施和步骤，让实施者一看就明白。

例 4－1

××玻璃公司第三季度生产计划

为了加强计划管理和生产调度，实现1—9月公司总产值××××万元，完成全年指标的78%，特制订第三季度生产计划如下：

一、指导思想与原则

必须认真贯彻提高经济效益的指导思想，全面提高各项经济技术指标，努力增产短线产品，厉行节约，实现增产增收，力求达到一个没有水分的增长速度。

贯彻两个原则：

1. 贯彻公司和职代会确定的今年生产比上年实际增长4%的原则，全年总产值要达到或超过××××万元。

2. 继续贯彻以质量求生存，生产抓提前不靠后的原则。

二、要抓好四方面的工作

1. 加强市场预测，狠抓产品质量和品种，千方百计生产适销对路产品，特别是安瓿、玻璃管及青霉素瓶要根据市场需要进行生产。仪器产品要摸清市场变化情况，打开销路，防止库存积压。

2. 通过企业整顿，建立和健全各项生产管理制度，把工作转移到提高经济效益上来。（略）

3. 切实抓好原材料和能源的供应和节约，确保生产稳定增长。（略）

4. 搞好安全生产，做好防暑降温和防台防汛工作，安排好高温人员宿舍，搞好清凉饮料供应和食堂卫生等工作。（略）

三、各车间生产安排

一车间：

1号炉4台行列机生产青霉素瓶，其中：1号、2号、3号机生产7cc，日产72.6万只，设备利率95%，全程合格率92%，责任人王××。

4号机生产10cc。（略）

9月份1号、2号机各安排中修一次，1号机扣除10天，2号机扣除7天计。

2号炉1台六组行列机生产盐水瓶。（略）

（其他车间生产安排略）

四、生产安排中要注意的几个问题

1. 根据药厂需要，本季度需要增加 7cc、减少 10cc 的青霉素瓶，因此 4 号机在 6 月底前要做好调换 7cc 的准备工作。

2. 2 号炉要加强维护保养，争取年内不修。（略）

附件一：总产值计划表。（略）

附件二：产量计划表。（略）

××玻璃公司

××××年×月×日

［评析］

该计划言简意赅、内容完整、条理清楚、用词朴实。前言以简洁的文字说明制订计划的依据和目的。第一部分提出目标，摆明两个原则。虽用的是“原则”这个词，但都说明了具体任务要求。第二部分列出了达标的四方面措施，先重点后一般、先急后缓，每一条措施都具体有力，如第一条指出以销定产的关键点。第三部分具体落实生产计划，用极为精练的语言细化、量化有关设备、操作、产量、合格率、责任人等生产安排和要求，使计划切实可行。最后将总产值计划和产量计划以表格形式用附件附上，便于实施者查询进度和检查执行情况。

例 4 - 2

××食品公司××××年食品促销策划书（框架）

一、前言

二、形势分析

1. 优势方面

2. 劣势方面

3. 机会点（居家休闲食品成为新时尚）

三、目标战略

1. 总体目标

2. 具体目标（品尝、促销抽奖、义卖、产地游等活动）

四、创意说明

1. 活动总标题

2. 具体活动标题

3. 宣传标语、宣传用品

五、媒介策略

1. 印刷媒介（展览会资料、晚报）

2. 电视媒介

六、总体活动计划

1. 工作计划

2. 具体活动安排（4 项活动的标题、时间、地点、对象、活动方法和程序安排）

七、经费预算

1. 场租费用

2. 宣传费用
3. 嘉宾费用
4. 媒介费用
八、效果展望
1. 树立“名特优”产品形象，增强信誉度
2. 树立公益形象，增强美誉度
3. 树立企业形象，打开销售渠道

××食品公司
××××年×月×日

［评析］

企业运作离不开创意性策划，策划文案就是将独特的想法设计成一个切实可行的具体操作方法，并形成计划性文字。例 4－2 是××食品公司的食品促销策划书的框架，从中可以基本了解一部分策划文案的主要内容。不同企业、不同项目的企划方案是不一样的，但分析到位、目标明确、创意新颖、措施具体周密是共同的要求。

第三节 商务总结、商务报告

商务总结和商务报告是企业经营管理工作中不可缺少的重要环节，是管理者冷静、深入探索企业经营过程和发展前景，揭示存在问题的实质，并从中找出经验教训，以便有力地指导和推动商务工作的重要管理文书。

一、商务总结

商场名言

企业只有不断地进行总结反思才能在商海的风浪里稳步发展。

（一）商务总结的作用

人类总得不断地总结经验，才能有所发现、有所发明、有所创造、有所前进。不断总结经验是为了从实践中提高认识。在全球一体化时代，企业经营面临着全新的、严峻的挑战，如何适应激烈竞争的商务环境，如何将企业的经营模式与国际接轨，如何运用最新的、现代化的经营手段管理企业，都需要企业不断总结、不断探索，只有这样才能解决问题、稳步前进。

在企业经营过程中，对商务计划完成的情况、企业管理中取得的成绩和存在的问题，都需要通过总结，只有这样才能获取比较全面的认识和清醒的评价，才会明确自己做了什么、做得怎样、该怎样做、不该怎样做；哪些成功的案例可以宣传推广；哪些缺点和教训

应该引以为戒等。要善于把平日工作中的感性认识上升为理性认识，既要抓住现象，更要看清本质；既要“回头看”，更要“向前看”。所以，商务总结是企业掌握客观规律不可缺少的好方法。

（二）商务总结的类型

商务总结从不同角度区分可以分成以下几类：

（1）按内容划分，有生产总结、销售总结、市场推广总结、财务总结、人力资源工作总结等。企业经营中任何一项工作内容都应当而且有必要进行总结。

（2）按时间划分，有年度总结、季度总结、月总结、阶段总结等，每个企业的年度总结是必做的。

（3）按范围划分，有公司总结、部门总结、车间总结、班组总结、个人总结等。总结范围限于总结者亲历的商务活动，以“我”或“我们”的身份出现，不能做他人或其他部门的总结。

（4）按内容涉及面划分，有综合性总结与专题性总结。

（5）按目的用途划分，有汇报总结与经验总结。

（三）商务总结的结构

商务总结的结构一般由标题、正文和落款三部分组成。

1. 标题

标题的写法有三种。

（1）公文式标题，由总结单位名称、时限、事由和文种组成。如“××电器工业公司2017年度工作总结”“二车间一季度技术改造总结”。

（2）文章式标题，是概括总结的核心内容或基本观点而形成的，标题中不标明“总结”字样。如“××公司扭亏为盈的实践与思考”。

（3）正副式标题，常由正题与副题组成，正题揭示观点或概括内容，副题标明单位名称、时限、文种。如“安全生产是企业运营的基本保障——××热力公司2017年度生产总结”。

2. 正文

正文包括前言、主体和结语三部分。

（1）前言，简要概括总结的目的、对象、时间、地点、背景等基本情况，为下文做铺垫。有的也通过结论、提问的方式对总结的主要内容进行提示，或对总结的核心问题归纳定论，或为引起读者的关注提出问题，以明确总结的重点。

（2）主体，是总结的核心内容所在，内涵丰富，包括成绩、过程、经验、体会、教训、做法等。一篇总结不可能面面俱到、包罗万象，应有所侧重，重在揭示规律。

（3）结语，是针对存在问题提出解决的办法，或提出下一步的安排和今后的努力方向。

3. 落款

落款包括总结者署名和成文日期。若标题中出现名称，落款可以不再具名。

(四) 商务总结的写作要求

1. 求真务实

商务总结要坚持实事求是的态度，如实反映商务活动的情况，所有内容都要符合客观实际、核实无误，显现文书的科学性和可信性。力戒脱离实际、故意拔高、移花接木、遮盖隐瞒。另外，写出的总结一定要对商务工作有指导意义，那种为写而写、应付交差、流于形式的总结毫无价值。

2. 准备充分

要写好商务总结，在起草前就要有针对性地了解情况、收集资料，包括：反映企业历史与现状、环境与条件、计划目标等相关情况的背景材料；反映事物本质、能说明观点、具有代表性的真人真事的典型材料；反映企业经营过程、显现经营效益和发展势态的各种数据材料等。

3. 分析提炼

商务总结的目的是回顾以往的经营管理活动，提出新的目标。所以要突出重点，抓住关键的有特色的问题深入分析，找出事物内在联系，并提炼出规律性的、有指导意义的观点。那种摆土豆式的罗列工作、喊口号式的空洞花架，只能误导决策。

4. 行文简洁

商务总结兼用叙述和议论表达形式，使观点和内容统一，理论和事实结合。写作中要分清主次、条理清晰、行文简洁、言语准确。如果能用图表等辅助手段说明问题，将使总结更简短醒目。

例 4-3

从落实责任制入手加强企业管理的基础工作

前几年，我们公司建立了工人岗位责任制和管理职务责任制，这对于克服职责不清和无人负责的现象，起到了较好的作用。但是在执行中没有明确每项工作要干到什么程度、达到什么标准。结果衡量没有尺度，考核没有依据，往往是责任制写在纸上、贴在墙上，执行不执行一个样。员工反映，责任制好像“橡皮尺子，可长可短，不好衡量，容易流于形式”。事实说明，生产水平越高，越要落实责任制，把基础工作搞扎实。

一、制定岗位考核标准

我们对全公司劳动管理和岗位责任制的现状进行调查，摸清情况，然后根据各厂赶超国内外先进水平的目标和多快好省的要求，制定了工人岗位考核标准和管理者的办事细则，要求做到“全、细、严”。(具体标准略)

二、严格按标准进行考核

制定出考核标准后，我们坚持从严考核，用一套定额、计量、原始记录和统计方法，精确地计算每个岗位的生产效果，科学地分析每项技术操作，使各项经济活动和生产技术操作规范化、标准化、最佳化。各厂对工人普遍实行了班统计、日公布、周分析、月总结的制度。(考核方法略)

三、根据考核结果实行奖惩

在严格考核的基础上，我们把考核同奖惩紧密结合起来，做到赏罚分明。

发放利润提成奖金的根据是：在赶超先进水平、实现优质低耗方面是否有成绩，在降低成本、完成订货合同、实现内部利润等方面经济效益是否显著。（奖惩标准和方法略）

实践说明，制定岗位考核标准，严格按标准进行考核和根据考核结果实行奖惩三位一体，是落实岗位责任制、把企业各项管理基础工作进一步推向高水平的行之有效的办法。

××矿山机械总公司
人力资源部
××××年×月×日

［评析］

例4－3是一篇专题商务总结，专项总结了该企业人力资源管理工作中的岗位责任制制定后如何落实的问题，内容集中，针对性强，求精求实。这也是一篇经验总结，着重总结了制定岗位考核标准、考核方法和实行奖惩的成功做法和体会，获得了规律性的认识，具有普遍意义。该总结标题采用文章式标题，概括了核心内容，点明了岗位责任制是企业管理的基础工作。正文的前言简明交代了落实岗位责任制的目的和背景情况。主体非常清楚地总结了制定岗位考核标准、考核方法和实行奖惩的具体做法，并归纳提炼出行之有效的“三位一体”经验，对其他企业很有借鉴意义。该总结观点鲜明，条理清楚，行文简洁，文风平实。

二、商务报告

在企业经营中，凡是必须汇报和陈述的经营内容，一般都采用商务报告形式，如上市企业每年向股东做的企业年度报告、某分公司向总公司做的盈利情况报告等。这些商务报告的提交，使得上级管理层能及时掌握信息，统筹全局，为科学地决策和有针对性地指导提供依据。同时，企业的商务报告如实反映了企业的经营情况，往往展现大量信息和具体数据，涉及的范围较宽，也便于上级管理层和有关部门有效地监督、控制企业的经营和管理。

（一）商务报告的特点

商务报告与公文报告的属性一致，都是用来汇报工作、陈述情况的，只是商务报告侧重企业的经营活动，面更宽；受文对象有上级管理层，有同级有关部门，有股东等公众；写作结构虽有约定俗成的体式，但应用中灵活得多。商务报告有如下特点。

1. 目的明确

商务报告的写作和提交有明确的目的，是针对某些需要或某些指示有的放矢而写，这也体现了报告的严肃性和价值。例如上市企业每年必须将企业的生产经营情况、财务情况、业绩及重大事件等写成书面年度报告向主管部门和股东汇报。

2. 陈述为主

商务报告的目的就是让阅读对象了解情况，它需要汇报做了什么、怎么做的、出现了什么情况、怎么解决的等，这些都是以平实的语言及可信的信息进行客观陈述，真实反映实际发生的事物。相比之下，商务总结常采用夹叙夹议的方法，通过分析评议，找出经验教训。

3. 注重时效

商务报告具有时效性，只有将最新实际情况和问题及时报告，才能赢得时间解决问题。如果耽搁时间，情况发生变化，商务报告就失去意义，无法发挥作用。例如企业财务部发现技术改造耗用资金过多，出现资金紧缺周转困难的现象，就应该立即向企业领导报告，以及时调整解决。

（二）商务报告的类型

（1）按内容涉及面划分，有综合性报告与专题性报告。

（2）按时间划分，有年度报告、季度报告等。

（3）按用途划分，有工作报告、业务报告、情况报告、答复报告、调查报告、呈送报告等。

（三）商务报告的结构

商务报告的结构没有公文报告那样规范，比较齐全的报告包括标题、受文者、正文、落款四部分。

1. 标题

类似公文报告，如“关于小家电产品的质量抽查报告”由事由和文种两部分构成，“××公司 2017 年利润分配情况报告”由发文单位、事由和文种三部分构成。篇幅长的和内容多的报告往往要列出报告的目录，放在标题后面，让阅读者清楚报告的主要内容。

2. 受文者

有的答复性报告、呈送报告等需要在标题下面顶格书写主送单位或主送人。有的工作报告、业务报告、调查报告等没有特别需要，也可以不写受文者。

3. 正文

商务报告的正文一般由引言、主体和结语构成。

（1）引言，用简洁的话语交代报告的目的和依据，说明缘由。

（2）主体，是报告的核心，内容是陈述报告有关事项。不同报告用意不同，内容相差很大，写法也不同。许多工作报告、业务报告文字不多，而各类数据、图表占很大篇幅。

（3）结语，有的报告用类似公文报告的结语，如“专此报告”等结语，有的也可以不写结语。

4. 落款

在正文右下方写上呈报者单位或姓名以及日期。如需要可以加盖公章。

（四）商务报告的写作要求

1. 如实呈现

商务报告要尊重事实，将企业经营中的真实情况完整地反映出来，呈现事物的本来面貌，不需要过多描述修饰，不需要讲大道理或做长篇分析，力戒陈述中掩盖问题、谎报数据、扩大事实、脱离实际。

2. 叙述简明

商务报告在陈述情况、过程时，要脉络清晰、线条分明、重点突出、层次有序。尤其是内容繁多、篇幅较长的报告，应该列出分项标题，做出目录。向上反映情况的报告不要把几件事放在一份报告中陈述，应遵从一事一报的做法。

3. 呈现多样化

商务报告不能只使用文字表述，而应利用现代工具，选择各类信息的最优呈现形式，如表格、图形、图画、流程图等，强化读者的视觉效果。如果报告要演讲，则更应该利用电脑投影等音像设备，达到直观反映。

例 4-4

××药业股份有限公司是一家上市公司，每年董事会都要向全体股东呈上该年的年度报告。

在报告的前面，公司董事会做了如下重要提示：本公司董事会及其董事保证本报告所载资料不存在任何虚假记载、误导性陈述或者重大遗漏，并对其内容的真实性、准确性和完整性承担个别及连带责任。

董事××先生、××女士、××先生未出席审议本年度报告的董事会会议。

公司负责人董事长××先生、主管会计工作负责人副总经理兼财务总监××先生、会计机构负责人计财部经理××先生声明：保证年度报告中财务报告的真实、完整。

××药业股份有限公司 2017 年度报告（框架）

一、公司基本情况简介

二、会计数据和业务数据摘要（年度经营业绩，近三年会计数据和财务指标，股东权益变动情况）

三、股本变动及股东情况（公司股本变动情况、股票发行与上市情况、股东情况介绍）

四、董事、监事、高级管理人员和员工情况（董事、监事、高级管理人员基本情况，董事、监事、高级管理人员年度报酬情况，期内董事、监事、高级管理人员的新聘、解聘及离任情况，公司员工情况）

五、公司治理机构（公司治理情况，独立董事履行职责情况，公司业务、人员、资产、机构、财务独立情况，高级管理人员的考评及激励机制）

六、股东大会情况简介（2016 年股东大会，2017 年临时股东大会，选举、更换公司董事和监事情况）

七、董事会报告（期内经营情况，公司投资情况，公司财务状况，环境、政策、法规变化对生产的影响，新年度经营计划，董事会日常工作）

八、监事会报告（期内会议情况、公司依法运作情况、检查公司财务状况、募集资金投入承诺项目使用情况等）

九、重要事项（重大关联交易事项、重大合同履行情况等）

十、财务报告（审计报告、会计报表等）

十一、备查文件目录

［评析］

该年度报告是一份很正式、很严肃的商务报告，涉及的项目很齐全，该向股东汇报的内容都清楚可见。报告前做了“重要提示”的声明，保证内容的真实性。报告前面列出 11 项目录，方便读者查阅某一项内容。年度报告不用引言，也不用结语。整个报告以小四号宋体字打印，共计 60 页，内容极为丰富，但文字陈述只占 10 页，数据表格占 42 页，图片、图表和流程图占 8 页。可以看出，报告的绝大部分内容，也就是公司的业绩情况，不是用文字描述的，而是用真实的数据呈现的，这一方面增加了内容的可信度，另一方面使所汇报的内容更直观、更清晰，让人一目了然。

三、述职报告

商场名言

“文如其人”是写好述职报告的真谛。

述职报告是企业的各级领导人员及管理者，向上级管理部门和企业员工陈述自己在任职期间履行岗位职责情况、实现责任目标情况，进行自我总结和评估的书面报告。

（一）述职报告的作用

企业领导人及管理者书写述职报告有利于述职者回顾反思、自我评估，不断提高自身素质；有利于群众的监督，促进企业领导人及管理者忠于职守；有利于上级部门考核、选拔、任用企业管理者。

（二）述职报告的特点

述职报告是报告类中的特殊类别，其特点和写作要求与商务报告有相同之处，也有特殊之处。

1. 目的明确

述职者非常清楚自己书写的报告的用途，它是对自己考核、评价、晋升的重要依据；非常清楚对象是谁，是对自己工作业绩最公正的评判者；非常清楚述职报告所使用的场合，是在极为严肃地当众汇报，所以必须认真严肃地对待，不得马虎。

2. 陈述为主

述职报告的主要内容是汇报自己做了什么、怎么做的、出现了什么情况、怎么解决的等，要突出工作实绩和存在的问题。陈述中不需要讲大道理或做长篇分析。

3. 实事求是

述职是十分庄重严肃的事，述职者要本着被考核、接受评议的公仆身份报告自己的工作业绩，准确地评价自己在所在岗位上履行职责的情况，不得弄虚作假，不得夸大成绩。

4. 个人性

述职报告是述职者自己所写，应该紧紧把握自我，用第一人称进行自我评述。其内容是述职者对自身所负责的某一阶段的工作进行全面的回顾和汇报，是自己对自己的评价，范围明确局限在自己的工作圈子里，不宜过多涉及其他人员的事，所以它具有个人性、专用性。

5. 全面性

述职报告是对述职者某一阶段工作的全面考核，所以要求述职者对自己所承担的工作职责和取得的业绩力求全面的陈述，从中总结出成绩和经验，找出不足和教训，以反映出个人的真实面貌。而商务报告中，有些报告要求全面汇报，例如年度报告；有些只是对某一项专题，如对安全问题进行报告。

6. 通俗性

商务报告有的可以在会上讲述，有的只是呈上书面材料。而述职报告不但要有书面材料，还必须向考核自己的领导成员和所在单位员工宣读自己的述职报告，所以写作要利于口头陈述，朴实无华，力求语言通俗易懂，让所有与会者都能明白、理解。

（三）述职报告的结构

述职报告基本由标题、称谓、正文、落款和日期构成，具体分述如下。

1. 标题

述职报告的标题有四种表达形式。例如，“2017 年度述职报告”由任职期限和文种组成；“我的述职报告”由述职人和文种组成；“抓住机遇，当好排头兵——我的述职报告”由正副标题组成；“述职报告”直接用文种做标题。

2. 称谓

称谓指述职报告的对象或呈送的部门，如“各位领导、同志们”或“董事会”或“公司领导及各位同人”。

3. 正文

正文一般由概述、主体和结语构成。

（1）概述，在述职报告的开头概述自己所任职的职务、职责、目标和期限，并对自己的业绩做总体评价。

（2）主体，主要是汇报自己履行职责的基本情况、所取得的成绩和实践经验、存在的问题和改进意见。可以根据工作范围和内容采用条款式逐条汇报，也可以根据工作内容或业绩的重要和次要进行有详有略的重点汇报，还可以按照时间顺序汇报工作情况和业绩。整个报告要能反映出自己的工作能力、专业水平及沟通协调能力等。

（3）结语，一般用“以上报告，请领导和同志们指正”“述职到此，谢谢各位”作结束语。

4. 落款和日期

在述职报告的结语后另起一行右下方署上述职人的姓名和成文日期，也可以将述职者姓名放在标题下面。

例 4-5

我的述职报告

各位领导、同志们：

我自担任公司副总经理以来，已历时一年。我的主要职责是协助总经理并具体分管企业生产、技术改造工作。现将任职期间的工作情况做一汇报，请予审议。

一、企业生产稳步前进

一年来，公司的生产情况是处在稳步上升的趋势，总产值由上一年的 29 724 万元上升到 54 113 万元，增长 1.6 倍。（略）

二、技术改造和引进工作已见成效

（略）

三、建立制度，抓好内部管理

（略）

四、学习进取，提高业务和管理水平

（略）

五、存在的问题和具体改进意见

（略）

综上所述，我认为在聘任期内，自己的工作是符合职责要求的。

以上是我的述职，谢谢大家！

述职人：张××

2017 年 1 月 15 日

第四节　规章制度

企业为了有效、有度、有秩序地进行管理，需要制定一系列规章制度性的管理文书，包括企业的章程、制度、规定、条例、守则、规则、公约、细则、规程、办法、须知等。

一、规章制度的特点和种类

（一）规章制度的特点

各类规章制度都有一些共同的特点，表现在下述几方面。

1. 统一性

企业制定的所有规章制度必须以国家法律、政策为依据，必须统一在国家法律及方针、政策之下。例如国家制定了《中华人民共和国建筑法》，那么所有建筑企业制定的各类规章制度的内容都必须统一在该法下，而不能违背。

2. 针对性

所有规章制度都要切实针对本企业的经营特点，根据企业的实际需要或针对某些问题有的放矢地制定，以真正达到有效、有度、有秩序地管理企业。例如，同为《企业安全生产管理制度》，某煤矿企业制定的内容和某电子企业制定的内容会有很大的差别。

3. 约束性

规章制度是在一定范围内要求人们必须共同遵守的行为规范和准则，它限定了人们可以做什么、不可以做什么、可以怎样做、不可以怎样做、有着极强的约束作用。如有违反，将会受到惩罚或处理。例如最常见的《公司考勤制度》，其中的条款对每位员工都有约束，上至总经理，下到普通员工，都要遵照执行。

4. 条文性

规章制度在形式上大都采用条文式，方便人们参照执行。内容多的章程可以分为章、条、款三层。若需要细分，可用章、节、条、款、项、目六级。

（二）规章制度的种类

规章制度的种类很多，企业中常用的有下述几种。

1. 章程

章程是明确企业运作的纲领性文件，包括企业宗旨、性质、任务、权利、义务等原则性问题，一经颁发，企业就要遵守执行。例如《北京××重型机械有限公司章程》。

2. 条例

条例是企业根据国家有关政策和条例，结合自身情况对某一方面工作制定的全面、系统、原则的规定。例如《北京××重型机械有限公司科学技术管理委员会条例》。

3. 规定

规定是企业对特定范围内的工作或事务制定的有具体要求的文件。例如《北京××重型机械有限公司固定资产管理规定》。

4. 办法

办法是企业对某一项工作如何去做的具体规定，包括处理的方法、标准等，内容更具体。例如《北京××重型机械有限公司库房管理办法》。

5. 细则

细则是企业对上级或本企业制定的条例、规定、办法做详细、具体的规定或做补充规定，侧重于具体做法、要求，使工作有章可循。例如《北京××重型机械有限公司员工考勤实施细则》。

6. 制度

制度是企业为加强管理和严格纪律而制定的要求所属人员共同遵守的办事规则和行动准则。例如《北京××重型机械有限公司会计制度》。

7. 规程

规程是企业为保证生产、科研和营销管理等运营的质量而制定的一些具体规定。例如《北京××重型机械有限公司起重机械操作规程》。

除此之外，还有规则、守则、须知、公约等规章制度。

二、规章制度的结构和写作要求

（一）规章制度的结构

不同类别的规章制度在结构上会有差别，但共同之处是都由标题、题注、正文三部分组成。

1. 标题

规章制度的标题有两种形式：一种是由发文单位、事由和文种组成，如“北京××重型机械有限公司经济合同管理条例”；另一种是由事由和文种组成，如“职工奖惩规定”。

2. 题注

在标题下的括号内注明发文单位和该文通过的时间或批准公布的时间，文后则不署名、不写时间、不盖公章。

3. 正文

正文的结构形式大致分三种：

（1）章条式。

由总则、分则、附则三部分组成，每一部分根据内容多少分为章和条，章断条连。总则作为第一章，对全文起统率作用。分则是规章制度的主体部分，分章分条写明有关内容。最后一章是附则，说明规章制度的生效日期、适用范围，以及修改、解释、批准的权限等。有的附则不单独成章，只附在正文后面。如《××化学工业集团章程》属章条式结构，章程的九章三十四条中，第一章是总则，用八条说明集团的性质、范围、宗旨等；第二章至第八章是分则，从第九条至第三十一条规定了企业的任务、资产、体制、权限、工厂等主要内容；第九章是附则，用三条说明生效、补充、修改等问题。全文的条自始至终连贯排列。

（2）条文式。

正文从头到尾按条排列内容，一些企业制定的内容简单详细的规定、制度等常用这种结构。例如某企业制定的《考勤制度》就是这种直述条文的结构。标题下直接写“一、工作时间与考勤”的条，条下再做由 1 至 8 款的规定。有的企业按照国外文件的排列方法，将“一、工作时间与考勤”写为“1. 工作时间与考勤”；将下面的 1 至 8 款规定列为“1.1、1.2…1.8”。如果 1.2 下面还要再细分 3 项，则列为“1.2.1、1.2.2、1.2.3”。

（3）帽下分条式。

标题下先写一段前言，说明依据、目的、意义等，然后用“特制定……”作为过渡语，引起下面各章各条规定。例如某企业制定的《技术责任制条例》，标题下用“为了进一步提高我厂的技术水平、管理水平和生产水平，充分调动广大工程技术人员的积极性，尽快实现技术现代化，特制定本条例”做前言，然后再写“第一章总则”。

（二）规章制度的写作要求

1. 标题规范清晰

标题要与内容相一致，不能用错。例如“职工考勤章程”就不合适，因为章程是企业的纲领性文件，员工如何考勤是人事制度下的具体做法，用“职工考勤实施细则”就比较妥当。另外，标题的事由部分要让人一看就明白是什么规章制度，也便于归档。例如“企业管理制度”就比较含糊，因为每个企业会有许多管理方面的制度，如果列为“企业产品质量管理制度”就很清楚明了。

2. 内容合理完整

规章制度的主要部分就是制定的条款，一定要适应本企业，做到范围周到、条款合法、合情合理、切实可行。如果是制定企业章程，要注意与国家、地方的法规一致，条文原则性强；如果是制定企业的实施细则或某项工作的规定，条文一定要具体明确。例如某企业的《职工考勤实施细则》的第一条“工作时间与考勤”，就需将员工的工作时间、用餐时间、周工作时数、如何考勤等规定得很具体，以便于执行。

3. 语言肯定简明

规章制度的语言要直截了当。特别是具体规范人们行动的规定、制度、办法等，用词要准确、肯定，没有商量余地。使用频率高的词有“应该”“必须”“不得”“不准”“严禁”“一律”“凡”“要”等。

例 4－6

×××股份有限公司章程（目录）

第一章　总则

第二章　范围和经营方式

第三者　股份

第四章　股东和股东代表大会

第五章　董事局

第六章　经营管理

第七章　财务会计

第八章　利润分配

第九章　劳动人事制度

第十章　终止和清算

第十一章　章程修改

第十二章　附则

［评析］

从该章程的目录可以看出，企业的章程是确定企业权利和义务的最基本的法律文件，需申明企业的名称、宗旨、经营范围、组织建制、经营管理、分配原则等重大原则性问题，是企业的纲领。该章程采用章条式结构，标题下面就是第一章，章下分条，章断条连。

例 4－7

员工考勤实施细则

1. 工作时间与考勤

1.1　公司的工作时间为：上午 8:30—11:30；下午 12:30—17:30。

1.2　午餐与午休时间掌握在 60 分钟左右，自觉约束，互相提醒。

1.3　公司实行每周 5 天工作日，周工时 40 小时。工作中要提高效率，不做与工作无关的私事。

1.4　公司实行打卡考勤，每位员工上下班自行打卡，不得互相代替。行政部每月按考勤卡片、请假条和加班登记表统计出勤，并妥善保管备查。

1.5　员工应按时到达工作岗位，不得迟到、早退和擅自离岗。考勤情况将成为评估业绩的组成部分，并作为员工加薪和晋升的依据。

1.6　员工需要请假，应向本部门经理请假；各部门经理需要请假，应向上级主管经理直至公司总经理请假。

1.7　缺勤、带薪假要填写请假条（见人事表 10），经主管经理签字批准。如遇特殊情况无法提前请假，应于上班后30分钟内告知主管经理，补齐假条，否则视为旷工。

1.8 未经主管经理同意的缺勤将受到纪律处分。如果连续两个工作日缺勤而未告知主管经理，将被视为自动辞职。

2. 准假与计算工资

2.1 员工请假及计算工资标准

2.1.1 病假。休病假须呈医院病休诊断书。病假扣除工资金额为病假计算总额的40%。其病假计算额度的方法是满一天的按一天（本人月工资÷22天）计算；不足一天的按小时（本人月工资÷22天×病假实际小时）计算，月末累计出病假计算总额。

2.1.2 （略）

2.2 （略）

3. 加班事宜

如遇紧急情况或因工作安排的加班，由部门经理报请总经理批准，加班之后填写加班登记表（见人事表11）。

[评析]

该《员工考勤实施细则》是采用西式标号排列的条文式结构，条款清楚，层层递进，规定具体、细致、严明，便于员工遵照执行，规范自己的行为。

第五节 备忘短信

商务管理与事务文书中，还有一些是企业经常使用但篇幅不大的文书，其中有些只对企业内部应用，如备忘录、便条和留言；有些是作为企业对外联系用的，如介绍信、证明信、委托书等。这类商务管理与事务文书虽然文字不多，但如何表达清晰以达到应有效果、提高企业效率，是不容忽视的。

一、备忘录

企业内部经常会在办公室之间、上下级之间用书面短信进行联系沟通、传递信息，以达到通知、留言、提醒对方的作用，有的企业称之为办公室备忘录。企业对外使用的专用备忘录，如谅解备忘录、谈判备忘录、合作备忘录，以及外交事务中使用的备忘录，则不属于这一范畴。

（一）备忘录的特点

1. 不够正式

备忘录虽用在企业内部，但不如内部信函、报告那么正式，它是企业员工将办公室工作中随时发生、出现的工作事项立即随手记录下来、传递出去的短信。如果上司要向员工发出感谢信，或是员工提出辞职申请，或是书写技术改造报告等比较正式的文书，就不适合使用备忘录了。

2. 篇幅短小

备忘录内容一般都很简短，只记录一两件事，不会出现长篇大论，所以备忘录的形式灵活多样。许多企业都按照企业的CI设计统一制作备忘录纸，印好版头，装订成簿册，或放置案头，或随身携带，用时只要撕下一张填写即可。

3. 写作简明

备忘录的写法不拘一格，只要写清楚，让对方明白，达到提醒、备忘的作用即可。所以备忘录的写作最好直截了当、简洁明了。由于备忘录是在企业内部同人之间非正式的联络，所以写作中不必有意用敬语或寒暄客套语，结构也就简化了。

4. 强调效率

备忘录是企业办公室工作中不可缺少的联络文书，用它就是因为能方便、快速地实现沟通，因此写完备忘录并没有达到目的，关键是要将备忘录传送到对方手里，使信息不被耽搁。目前许多企业将备忘录做成模板，存入电脑，使用内部电子邮件发送备忘录。

（二）备忘录的结构

备忘录通常包括以下几部分：

（1）发给或致：填写接收信息的人员姓名。

（2）发自或自：填写发送信息的人员姓名。

（3）日期：填写备忘录的发出日期。

（4）抄送：填写其他需要知道该信息的人员姓名（根据需要而定）。

（5）编号（可有可无）。

（6）主题：用简明扼要的词组说明备忘录的主题思想，方便编目。

（7）内容：备忘录的正文，可以分条书写。

许多企业制作了备忘录信笺，使用者只要逐项填写即可。

例4-8

××通信器材有限公司备忘录

发给：蔺副经理

发自：谭××

抄送：李经理

日期：2017年12月21日

主题：规范着装要求

公司的办公会决定，在新的一年里要规范企业形象问题，整体工作部署由公关部李经理负责。其中要求全体员工规范着装，并由我在27日全体员工会上向大家提出具体要求。

请您帮我列出办公室职业装的基本要求和目前我公司员工在着装方面存在的问题，24日前交给我，并抄送给李经理，以便我与她共同商讨27日的大会讲话。

谢谢。

二、留言条和便条

在商务工作中，当同事不在办公室，而又有电话信息或客人来访或其他事项要传达给对方，经常会使用电话留言、来访留言和便条。如果遇到上述情况，仅用“他不在”做回答语，可能会有许多商务信息被耽搁、被拒绝，这不但是企业的损失，也将影响企业的对外形象。留言条和便条是最简单的商务管理与事务文书。这里主要介绍电话留言和便条。

（一）电话留言

电话留言是当领导或同事不在或不能接听电话时帮助将呼叫者的信息留下所做的纸面记录。企业办公室员工应该在电话机旁准备好纸笔，方便随时记录信息。

1. 电话留言的要求

电话留言的处理要认真，虽然字数不多，但要做到以下几点：

（1）完整。

电话留言一定要完整，对方提到的有关日期、时间、地点、数字等重要信息一定要记全，不要遗漏。例如接到会议通知，只记录了日期，没有记录具体时间，将会误了大事。

（2）准确。

电话留言所记录的信息一定要正确，包括姓名、电话号码、来电时间、来电内容等。当记录完信息后，应该与对方再核实一下，特别是留言中的数字信息、产品型号、技术词汇等不能搞错，以免事后产生误解。记录后要签名，以防收到留言的人有疑问。

（3）简洁。

记录电话留言时，要抓住语言交流中的要点，排除不必要记录的话语，让接收人一目了然。例如电话交流时，对方会有许多礼貌客套语，这些就不必记录，以免影响主题。

（4）及时送达留言。

记录电话留言就是为让接收人知晓呼叫者的信息，所以应该尽快传递，如放在接收人一回来就能看到的地方。记录了电话留言而不传递是阻断信息，将会贻误工作。如果呼叫者的信息很紧急，应该在电话留言上标出“紧急”，以提醒接收人。

2. 电话留言的内容

电话留言是工作中最常用的留言条，许多企业专门印制了电话留言表。各留言表大小不一、形式多样，上面的内容也不完全相同，但最基本的信息是不可缺少的，它们包括：

（1）来电人单位、姓名。

（2）留言接收人姓名。

（3）来电日期、时间。

（4）来电人电话号码。

（5）来电内容。

（6）留言记录人姓名。

有的企业的电话留言表上还标出是否“紧急”“再来电”“请回电”“将来访”等信息，并在每一项前面画出方框，方便记录人打钩。有的企业将电话留言表和访客留言表设计在一张表上，方便员工使用。

例 4－9

××公司电话和访客留言表

☑来电　□来访　□紧急　☑非紧急	
接受人姓名：吕××	
留言人姓名：汪××	
留言人单位：××电脑公司销售部	
留言人电话：×××××××××	
☑请回电　□再来电　□再来访	
留言： 波森公司已于5月17日下午通过EMS将您要求的电脑配置和品牌资料寄到我公司开发部。请您收到后立即给汪××先生回电话。	
记录人：辛×	日期和时间：5月18日　14:15

（二）便条

工作中当需要临时委托同事办事、需要与同事约会、需要告知同事某事、需要向同事说明情况时，而所要找的同事不在身边，写几句内容简单的纸条留言给对方，就称为便条。国外的一些公司称为“桌上便条”。目前许多办公用品商店都有称作“记事贴”的带有不干胶的便条，能方便地记录信息，并撕下贴到所要找的同事的办公桌上或座位隔断板上，以提醒对方过目。在商务工作中使用的便条是不需要存留的，用完就可以丢掉，而备忘录往往需要保存一段时间。

便条是最简单的一种书信，其内容和形式都很简单，但使用时不能因为是便条就随意乱写。如果词不达意，会使对方产生误会；如果语言生冷强硬，会影响同事关系；如果粗心大意而有疏漏，会造成信息的不准确。写好便条，最基本的要求是：

（1）对象明确。便条的接收人只一位，不存在抄送等，要写清姓名或称呼。

（2）一事一条。便条纸张有限，通常只记录一件事，不可杂乱。

（3）事由清晰。便条所交代的事，理由要充分，事情要写清晰、准确。

便条的结构与书信大体相同，但没有书信正式，可以省去一些客套语，只保留称呼、内容、署名和日期四部分。

例 4－10

庄×原计划自己下午整理、准备第二天会议需要的五类样品，但情况有变，于是他写张便条给同事小张，拜托小张办事，这是一张拜托条。

便　条

小张：

我刚接到电话要去总部开会，你下午回来后请将明天会议需要的五类样品整理、准备好，说明书要配齐，这事就拜托你了。

谢谢。

庄× 9月24日

例 4-11

庄×给没有在办公室的小张写了一张约会条，主要写清了约会的理由、时间、地点。

便 条

小张：

明天咱俩去上海开会的机票我已问明是上午10:30的，下午我去车间取出样品。明早9:00咱俩在机场候机楼8号门口碰面，有事请打手机。

请准时。

庄× 6月4日

三、介绍信和证明信

企业对外联系时，常需要出具纸面信息说明身份等，虽然这类文书字数不多，但具有相当的严肃性，需要认真书写。

（一）介绍信

介绍信是企业用来介绍所派遣人员的姓名、职务等有关身份和说明接洽任务事项的专用书信。企业人员出差办事、出席会议、商洽公务等都需要使用介绍信。持介绍信的人能够凭此信代表企业与有关单位或个人联系，所以介绍信具有介绍和证明双重作用，要严肃对待。介绍信有下述三种形式。

1. 专用介绍信

这种介绍信是企业专门印制、装订成本并编有序号的专用介绍信。一般有两联：一联是存根，另一联是外出使用的介绍信本文。正中有虚线孔的间缝，使用时按照编号顺序填写。这种介绍信是需要留有存根时才使用的。

介绍信存根部分内容一般包括编号、持介绍信者姓名、人数，前往何处，联系何事以及日期几项。存根是仅供本企业在必要时查考用的。

介绍信本文部分内容一般包括编号，联系单位或联系人，持介绍信者姓名、职务、人数，联系何事或有何要求，祝颂语，署名、日期、公章等。如有必要，可以注明有效期限。

专用介绍信的填写要求有：

（1）应该填写持信者的真实姓名、职务等身份，不得冒名顶替。

（2）接洽事宜要写得简明扼要，语言严谨规范，无关的事项不要写。

（3）书写工整、不得涂改。

（4）介绍信的存根和本文部分的内容要完全一致，并加盖骑缝章。

（5）需要时，开具的介绍信要经企业有关负责人过目或在存根上签字，以示慎重。

例 4－12

<table>
<tr><td>

××电梯有限公司专用介绍信（存根）
（______字第____号）
__________等人前往__________________联系____________________。
年　月　日
字第　　号（盖章）
××电梯有限公司专用介绍信
（______字第____号）
____________：
兹介绍____________等________位同志（系我公司______________）前往贵处联系________________________________，敬请接洽并予以大力支持。
此致
敬礼
××电梯有限公司（盖章）
年　月　日

</td></tr>
</table>

2. 普通介绍信

普通介绍信与专用介绍信的内容基本相同，只是不带存根，也不需要编号，用在企业的一般性工作的接洽联络上。

例 4－13

<table>
<tr><td>

××电梯有限公司介绍信
____________：
兹介绍____________等________位同志（系我公司______________）前往贵处联系________________________________，敬请接洽并予以大力支持。
此致
敬礼
××电梯有限公司（盖章）
年　月　日

</td></tr>
</table>

3. 书写介绍信

书写介绍信是为了向某人介绍第三者或说明某种情况，而用企业的信笺单独给对方书写的信函。这类介绍信和上述两种介绍信不同，每一封都有其特定的目的和内容。写作要求与商务信函相似，要介绍清楚所介绍的人，叙述清楚所说的事，用语委婉，语气亲切，用词得体，还必须使用信封递送。这种介绍信主要用在商务工作中需要比较详细介绍某人时使用。

例 4－14

××地板有限公司负责联系西南地区分销商的业务员李××因产假休息，安排程××先生接替。为此，公司人力资源部经理特别给西南地区分销公司吴经理写了介绍信，告知人事变动。

尊敬的吴经理：

您好！

由于与贵地区分销商联系的业务员李××准备休产假一年，特向您介绍接替李××的程××先生。

程××先生大学毕业后，在我公司销售部已经工作两年，曾参与过三次公司销售策划方案的制定和实施，有较强的工作能力。程××先生为人直爽、乐于助人，又是四川人，相信由他担任西南地区的业务员一定会与各分销商搞好关系，取得更出色的业绩。

程××先生将于下月5号拜访贵公司，烦您接洽，并能向各位分销商介绍。若还需何信息，请来函。

顺颂

商祺！

左××

人力资源部经理

2017年6月25日

（二）证明信

证明信是以企业或个人名义，凭着确凿的证据证明某人的身份、经历、收入，或者证明有关事项，或者证明代理的权限范围的专用文书，有的称作证明书，有的称作委托书。证明信的内容一定要真实、可靠。出具的证明信具有法律效力。

所有这类证明信（证明书、委托书）的写作都要持慎重态度，内容简短干脆，用词用语要严谨、准确，认真推敲，不致产生理解上的偏差和歧义。有些证明书、委托书已经有比较规范的结构，只需套用即可。

企业常用的证明信有下述几类。

1. *法定代表人身份证明书*

法定代表人是指依照法律或法人组织章程规定，代表法人行使职权的负责人，通常是法人单位的正职负责人。法定代表人的行为就是法人行为，他可以直接代表法人对外签订合同、在法院起诉和应诉、处理其他的法律事务。他在自身的权限范围内所为的一切活动，其法律后果由法人承担。

需要时，企业要出具法定代表人身份证明书，其内容包括标题、姓名、性别、年龄、职务、法定代表人身份、单位署名、公章、日期、附注等项。

例4-15

法定代表人身份证明书

×××××××（姓名、性别、年龄）在我公司（或者企业、单位）任×××（董事长、总经理）职务，是我公司的法定代表人。

特此证明。

×××××公司（全称加盖公章）

××××年×月×日

附：

法定代表人住址：×××××××

电话：×××××××

2. 委托书

委托书是指当事人把代理权授予委托代理人的证明文书。授权委托书有多种类型，例如在法律工作中有民事诉讼代理的授权委托书、民事代理的授权委托书。在企业经营中，最常用到的是法定代表人授权委托书和商务活动授权委托书。

（1）法定代表人授权委托书。

法定代表人授权委托书是企业法定代表人因事不能亲自为某种行为时，可以通过授权委托方式，指派他人去办理。这时，就需要制作法定代表人授权委托书，被委托人在授权范围进行活动，对委托人直接产生法律效力。

法定代表人授权委托书的内容包括标题、被委托人姓名、性别、年龄、工作单位、职务等基本情况，需写明授权的范围和逐项内容。结语要写明委托书的有效期限。落款除单位署名、公章、日期外，法定代表人应亲笔签字。

例 4-16

委　托　书

我作为×××××××（单位）的法定代表，委派×××××××××××（姓名、性别、年龄、工作单位、职务、住址）代表本企业为××××××××（项目名称）的代理人，其权限如下：

××××××××××××××××××××××××××××××

（具体说明代理的事项和内容，包括谈判权、签合同权、代为承认或放弃一定权利等）

本委托书有效期自××××年×月×日至××××年×月×日。

委托单位：×××××××（盖章）
法人代表：×××（签字）
××××年×月×日

（2）商务活动授权委托书。

企业在商务活动中所确定的某项工作、某阶段工作，可以通过授权委托方式，指派某人办理，这时就要制作该商务活动授权委托书，说明被委托人的身份、委托的事项、委托的权限范围、委托的期限等。

例 4-17

委　托　书

兹委托邹××先生代表本公司（××广告有限公司）与本企业在广东的各客户单位取得联络，为各客户提供咨询服务、信息传递、协议签署事宜。

本委托书有效期为××××年 1 月 1 日—12 月 31 日。

望邹××先生的工作能够得到在粤客户的大力支持。

××广告有限公司（盖章）
××××年××月××日

［评析］

这是一份商务活动的授权委托书，呈送对象是在粤客户单位。委托的事项和权限范围写得很明确，只有三项，超越这三项的职能均不在委托范畴，注意不要用“等”字含糊其范围。委托有效期起止月日也写得很明确，注意不要只写到月。授权单位署名并盖章，表示委托生效。商务活动授权委托书的接收对象多是商务伙伴，所以可以写一句加强情感联络的结束语。

3. 身份情况证明信

身份情况证明信是有权出具证明的单位或个人对某人的身份、经历、收入、纳税、房产以及有关事件等真实情况所做的书面证明。这些证明信可归档，长期保存。

这类证明信的写法包括：

（1）标题可用“证明信”三个字，也可用“证明”两个字。

（2）称谓写明需要该证明信的单位名称。

（3）正文针对对方所要求的要点写明被证明的事项。如证明某一事件，要写清参与者的姓名、身份、在此事件中的地位、作用和事件本身的因果关系。

（4）结尾注明“特此证明”四个字。

（5）署名部分写清楚证明单位的全称或证明人的名字，并盖章。下面注明证明的日期。

出具身份情况证明信要严肃认真，因为这类证明信有时要作为结论的依据使用，所以一定要对被证明的人或事有清楚的了解才可以书写。写作要实事求是，言之有据，不夸张、想象、推理，不模棱两可、含糊其词。字迹清晰，没有涂改；若有涂改，必须在涂改处盖章。

本章小结

为实现企业管理目标，每一个企业都需要一系列强化企业管理方面的文书和协助企业进行沟通的事务文书，这类应用文书统称为商务管理与事务文书。它包括：企业经营的计划策划、企业各类工作的总结和报告、企业的各类规章制度，以及商务活动中的备忘录、便条、介绍信、证明信等。

商务管理与事务文书种类繁多，用处不同，虽写作结构有所规范，但不强求，最重要的是要符合本企业的需求，并应充分利用电子化的先进方法，清晰呈现信息。

重要概念

1. 商务计划：企业为未来一定时期的商务活动制定的工作目标以及为实现目标所作出的具体安排。

2. 商务总结：企业对已经完成的商务实践活动进行系统的回顾、检查、分析、评价，找出经验与教训，并归纳、综合、探索规律，为未来的商务工作提供帮助和借鉴的一种商务管理文书。

3. 商务报告：用于向上级管理层、有关部门或董事会、股东大会汇报工作，反映情况，答复有关方面咨询的一种商务管理文书，其中也包括个人的述职报告。

4. 规章制度：企业在不违背国家法律、法规前提下制定的一种具有法规性和约束性的要求有关人员共同遵守的商务管理文书。

5. 备忘录：仅在企业内部日常工作中使用的员工间进行联系沟通、传递信息的商务管理与事务文书。

思考题

1. 商务管理与事务文书有什么特点?
2. 做好电话留言要做到哪几点?
3. 介绍信包括哪几种? 证明信又包括哪几种?

能力检测题

1. 设计一份表格。

请协助你公司人力资源部设计一份专供来公司应聘的人员填写的表格，名称为“×××公司应聘人员基本情况表”，要求表格栏目超过 15 项。

2. 制作折线图、柱状图。

××汽车销售公司 2011—2017 年汽车的销售量依次是 2 000 辆、3 000 辆、3 500 辆、4 500 辆、4 000 辆、4 500 辆、5 000 辆，请根据这些数据绘制一张折线图、一张柱状图。

3. 制作饼状图。

××公司的生产总成本是 6 000 万元，其中：原材料成本 2 800 万元；劳动力成本 1 200 万元；生产管理费用 1 500 万元；办公费用 500 万元。请把这些数据转换成角度，绘制一张完整的饼状图。

4. 绘制流程图。

××公司将产品的创建新产品的过程总结为七个环节，它们是：(1) 确定产品品种；(2) 开发产品；(3) 制造产品原型；(4) 原型产品在市场试销；(5) 反馈改进；(6) 大规模生产；(7) 做适应性调整。请将创建新产品的整个过程用计算机绘成流程图。

5. 制订两个月筹备工作计划表。

你是××市××家电产品有限公司销售部的员工。公司定于 2 个月后的春节期间在市郊农村搞一次冰箱和洗衣机的促销活动，时间为一天。你是筹备组成员，所负责的工作有：(1) 印制在现场发放的宣传材料 1 万份，包括产品介绍、价格表和广告散页；(2) 准备 300 份宣传小礼品；(3) 租借、布置活动场地，包括横幅、彩旗、气球、展台等；(4) 准备活动当天员工的午餐及饮料。

请将筹备工作中你负责的部分工作列出计划，制成表格。

6. 根据自己的学习或工作，写一份总结，要求有叙有议，归纳经验，提炼理性认识。

7. 起草企业规章制度。

为了约束、规范与警戒员工的行为，某企业决定在管理部门建立承办周期制度，对接听电话、回复电话询问、回复信件、回复电子邮件、处理投诉、文件归档等工作的完成速度和时间确定衡量标准，以提高企业办事的时效性，并按照制度监督检查。

你作为该企业的行政部员工，接受了这一任务，请起草一份企业管理工作方面的承办周期制度。

8. 设计电话留言表，并记录一份留言。

你于 12 月 12 日上午 10:35 接到一个电话，是温州××制造有限公司纪××（男）打来的，要找销售经理艾××。艾经理上午外出开会，下午来办公室。纪××在电话中说："我下周一将来温州办些事，预计待 3 天，希望能拜访一下艾经理，与他商量一下他在 12 月 3 日给我的信中提及的有关事情，如果方便，最好今天给我回个电话，确定见面时间。我的电话是 021-×××××××。"

请你设计一张电话留言表，将上述信息填入，留给艾经理。

9. 写一封介绍信。

向你的合作伙伴××信息有限公司的行政部经理赵××先生介绍你熟悉的一位同事或同学到该公司应聘秘书工作。

第五章 商务契约文书的撰写

阅读提示

商务契约文书是协作关系的具体反映，是管理经济的有效手段。商务契约文书主要包括意向书、合同、协议、洽谈纪要、招标书、投标书等经济文书。写好商务契约文书是用经济手段解决问题的一种比较有效的措施，有助于保障企业的经济利益，维护企业的合法权益，树立良好的企业形象。

第一节　意向书、协议书

一、意向书

意向书多用于经济技术的合作领域，是商业活动中用于向对方表示合作或交易的意向并经对方同意接纳的一种文件，它是协议书或合同的先导。意向书为进一步正式签订协议奠定了基础。

（一）意向书的目的和作用

意向书只是表示意愿，而不是正式的协议，因此文字不如协议严谨，其签署方式也比较灵活，可以由出具意向书的一方签署，再由同意合作的一方在副本上签署认可；也可由双方联署或由双方换文表示合作的意向。

意向书的作用有：

（1）可以用来向政府主管部门上报备案，作为立项的根据。

（2）可作为合作各方进行实质性谈判的基础和原则性依据。

（3）便于合作各方开展各项后续工作，如起草项目建议书和撰写可行性研究报告等。

（二）意向书的特点

1. 宽泛性

意向书只是各方合作意愿的表示，因此条款比较简略，对合作中涉及的一系列具体问题无须规定，而只作轮廓性的表述，以利于求同存异，为进一步谈判创造合作氛围，同时也便于在谈判中灵活运作。

2. 无约束性

意向书是先行文书，是签订合同的基础。由于意向书仅仅是各方共同意向的记录，故没有法律效力，一般不写入对各方有约束性的条文。一旦正式签署合同文件，意向书的使命便告终结。

3. 政策性

意向书的内容不能与我国现行经济政策和法规相抵触，也不能随意向对方承诺上级部门才能决定的问题。

4. 严谨性

意向书作为一种契约形式，措辞严谨，既不失原则也不失热忱，旨在促使日后实质性谈判能够取得成功。

5. 灵活性

意向书在协商过程中形成，当事各方均可按各自的意图和目的提出意见，在正式签订协议、合同前，各方可随时变更或补充，最终达成协议。意向书与合同不一样，合同一经签约不能随意更改。

6. 协调性

意向书是当事双方或多方在办理某些重要事务之前，由一方表明基本意图和目的而经双方及多方认定、签署的一种用于协调的文书。其主要用途是传达某种意向，主要目的则是征得对方同意，因而它具有明显的协调性。

（三）意向书的结构

1. 标题

意向书的标题主要有以下四种类型：

（1）事由＋文种，如“关于兴建××娱乐城的意向书”。

（2）项目名称＋文种，如“承办中成药出口意向书”。

（3）合作单位＋项目名称＋文种，如“威海市××公司、新加坡××公司合作经营塑料品意向书”。

（4）单纯使用文种，即“意向书”。

经常使用的是（2）、（3）两种类型。

2. 正文

意向书的正文内容没有固定的写法。有的比较详细，有的则比较简略，有的甚至只写各方对某一事项合作的意愿，不写如何合作的具体问题。正文的结构一般包括前言、主体、结尾。

（1）前言（导语）。

先写合作各方的全称，以及双方接触的简要情况，如商谈的时间、地点、原则精神和磋商后达成的意向性意见等，然后用“本着××原则，现达成如下意向”“双方达成意向如下”“现将有关意向归纳如下”等过渡句领启下文。

（2）主体。

主体主要是根据不同的合作事项所达成的意向性意见，分条款逐项写明。条款的顺序可参照合同或协议的条款排列。通常主体部分大致包括以下几个方面的内容：

1）合作企业或项目的名称和拟订地址。

2）合作企业或项目的规模和经营范围。

3）各方投资金额及分成比例。

4）利润分配和亏损分担。

5）原料、设备、技术、企业用地等各由何方提供。

6）合作事项实施步骤。

7）合作企业领导体制。

8）合作期限。

最后写明“未尽事宜，在签订正式合同或协议书时再予补充”，以便留有余地。

（3）结尾。

一般书写有关事项的说明，如意向书份数、生效日期等。

3. 落款

写明签订意向书各方的名称、代表人姓名，并加盖公章、私章。

4. 日期

在全文的右下角写明签订意向书的时间。

（四）意向书的撰写要求

（1）语言准确，表达清楚。

（2）忠实于洽谈内容。

例 5-1

××工业公司
××华侨实业有限公司　　合作经营塑钢制品意向书
××实业公司

××工业公司（以下简称甲方），××华侨实业有限公司（以下简称乙方），××实业公司（以下简称丙方），三方根据《中华人民共和国中外合资经营企业法》和我国的其他有关法规，本着平等互利的原则，通过友好协商，一致同意在深圳市××县共同投资兴办合资企业，生产销售塑钢制品。三方达成如下意向：

一、合资企业的名称为“深圳××实业有限公司”，厂址拟订在深圳市××县××乡。

二、生产经营的目的、范围和规模。

1. 加强经济合作，利用国际先进设备和技术，扩大对外贸易，使合资者获得满意的经济利益。

2. 合资企业经营的范围是从事各种塑钢制品的生产和销售。

3. 合资企业的生产规模为年产×××吨塑钢制品。项目达到生产能力后，年产值可达×××万美元，折合××××万元人民币；年利润××万美元，折合×××万元人民币。

三、投资金额及分成比例。

合资企业由三方投资兴建。建厂总投资为××万美元，流动资金为××万美元。投资的比例为甲方占60%，乙方占12.5%，丙方占27.5%。

三方按投资比例分享利润和分担风险及亏损。

四、原料和产品销售。

每年×××吨塑钢制品的原料，由丙方负责采购。产品外销70%，内销30%。外销、内销均提取销售额的2.5%作为手续费。

五、生产设备、技术和质量。

合资三方一致同意，委托丙方提供从中国境外购买合资企业所需的主要生产设备、交通运输工具、设备部件和备件，以及提供合资企业所需的设计、安装指导、试车、正常生产操作、工艺条件、产品质量标准、检测方法和设备维修等技术资料。设备应先进，质量要可靠，价格要为国外的优惠价。考虑到外汇平衡，部分设备如再生造粒机、空压机、拌料机以及设备安装力量等由国内解决。

六、生产场地和厂房租赁。

按照合资企业的生产规模、设备布局等实际需要，由甲方提供生产场地和厂房租赁。厂房1 000平方米，每平方米每月3.5元租金。生产场地2 500平方米，每平方米每月0.90元租金。租赁的厂房和生产场地只有使用权，没有所有权。

七、合资企业的期限为15年。

八、筹建和建设。

合资企业三方抽调力量成立建厂筹备组。筹备组由5人组成：甲、乙、丙分别委派3名、1名、1名，负责经营生产前的全部工作。筹备费列入投资，筹备组在工厂经营生产之日起办理移交手续。

九、合资企业组织机构采用董事会领导制，具体协议另订。

十、为加快合资企业建成，委托深圳市××县对外经济贸易公司承办可行性调查，议订合同书、协议书，项目审批，办理进出口手续等工作。

十一、本意向书一式十份，分送有关部门及三方自留。

甲方：××工业公司

代表：(签字)

乙方：××华侨实业有限公司

代表：(签字)

丙方：××实业公司

代表：(签字)

二〇一七年×月×日

二、协议书

（一）协议书与合同的区别

合同和协议书都是由双方的当事人共同订立的一种契约。但协议书与合同有一定的区别，合同内容一般限于经济活动方面；协议书内容适用范围较为广泛。合同一经签订就产生法律效力，双方必须严格遵守，认真履行，任何一方违约都将承担相应的经济责任和法律责任；协议书往往要经过行政主管部门签证或公证机关公证才能产生法律效力。

（二）协议书的种类

从经济活动角度划分，协议书有联营协议书、委托协议书、调解协议书、补充协议书、捐赠协议书等。

（三）协议书的撰写要求

（1）内容必须具体明确，避免疏漏。

（2）措辞必须准确无误，不能含混不清，不能有歧义。

（3）不能单方擅自修改，需改时要经双方协商同意。

例 5－2

协 议 书

××国际经济技术合作公司（甲方）

××贸易有限公司（乙方）

双方于 2017 年 10 月 12 日至 14 日在××市，经过友好协商，在平等互利的原则下，就合作投资创办出租汽车公司事宜，达成如下协议：

一、合营企业名为××出租汽车公司。经营大、小出租车 100 辆。其中：德国奔驰 S300L 轿车 10 辆（旧车，行车里程不超过 1.7 万公里，外表似新），日本丰田轿车 80 辆（其中 50 辆具有里程、金额记数表、空调、步话机等），黄海牌大型客车 10 辆。

二、合营企业为有限公司。双方投资为 7∶3，甲方占 70%，乙方占 30%。总投资 200 万美元，其中：甲方 140 万美元（包括库房等设施），乙方 60 万美元。合作期限定为 5 年。

三、公司及董事会。人数为 5 人，甲方 3 人，乙方 2 人。董事长 1 人由甲方担任，副董事长 1 人由乙方担任。正、副总经理由甲、乙双方分别担任。

四、合营企业所得毛利润，按国家税法照章纳税，并扣除各项基金和福利等。净利润根据双方投资比例进行分配。

五、乙方所得纯利润可以人民币计收。合作期内，乙方纯利润所得达到乙方投资额（包括本息）后，企业资产即归甲方所有。

六、双方共同遵守中国政府制定的外汇、税收、合资经营以及劳动法等法律规范。

七、双方商定，在适当的时间，就有关事项进一步洽商，提出具体实施方案。

甲方代表签字：高××　　　　乙方代表签字：常××

2017 年 10 月 14 日

第二节 合同、财产租赁合同

一、合同

（一）合同概述

根据《中华人民共和国合同法》（以下简称《合同法》）第二条的规定，合同是平等主体的自然人、法人、其他组织之间设立、变更、终止民事权利义务关系的协议。《合同法》从合同的法律性质角度给合同下了一个准确的定义。

合同是伴随商品生产及交换而产生的。为了使商品生产和交换有规则地进行，国家以合同的强制力来保证生产者和经销者按照等价有偿的原则进行商品交换。因此，合同制度的应用，对于协调商品交换关系，保障商品生产者、经销者在经济活动中的合法权益，维护市场经济秩序，顺利进行社会主义经济建设，都具有重要意义。

本节所讲的合同是指我国《合同法》规定的以交易关系为内容的合同，即经济合同。

（二）经济合同的作用

1. 经济合同是实现国家宏观经济规划的客观保证

由于经济合同能直接反映社会生产能力和社会需求情况，可为宏观经济规划的编制提供各种切实可靠的数据，同时，国家的宏观规划也是签订合同的主要依据，所以，千千万万个合同的签订和履行就客观地把国家宏观经济规划落实到了各个企业的生产和经销中，使之得以实现。

2. 经济合同是企业加强生产经营管理和组织协作的有效方式

合同签订后，生产者就必须按合同规定的产品、数量、质量和期限等要求，有效地组织人力、物力进行生产活动，力求提高履约率，实现企业的利润指标。所以，签订、兑现合同的过程就是企业确定生产任务、加强生产经营管理的过程。对具体生产、流通部门来说，合同还可以防止盲目性，提高经济效益，挖掘生产潜力。

在经济活动中，运用合同形式把生产需要的设备和原料按期供应生产企业，保障了生产顺利进行，产品产出后运送到供销部门，又使生产企业有了足够的生产资金，促进了生产的发展，如此循环往复。可见，经济合同作为生产协作的纽带，通过经济利益、法律手段，把供、产、销环节紧密衔接起来，使它们互相依赖、互相促进。经济合同有利于全面完成经济技术指标和提高经济管理水平。

3. 经济合同能使企业提高经济效益

用经济手段管理经济，是社会主义市场经济的一项重要原则，而加强企业的经济核算则是用经济方式管理经济的有效手段。经济核算要求企业利用商品经济及其价格规律的作用来从事生产经营，以最小的消耗取得最大的经济效果。

经济核算要求各个企业在经济活动中独立经营，单独核算，自负盈亏。为此，企业推行了经济合同，以避免生产经营活动中的盲目性，并促使企业千方百计地挖掘潜力，合理利用人力、物力、财力，提高产品质量和劳动生产率，努力争取以最小的耗费按时完成合同规定的各项指标，从而取得最大的经济效果。经济合同还可使供方和需方直接见面，简化流通环节，减少产品在流通中的损耗和费用，从而加速了资金周转，减少了企业的资金占用量。这一切都能使企业提高经济效益。

4. 经济合同是我国社会主义市场经济健康发展的重要保障

经济合同是商品经济发展的产物，是商品交换关系在法律上的表现。我国正在逐步健全社会主义市场经济体制，市场经济的一个重要特征就是法制经济。因此，推行经济合同制度，严肃合同法律，是我国经济改革中的一个重要环节，也是我国社会主义市场经济健康发展的重要保障。

5. 经济合同有利于保障当事人的合法权益

经济合同一经订立，就有了法律的约束作用，订立合同的双方都要严格执行，履行自己的权利和义务，不得单方面任意修改和废止。需要修改和废止合同时，应该由双方协商确定。不履行合同的应承担经济责任。对那些故意破坏合同条款而给对方造成经济损失的，要根据情节轻重进行处理。这样，就维护了经济合同当事人的合法权益，并且能够强制当事人严格地要求自己。

6. 经济合同是发展对外贸易的有效法律手段

经济合同在国际经济关系中占有重要地位，已成为国际贸易和经济交往的普遍形式。随着我国与世界经济的联系日益紧密，中外经济贸易往来日益频繁，在国内推行经济合同的同时，在国际上还要按照国际惯例，充分重视和发挥涉外经济合同在对外经济往来中的法律手段作用，从而促进不同国家间经济的共同发展和各国人民的友好往来。

（三）经济合同的特点

1. 法律效力

经济合同一经成立，即具有法律效力。经济合同在办理某一特定的经济事务时，必须符合国家法律、法规和宏观经济规划的要求。如国家不允许生产、销售的物品不能作为合同标的；否则，合同内容即使是当事人作出的意思表示，在法律上也是无效的。

订立经济合同是一种法律行为，合同签订后，各方当事人就必须严格履行合同的内容。当事人拒绝履行合同中规定的义务，被法律视为违法行为，就会受到经济制裁，甚至被追究法律责任。

2. 平等、公平、协商性

当事人订立经济合同，是为了实现一定的具体的经济目的，只有各方当事人的意思表示一致之后合同才能成立。

常识点滴

“意思”是当事人追求建立某种合同关系的愿望或打算；“表示”是指这种内在的愿望见诸外部的行动，即把内心的打算变成现实。

合同各方当事人的法律地位是平等的，因而决定了权利义务也是相互的。一方当事人取得权利，是以承担义务为条件的；他方当事人承担义务，也应享有相应的权利。如在借款合同里，贷款方获取利益的权利，是以承担按合同规定及时贷款为前提的；借款方取得借款的权利，是以接受贷款方的监督、按合同规定使用借款和向贷款方支付一定利息为前提的。总之，应本着平等互利、协商一致、等价有偿、诚实信用的原则订立合同，任何一方不能把自己的意志强加给另一方。

常识点滴

订立合同的当事人必须有履行合同的能力。强调合同当事人履行合同的能力，是为了维护合同的严肃性，防止有人利用合同买空卖空，从中渔利。

(四) 经济合同的种类

(1) 按形式分，有表格式合同、条款式合同和表格条款式相结合的合同。

(2) 按期限分，有长期合同、中期合同、短期合同。

(3) 按合同是否立即交付标的分，有诺成合同和实践合同。诺成合同，即订立合同后不马上交付标的的合同，如建设工程合同、承揽合同等；实践合同，即合同订立后立即交付标的的合同，如租赁合同、借款合同等。

(4) 按合同的性质分，有供销合同、委托代办合同、加工订货合同、借贷合同、补偿贸易合同等。

(5) 按合同的内容分，有买卖合同、供用（电、水、气、热力）合同、赠与合同、借款合同、租赁合同、融资租赁合同、承揽合同、建设工程合同、运输合同、技术合同、保管合同、仓储合同、委托合同等。

常识点滴

使用较多的经济合同有：买卖合同、租赁合同、融资租赁合同、建设工程合同、承揽合同、运输合同、供用（电、水、气、热力）合同、赠与合同、借款合同、仓储合同、保管合同、技术合同、委托合同等。

(五) 经济合同的结构

经济合同有其特定的格式，如条款式、表格式、条款和表格结合式等。这里主要讲条款式的结构。

经济合同的结构：标题＋约首＋正文＋约尾。

1. 标题

在合同开头的第一行居中写，字体稍大。其标题不同于公文和其他专用文件，一般只写明合同的性质。

经济合同的标题主要有以下两种类型：

(1) 合同性质＋文种，如“借款合同”“供销合同”等。

(2) 合同标的＋合同性质＋文种，如“粮棉油订购合同”“汽车租赁合同”等。

为便于查考，可在标题右下方注明编号、订立时间、地点。

2. 约首

约首包括订立合同各方当事人单位全称或个人真实姓名。为了使正文行文简便，当事人名称或姓名简称为“甲方”“乙方”；或“供方”“需方”或“发包方”“承包方”；或“出租方”“承租方”等。其写法有以下两种形式：

（1）开头空两格写“订立双方（或各方）”，然后分上下行排列写明各方单位名称，其后分别写“以下简称甲方”“以下简称乙方”。若有第三方的可称“丙方”。例如：

订立合同双方：

供货单位：时兴服装厂，以下简称甲方。

购货单位：荣鑫百货公司，以下简称乙方。

（2）开头空两格分上下行排列写“供方”“需方”或“发包方”“承包方”或“出租方”“承租方”等，其后分别写其单位。例如：

发包方：立新化工厂

承包方：××市第一工程建筑公司

3. 正文

正文由引言、主体、结尾组成。

（1）引言。

简明写出订立合同的依据和目的，例如：“为扩建北京市××学校计算机房，甲、乙双方协商订立本合同，以资共同信守。”也可以不写引言，直接写下一部分。

（2）主体。

用表格或条款写明合同内容，包括标的、数量和质量、价款和酬金、履行的期限、履约的地点和方式、违约责任、解决争议的方法等，还包括当事人商定的其他必要条款。每项都应尽可能写得具体、明确，将各方的责任和义务规定得一清二楚。

（3）结尾。

写明合同的份数、效力、保管，例如：“本合同一式两份，具有同等效力，双方各执一份。”有的还需要注明合同的有效期限、附件的名目（例如“设计图纸”）等。

合同正文的每个部分和每项内容，在条款中都要另起一段，在表格中都要另占一格，复杂的合同例如进出口合同书还要划分章目，并在前面列出目录。

4. 约尾

（1）署名。

在正文写完以后，另起一行写明签订合同双方的单位全称、法定代表人的姓名并签名盖章，一般还要注明电话号码、传真号、开户银行及账号、邮政编码。

（2）日期。

指签订合同的具体日期，写在署名下面，年、月、日要写全。

例 5-3

买卖合同

供方：××市新风电扇厂

需方：××市兴华商场

根据《中华人民共和国合同法》及有关规定，为明确供方和需方的权利和义务，经双方协商一致，签订本合同。

一、产品名称：新风牌遥控落地电扇。

二、产品数量：1 000 台。

三、单价：280 元。

四、货款总额：280 000 元。

五、产品质量：按国家颁布标准执行。

六、交货日期：2017 年 4 月 1 日前全部交清。

七、交货地点：××市火车站。

八、交货办法：铁路托运，由供方负责办理，运费由供方支付，途中损失由供方承担。

九、付款方式：银行转账，2017 年 3 月 30 日一次付清。

十、产品验收：需方销售后，由需方技术人员跟踪抽查，如发现确因原产品质量问题，供方负责保修或更换，其所需费用由供方承担。

十一、违约责任：供方误期 20 天交货，按每台原价 10%赔偿，误期一个月交货，按每台原价 20%赔偿。需方中途减少购买台数或全部退货，供方按每台原价的 55%退款。

十二、解决争议的方法：本合同执行中如果双方发生争议，按照国家有关规定解决。

十三、本合同未尽事宜，由双方另行商定。

十四、本合同正本一式两份，双方各执一份；合同副本两份，送各自的主管部门备案。

供方（盖章）
地址：××市永青路 11 号
法定代表人：王××
委托代理人：李××
开户银行：××银行××分行
账号：××××××××
电话：××××××××
传真：××××××××××
邮编：××××××
签约地点：××市××饭店

需方（盖章）
地址：××市如意街 2 号
法定代表人：宋××
委托代理人：田××
开户银行：××银行××分行
账号：××××××××
电话：××××××××
传真：××××××××××
邮编：××××××
签约时间：2017 年 2 月 20 日

[评析]

该买卖合同由标题、约首、正文和约尾构成。标题由合同性质加文种名称组成；约首包含了订立合同各方名称；正文包括前言和合同条款，款项齐全，内容具体。约尾写了国家有关部门规范的 10 项内容。这是一份比较规范的买卖合同文本。

(六) 经济合同的撰写原则及要求

1. 经济合同的撰写原则

(1) 符合国家法律、法令和国民经济计划的要求。

不得与国家法律、法令和计划相抵触。如果合同本身不合法，就得不到法律的保障，也就达不到签订合同所要达到的目的，甚至会遭受损失。

（2）遵守社会公共利益及社会主义道德准则。

不得违反社会公共利益或社会主义道德准则，否则经济合同也就不具有法律效力，情节严重的还要依法惩处。

（3）坚持平等协商、等价有偿的原则。

双方应当本着自愿互利、平等协商、等价有偿的原则，严肃认真地订立合同，任何一方都不得损害对方或第三方的利益，任何人也不得利用职权或其他特殊条件肆意践踏这个原则。

2. 经济合同的撰写要求

（1）内容必须具体明确，措辞用字力求准确简洁。

合同双方的利益和目的是通过条款内容表达的。因此，在签订合同时，内容要具体、明确、周密。规定违约责任时要细致考虑到各种因素的影响和可能性，要实事求是，不做过头承诺与不切实际的赔偿和索求要求。

在签订对外贸易合同时，特别要注意写明用何种货币作价和结算方法，要写清楚数量和金额；其他如允许分批装运和轮船装运条款等，都必须一条条写清楚。语言不要有歧义，否则就不能很好地履行合同。比如××厂和××乡签订的合资联营合同中，有一条写成："厂房已建成 1 000 平方米外，需要另造生产设施 800 平方米（年内完工），已经双方协商，暂定于 2017 年 6 月前建成厂房 3 000 平方米。"从文字上来看，究竟是 1 800 平方米包括在 3 000 平方米内，还是在 1 800 平方米外再建 3 000 平方米，模棱两可，含糊不清。

（2）严肃经济合同纪律，不能随意涂改或终止。

经济合同签订后，双方都必须严格遵守，维护合同的严肃性。任何一方不能从自己的经济利益出发对已定的合同决定取舍。如因一方未履行合同，致使对方遭受损失时，应负赔偿责任。如果合同有错漏，或者内容必须修改或终止，应经双方协商同意，签具修订或撤销合同的协议书，并加盖印章报公证机关备案，方为有效。

（3）签订合同必须手续完备，字迹工整清楚。

首先，应该行款恰当，分行分段，注意整齐划一。其次，文字要正确无误，清清楚楚，不写潦草字，标点符号也要准确使用，数字要用汉字大写。合同书写好后一般不要涂改，以保持文面整洁，需要局部修改时，须经双方协商一致，并在修改处加盖双方印章。

二、财产租赁合同

（一）财产租赁合同的结构

财产租赁合同一般包括以下几个部分。

1. 标题

标题即为合同的名称，如"房屋租赁合同"等。标题应写在合同首页上方居中位置。

2. 合同当事人名称

在合同标题的下方，分行并列写明签订合同当事人双方的单位名称及法定代表人姓名或自然人姓名等信息。

3. 合同编号与签订时间、地点

在合同标题下方分行并列写明此份合同的编号和签订合同的时间、地点。

4. 正文

正文一般包括开头、主体、结尾三个部分。

（1）开头。

注意写明当事人签订合同的依据或目的。例如，“根据《中华人民共和国合同法》的有关规定，经双方充分协商，特订立本合同，以便共同执行”。

（2）主体。

主体要写明当事人所签订的具体条款，即双方所承担的义务和应享受的权利。这是决定合同是否合法有效的条件，是要求双方履行合同、承担法律责任的依据。

主体部分涉及的内容有标的、数量和质量、租赁合同的期限、租金和租金交纳期限、地点和方式、租赁期间的维修保养、违约责任、解决争议的方法等构成部分。

（3）结尾。

结尾部分要写明合同生效时间、合同补充办法、署名以及合同有效期限等信息。

（二）财产租赁合同的写作要求

1. 内容合法

首先，合同的合法性是指合同内容要与有关法律的内容相切合；其次，合同能够依法生效，还要以不损害社会经济秩序、不损害国家利益和社会公共利益为条件。为了做到这些，合同签订者必须深刻理解有关方针政策精神。

2. 格式规范

签订合同者要自觉遵守合同格式的有关规定，使合同内容与形式具有程式化、简明化的特点，便于当事人实际操作。

3. 条款完备具体

条款是合同的主要内容，是当事人双方权利义务的具体规定。合同所应具备的部分不得遗漏；条款具体是指标的的数量和质量，履行的期限、地点和方式，都要分别写清，否则可能引发合同纠纷。

4. 表述准确、严密、简明

合同的条款要分条列项书写，条目要清楚，不要互相交错，也不要过细过繁。措辞务必做到准确、严谨，避免任何语意含混或可能引起歧义的表述方式。

5. 文面整洁

无论采用何种方式制作合同，文面都要清楚、整齐、干净。合同不能随意涂改，如果确需在原件上修改，应当加盖当事人的印章。为了防止一方伪造条款或添减页数，可在骑缝处加盖印章或在每一页上署名。

例 5-4

财产租赁合同

出租单位：（以下简称出租方）________________

地址：________________邮编：________________电话：________________

法定代表人：________________职务：________________

承租单位：（以下简称承租方）________________

地址：________________邮编：________________电话：________________

法定代表人：________________职务：________________

合同编号：

签订时间：　　年　　月　　日

签订地点：

为明确出租方与承租方的权利义务关系，根据《中华人民共和国合同法》及有关规定，经双方协商一致，签订本合同，以便共同遵守。

第一条　租赁财产及附件的名称、数量、质量与用途

（略）

第二条　租赁期限

租赁期共________年零____月，出租方从________年____月____日起，将交付承租方使用，至________年____月____日收回。

第三条　租金和租金的交纳期限

（略）

第四条　租赁期间租赁财产的维修保养

（略）

第五条　出租方与承租方的变更

1. 在租赁期间，出租方如将出租财产所有权转移第三方，不必征求承租方同意，但应告知承租方所有权转移情况。所有权转移后，出租财产所有权以得方即成为本合同的当然出租方，享有原出租方享有的权利，承担原出租方承担的义务。

2. 承租方如因工作需要，将租用财产转让第三方承租使用，必须事先征得出租方的同意。

第六条　违约责任

出租方的违约责任：____

承租方的违约责任：____

第七条　争议解决方式

（略）

第八条　其他约定事项

（略）

第九条　本合同在规定的租赁期届满前____日内，双方如愿意延长租赁期，应重新签订合同。

本合同未尽事宜，一律按《中华人民共和国合同法》的有关规定，经合同双方共同协商，作出补充规定，补充规定与本合同具有同等效力。

本合同一式两份，双方各执一份；合同副本两份，送各自主管单位备案。

出租方（章）：　　　　　　承租方（章）：
单位地址：　　　　　　　　单位地址：
法定代表人：　　　　　　　法定代表人：
委托代理人：　　　　　　　委托代理人：
电　话：　　　　　　　　　电　话：
电　挂：　　　　　　　　　电　挂：
开户银行：　　　　　　　　开户银行：
账　号：　　　　　　　　　账　号：
邮政编码：　　　　　　　　邮政编码：

第三节　业务洽谈纪要、建设项目计划任务书

一、业务洽谈纪要

（一）业务洽谈纪要的含义与特点

1. 业务洽谈纪要的含义

业务洽谈纪要，就是根据业务洽谈的实际情况，将洽谈的主要议程、议题、涉及的问题、达成的协议及存在的分歧，在业务洽谈记录的基础上加以归纳、整理所形成的书面材料，经各方代表签字确认后，便成为正式的业务洽谈纪要。它对洽谈各方都有约束力，既可作为就谈妥的有关事项开展工作的依据，也可作为进一步洽谈签约以及双方领导决策的依据。

2. 业务洽谈纪要的特点

（1）关系平等性。

参加洽谈的不管是双方还是多方，大家都处于平等地位。因此，业务洽谈纪要对与会各方的制约不存在程度上的差异，不像会议纪要那样往往传达上级领导的决策精神，对下级部门或单位构成一种无条件的约束。

（2）语言协商性。

会议纪要行文中常用的句式是“会议认为”“会议决定”“会议听取了”“会议号召”等；而业务洽谈纪要的常用句式则是“甲方要求”“乙方同意”“双方一致同意（认为）”“双方商定”等。句式的差异充分显示了两种文书在“聚议”与“协商”之间的区别。

（3）备忘作用。

会议纪要虽然也有备忘的作用，但它成文以后便“忘”掉了会议中的某些内容，仅将决议事项记录下来；而业务洽谈纪要则需全面记录洽谈中所有与洽谈目的相关的事项，如双方存在的分歧以及双方所表达的拟进一步接触的意愿等。尤其在那些尚未达成共识的事项上，业务洽谈纪要需充分体现出它的备忘作用。

（二）业务洽谈纪要的结构

1. 标题

标题的写法一般是用“关于……洽谈纪要”的句式。有的单位有专门的洽谈纪要专用纸，顶部印有“××××（单位）洽谈纪要”字样，并在其下列有“编号”一项，以利归档检索。在这种情况下，一般还需在正文部分开列“事由”一项，用“关于……”句式表述。

2. 正文

正文可分为两部分：第一部分为引语，写明洽谈各方单位名称、洽谈的时间和地点、参加人员以及洽谈日期。洽谈各方单位应写全称，为了行文方便，可在全称后面加上括号，注明“甲方”“乙方”“丙方”等。第二部分常用条文式结构，将洽谈的具体内容分列成若干条，归类陈述，使之层次清楚、条理井然。如果是一笔交易，则需将这笔交易的有关品种、规格、数量、价格、付款方式等分条叙述，有时为了慎重起见，还需在正文末尾加上一条“未尽事宜，由双方另行商定”。

3. 落款

落款部分需写上洽谈各方单位全称，然后由各方代表认可后签字，并写明纪要签发日期。为明确责任，有时纪要的执笔人也需签名。

（三）撰写业务洽谈纪要的要求

1. 忠实于原始记录

业务洽谈纪要是依据业务洽谈记录整理概括而成的一种实用事务文书。纪要中涉及的原则、方针、权利、义务、要求、实施步骤等，是与会各方必须共同遵守并执行的，撰稿人不能随意增减和修改。

2. 用语简洁准确

业务洽谈纪要是各方反复磋商、取得共识后达成的协议，对与会各方均具有同等的约束力。执笔人对洽谈内容的概括一定要简洁准确，避免产生误解。

3. 整理印发及时

撰写业务洽谈纪要的作者需具有较高的业务素质、敏捷的反应能力、较强的归纳能力和过硬的文字表达能力，如此才能在业务洽谈结束后的短时间内完稿。写好的纪要须经各方代表签字认可，之后立即予以印发，以免贻误工作。

例 5-5

中国、×国经济贸易混合委员会第×次洽谈纪要

中国、×国经济贸易混合委员会第×次会议从××××年×月×日至×日在北京举行。中国商务部××局局长×××先生与×国经济事务部对外经济关系总司长××××博士轮流担任会议主席。

会议按双方代表团商定的下列议程进行：

1. 回顾近年来双边贸易发展的情况，检查双边贸易中存在的问题。

2. 双方介绍各自进出口方面的情况，探讨和展望今后两国贸易发展的前景。

双方代表团满意地注意到，近年来，中×两国贸易有了较大的发展，并期望中×贸易得到继续发展。双方代表团感到，双方贸易的发展不仅应在贸易总额方面得到促进，而且应增加商品品种。

双方代表团讨论了×国公司与中国贸易公司进一步加强联系的方式方法问题。双方认为×国公司与中国贸易公司之间应加强联系，以利发展双方进出口贸易。在这方面，双方使馆的商务人员可发挥其作用。

双方代表团讨论了两国加强技术合作的问题。中方代表团表明了中国不反对接受技术专利，并已向西欧派出了许多技术考察小组，同时也签订了一些专利合同。由于有些中国出口商品的合同因×方配额限制而得不到执行，中方代表团要求×方提供关于对进口中国商品实行配额的情况。中方代表团认为，×国政府应采取积极措施消除这种不利于两国贸易的障碍。×方代表团表示理解中国政府方面的上述态度，并承诺将采取措施解决这一问题。

…………

应中方代表团要求，×方代表团介绍了×国关税制度情况。

双方还就共同关心的有关发展两国贸易的其他问题交换了意见。

中方主席：（签字）　　　　×方主席：（签字）
××××年×月×日　　　　××××年×月×日

二、建设项目计划任务书

（一）建设项目计划任务书的含义

建设项目计划任务书（以下简称计划任务书）是确定建设项目基本轮廓和委托设计的依据。凡新建、改建、扩建项目，在确定建设项目前，必须根据国家发展国民经济长远规划和建设布局的要求，由建设单位在进行可行性调查的基础上，提前编制计划任务书，报送上级主管部门审批。写好计划任务书是基本建设程序中首要的一环。

（二）建设项目计划任务书的结构要求

与其他文书不同，计划任务书的结构由封面、目录、正文、报送单位名称及附件组成。标题及其他内容应该分行书写，单位名称要用全称。正文部分只需用简洁的文字对上述各项内容作概括说明。计划任务书的正文采用条文式。

计划任务书的四个部分具体写法如下。

1. 封面

计划任务书的封面主要写明建设项目的全称。有些小型项目的计划任务书的内容比较简单，可以在项目名称下面写上建设单位、建设地址、编制日期。

2. 目录

大中型项目的计划任务书内容比较复杂，篇幅较大，为了便于检索阅读，封面后一般都有目录。

3. 正文

大中型项目计划任务书的正文通常包括以下几项：

（1）建设目的和根据；

（2）建设规模、产品方案或纲领；

（3）矿产资源、水文、地质资料以及原材料、燃料、动力、供水、运输等协作配合条件；

（4）资源综合利用和“三废”治理的要求；

（5）建设地区或地点与占用土地的估算；

（6）防空、防震等的要求；

（7）建设工期；

（8）投资控制数；

（9）劳动定员控制数；

（10）要求达到的经济效益和技术水平。

4. 报送单位名称及附件

计划任务书的最后部分应写明报送单位名称，注明附送的有关矿产资源、工程、地质、水文地质的勘察报告，以及有关主要原料、材料、燃料、运输等协作关系意见书或协议文件的名称。

例 5－6

×××胶印书刊印刷厂基本建设计划任务书

一、为适应出版事业发展的需要，逐步解决本市印刷生产力严重不足的矛盾，需建一个书刊印刷厂。新厂采用胶印工艺。

二、新厂全年生产能力：胶印照相制版（四开）×副，排字（原稿数字）×万字，胶印书刊印刷×万色令，书刊装订×万令纸。生产工艺：排字主要采用照相排版工艺；封面、插图采用电子分色、照相制版工艺；印刷以高速机印刷正文，以多色机印刷封面、插图，解决全书配套问题；装订采取精装、胶订等流水线工艺。

三、新厂以选择在××、××或××地区为宜，尽可能减少原料和成品的运输量。新建厂水文等资源以及地质等勘察、查定等工作，拟请设计部门负责。厂房建筑面积为×万平方米，职工宿舍×××平方米，占地×万平方米。

投产后所需的原材料、燃料、动力和供水等，均无特殊要求。其中：

1. 主要原材料需用的纸张和油墨：全年需要×万令纸，平均每吨按×令计算，全年需纸张×吨；油墨平均每千色令按×千克计算，全年共需×吨左右。

2. 燃料：直接用于印刷和装订的燃料极少，辅助生产所需也有限。新厂全年用煤约×吨，汽油×吨（包括生产、运输）。

3. 全年用电约为×万度；煤气约×万立方米。

4. 全年市内运输量×吨左右。

四、新建厂因采用照相排版和 PS 版工艺，不存在废气、废液问题，少量显影药水（无毒）可在生产过程中采用过滤和沉淀等措施予以解决。

五、新厂的建设进度：争取20××年内批准项目，20××年上半年解决征地和工程设计，同年内力争破土，20××年逐步投产。全部工程在20××年上半年竣工。

土建工程请本市建筑单位承包。

所需印刷专业设备，向××印刷物资公司申请订购。

六、基建投资及投资来源：全部投资×万元（其中设备费×万元），可由利润分成解决。

七、基建的经济效果：新厂投产后，将成为本市第一家胶印书刊印刷厂，每年销售收入约×万元，全年利润约×万元，全部投资争取在20××年收回。

附件：设计任务计算依据1份（略）

×××公司

20××年×月×日

第四节　招标书、投标书

一、招标书

（一）招标书概述

招标书又称招标说明书，是指单位或个人在兴建工程、合作经营某项业务或进行大宗商品交易时，先把有关标准、价格、条件等事项以公告形式对外公布，这种文字材料就是招标书。

招人承包或承买叫招标。投标人或购销者按招标公告的标准和条件，向招标人提交承办申请、企业情况介绍、总预算表，填据标单，投函招主，叫投标。

招标书是指招标单位对外公布的有明确招标内容和具体条件要求的招标公告、通告、启事、邀请书、说明书等文字材料。

招标书是招标人利用投标者之间的竞争从而达到优选投标人的一种告知性文书，是招标人为了征招承包者或合作者而对招标的有关事项和要求所作的解释和说明。

（二）招标书的作用

招标书又称招标文件，招标人利用投标者之间的竞争达到优选买主或承包项目的目的，从而利用各地甚至各国的优势。这是订立合同的一种法律形式。

《中华人民共和国招标投标法》（以下简称《招标投标法》）第十九条规定："招标人应当根据招标项目的特点和需要编制招标文件。招标文件应当包括招标项目的技术要求、对投标人资格审查的标准、投标报价要求和评标标准等所有实质性要求和条件以及拟签订合同的主要条款。国家对招标项目的技术、标准有规定的，招标人应当按照其规定在招标文件中提出相应要求。招标项目需要划分标段、确定工期的，招标人应当合理划分标段、确定工期，并在招标文件中载明。"第二十条规定："招标文件不得要求或者标明特定的生产供应者以及含有倾向或者排斥潜在投标人的其他内容。"

（三）招标书的特点

1. 规范性

招标书要符合《招标投标法》的基本规定和要求，防止超越或者违反《招标投标法》的规定，导致招标文件无效。

2. 准确性

招标书对招标项目或招标工程的主要目的、基本情况、产品要求、人员素质和具体规定等要作出明确清晰的表达，防止含糊其词、模棱两可。不能让潜在的投标对象对招标文件的意思产生两种甚至两种以上的理解。

3. 竞争性

招标文件发出后，客观上会引发投标单位之间的竞争，从而招标者可从中择优。这有助于促进投标单位改善经营，增强其竞争力。

4. 具体性

招标书是针对某一工程项目的招标文件，所以行文时要把招标内容具体化，写清招标的方法、步骤和要求，不能抽象笼统。

（四）招标书的种类

1. 从形式上划分

从形式上可分为：公开招标，即在媒体上发布招标广告；书面通知招标，即采用书面形式直接通知有承担能力的单位参加投标；议标，是指对于一些技术要求复杂，或工期紧迫的项目（工程），征得有关主管部门同意后，选择少数有承担能力的单位协商确定工期、造价的一种形式。

2. 从内容上划分

从内容上可分为招标公告（如广告、通知）、科技项目招标书、工程项目招标书。

（五）招标书的结构

一般正式招标都采用广告、通知、公告等形式。在招标过程中，无论采用哪一种招标方式，招标文件的制定都是一样的。

招标文件的结构：标题＋正文＋落款与日期。

1. 标题

标题的构成：招标单位全称＋招标事宜＋文种。

招标书的标题一般有两种写法：一种是只写文种，如“招标通告”“招标公告”“招标启事”；另一种是在文种前面加上主办单位的名称，如“××工业学校招标公告”。

2. 正文

正文的构成：导语＋主体＋结尾。

（1）导语。

主要写明招标的目的和招标单位的基本情况。

（2）主体。

这是招标书的核心，要具体、准确地写明招标书内容和有关事项，包括文件编号、招标项目（名称、数量、质量、规格等条件和要求，中标者的责、权、利）、招标范围、招标投标办法（这部分要写明招标程序，投标截止时间，发送招标文件的方式、地点和日期，开标方式、地点和日期等）、招标时限、招标地点。

（3）结尾。

这部分要写清承办招标事宜的具体单位名称、地址、电话号码、传真、联系人等。

3. 落款与日期

要写明制定招标文件的日期，加盖单位印章。

（六）撰写招标书的要求

（1）做好调查研究，掌握市场信息，制定的测算、评估款项要科学合理，招标书应切实可行。

（2）遵循招标公告的写作要求，语言简洁、用词精确，文字、数据、图表均要求精确无误。

（3）注意法律中的禁止性规定，所拟写的招标文件不得违反相关法律规定，否则将导致招标文件和招标活动无效。

例 5－7

××大厦建筑安装工程招标书

为了提高建筑安装工程的质量与速度，提高经济效益，经市建工局批准，××公司对××大厦建筑安装工程的全部工程进行招标。

一、招标工程的准备条件

本工程的以下招标条件已经具备：

1. 本工程已列入××市年度计划。

2. 已有经国家批准的设计单位出具的施工图和概算。

3. 建设用地已经征用，障碍物全部拆迁；现场施工的水、电、路和通信条件已经落实。

4. 资金、材料、设备分配计划和协作配套条件均已分别落实，能够保证供应，使拟建工程能在预定的建设工期内连续施工。

5. 已有当地建设主管部门颁发的建筑许可证。

6. 本工程的标的已报建设主管部门和银行复核。

二、工程内容、范围、工程量、工期、地质勘察单位和工程设计单位（略）

三、工程可供使用的场地、水、电、道路等情况（略）

四、工程质量等级、技术要求、对工程材料和投标单位的特殊要求、工程验收标准（略）

五、工程供料方式和主要材料价格，以及工程价款结算方法（略）

六、组织投标单位进行工程现场勘察，说明招标文件交底时间、地点（略）

七、报名、投标日期、投标文件发送方式

报名日期：2017 年 6 月 4 日。
投标期限：2017 年 6 月 10 日至 30 日止。
投标文件送达方式：（略）
八、开标、评标时间及方式，以及中标依据和通知
开标时间：2017 年 7 月 10 日。
评标结束时间：2017 年 7 月 15 日。
开标、评标方式：（略）
中标依据及通知：（略）
九、其他（略）
建设单位：××公司
地址：××区××路 5 号
联系人：××
电话：（×××）×××××××××
附：施工图纸、勘察设计资料和设计说明书（略）

二〇一七年四月二十日

二、投标书

（一）投标书的作用和特点

投标书是对招标书的回答，投标书也称标函，是指投标者为了中标而按照招标人提出的条件、要求，向招标者提交的承办申请、企业情况介绍、总预算表、书面咨询等文字资料。投标书是提供给招标人的备选方案的文本。

投标书的特点是针对性、求实性和合约性。

（二）投标书的分类

1. 生产经营性投标书

如工程投标书、承包投标书、产品扩散投标书、劳务投标书。

2. 技术投标书

如科研课题投标书、重大关键技术投标书、技术引进或转让投标书等。

（三）投标书的结构

投标者应按招标文件所规定的时间报送投标申请书，并附有关投标文件，如投标企业简介、投标企业标书、总预算表及书面咨询等。

投标书的结构：标题＋正文＋落款＋日期。

1. 标题

标题的结构：一种是投标项目名称＋文种；另一种是投标单位名称＋文种。例如“承包××食品机械厂投标书”“××公司投标书”，或直接写“投标书”。

2. 正文

正文的构成：送达单位＋引言＋主体＋结尾＋附件。

(1) 送达单位顶格书写。

(2) 引言，说明投标的依据、目的和主导思想。

(3) 主体，即根据招标书提出的目标和要求，介绍投标企业的现状。可从三个方面阐述：一是正确分析投标企业的优劣势；二是承包指标、计算依据和可行性分析；三是经营方案或措施。力求论证严密，层次清晰，文字简练。

(4) 结尾，写明投标单位（或个人）的名称、地址、电话号码和传真等。

(5) 附件，一般包括投标人情况简介、计算过程和图表。

3. 落款

落款要求写清投标单位名称并加盖公章，同时要有单位负责人的签字。

4. 日期

准确书写投标日期。

(四) 投标书的撰写要求

(1) 明确招标要求。

(2) 实事求是，诚信为本。

(3) 文字简洁，语气谦和。

(4) 具体清晰，准确守时。

例 5－8

××大厦建筑安装工程投标书

××公司招标办公室：

在研究了××大厦建筑安装工程的招标条件和勘察、设计、施工图纸以及参观了建筑安装工地以后，经我们认真研究核算，愿意承担上述全部工程的施工任务。我们的投标书内容如下：

一、标函内容（略）

包括工程名称、建筑地点、建筑层数、结构形式、设计单位、工程内容、包干形式等。

二、标价

总造价：100 万元（包括直接费、间接费、材料差价）

每平方米造价：100 元（包括直接费、间接费、材料差价）

其他：(略)

三、工期（略）

包括开工日期、竣工日期、合计天数等。

四、质量（略）

达到等级、保证质量主要措施、施工方法和选用施工机械等。

五、投标企业概况（略）

企业名称、地址、所有制类别、审定企业施工级别、人数。

六、企业简历（略）

七、技术力量（略）

八、施工机械装备情况（略）

九、营业执照（略）

十、批准机关、执照号码（略）

我们特此同意，在本投标书发出的30天之内，都将受本投标书的约束，愿在这一期间（即从2017年6月10日起至2017年7月10日止）的任何时候接受贵单位的中标通知。一旦我们的投标被接纳，我们将与贵单位共同协商，按招标书所列条款的内容正式签订××大厦建筑安装工程施工合同，并切实按照合同要求进行施工，保证按质、按量、按时完工。

我们承诺，本投标书一经寄出，不得以任何理由更改，中标后不得拒绝签订施工合同和施工；一旦本投标书中标，在签订正式合同之前，本投标书连同贵单位的中标通知，将构成我们与贵单位之间有法律约束力的协议文件。

投标书发出日期：2017年6月10日

投标单位：××建筑公司（公章）

企业负责人：×××（盖章）

联系人：××（盖章）

电话：(×××) ×××××××××

地址：××区××路2号

本章小结

本章主要介绍了商务契约文书的意向书、协议书、合同、业务洽谈纪要、建设项目计划任务书、招标书、投标书的概念、作用、特点、结构和写法。通过学习，重点了解它们的概念和作用，掌握它们的结构及写法，并能根据相关资料写出符合体式规范的合同、协议书、招标书及投标书。

重要概念

1. 意向书：国家与国家之间、单位与单位之间、单位与个人之间、个人与个人之间为处理某些重要事项而签订的一种书面材料。

2. 经济合同：契约的一种，指自然人、法人、其他组织之间（双方或多方）为实现各自的经济目的，按照法律规定，彼此确定一定权利和义务的书面材料。

3. 协议书：契约的一种，指机关、社会团体、事业单位或个人之间共同协商签订的建立协作关系或约定关系的书面材料。

4. 业务洽谈纪要：根据业务洽谈的实际情况，在业务洽谈记录的基础上加以归纳、整理并经各方代表签字确认后所形成的书面材料。

思考题

1. 意向书的写作特点是什么?
2. 合同与协议书的区别是什么?
3. 业务洽谈纪要与会议纪要的区别是什么?
4. 建设项目计划任务书的写法是什么?
5. 招标书一般要写明哪些内容?
6. 投标书一般要写明哪些内容?

能力检测题

1. 请代大地公司经理室秘书方×，为大地公司与大发包装公司拟写一份合作意向书，内容自定。

2. 天龙公司拟订做 1 000 套桌椅，由天龙公司（招标公司）提供原材料，现投标单位包工。天龙公司对桌椅的规格及质量要求已提出书面材料。2018 年 1 月 10 日—2 月 28 日为工程招标的起止时间。2018 年 3 月 5 日在天龙公司会议室公开招标。交工时间为 2018 年 8 月 25 日。天龙公司地址：××路 2 号；电话：×××××××××；联系人：李×。根据材料完成下列任务：

（1）写一份招标书。要求：符合招标书的拟写格式；用词准确，条理清楚；正确使用标点符号。

（2）写一份投标书。

第六章
商情调研文书的撰写

阅读提示

商情调研文书是实现各种商务活动的有效工具。商情调研文书种类很多，例如市场需求调查（预测）报告、产品销售调查（预测）报告、生产资源调查（预测）报告、商品价格调查（预测）报告、新技术应用前景预测报告、市场竞争情况调查（预测）报告、可行性研究报告等。本章主要阐明市场调查报告、市场预测报告、可行性研究报告和经济活动分析报告的写作要领，为商务秘书辅助上司决策服务。

第一节　市场调查报告

一、市场调查与市场调查报告

(一) 市场调查

市场是瞬息万变的，如何将变化的信息及时反映出来，传递给企业经营决策者，使企业的经营决策者能够决定生产什么、怎样生产，以满足市场需求、扩大销售、实现经济目的，靠的是市场调查。

市场调查是运用科学的方法，有目的、有计划地对市场的顾客、购买力、购买对象和购买习惯等方面的各种情报资料，进行全面或局部的收集、整理、分析和研究，并得出恰当的结论，提供采取行动的合理建议，从而为经济领导部门和企业的决策者制定政策、进行预测、作出经营决策、制订计划提供重要依据，以促进市场营销活动。目前许多国家都很重视市场调查，并且建立了科学的市场情报工作系统。

（二）市场调查报告

市场调查报告是对市场调查所获得的信息和资料进行梳理、得出结论、提出合理建议的书面材料。市场调查报告是专题性的调查报告，也是记述市场调查成果的一种经济应用文。撰写市场调查报告的目的是为企业经营决策提供依据，所以市场调查报告的信息资料是否翔实可靠是市场调查报告质量好坏的关键。

市场调查是报告的基础和依据，报告则是市场调查的反映和体现，不进行调查研究，就无法写出调查报告。

二、市场调查报告的特点

（一）针对性

市场调查报告是决策机关作出生产经营决策的重要依据之一，必须有的放矢。

（二）客观性

市场调查报告必须从实际出发，通过对市场变化情况及其一系列真实材料的客观分析，得出正确结论。

（三）及时性

市场调查报告要及时、迅速、准确地反映、回答现实经济生活中出现的具有代表性的新情况、新问题，滞后的市场调查报告很可能变成一堆废纸。

三、市场调查报告的撰写

（一）撰写前的准备工作

1. 确定市场调查的基本内容

市场调查的范围很广泛，内容也较多。凡是直接或间接影响市场营销的情报资料，影响经济目标的情报资料和动态，都应该广泛地收集，大量地占有，细致深刻地分析研究。但是对一个企业来说，应当根据各个不同时期和不同调查目的的具体情况来确定调查内容。一般来说，市场调查的基本内容包括以下几个方面：

（1）有关客户情况。

如客户的数量、分布地区和经济状况；主要客户和购买的决定者等。

（2）有关产品情况。

如消费者对本企业的产品质量、性能、价格、交货期限、技术服务方面的评价、意见和要求；产品在市场上的地位，占有的比率，产品包装是否安全、轻便、美观，产品运输是否方便；厂牌商标的效果；消费者对产品的使用方法是否正确等。

（3）有关销售情况。

包括本企业产品的销售状况，影响销售的因素；现有销售渠道是否合理，如何减少中间环节；产品的销售成本与销售收入的比率；产品的仓储成本、运输成本，产品运输路线的情况；广告的效果，广告费用等。

（4）市场需求情况。

市场需求情况包括的内容和范围有社会环境、技术发展、金融动态、消费心理等，具体指：市场潜在需求量，本企业产品在不同市场的占有率，竞争者的分析；市场变化的情况及发展趋势，国际市场的要求，打入或巩固国际市场的策略等。

2. 确定市场调查报告的基本内容

（1）命题。

市场调查报告首先要确定调查的目标、内容和范围，然后根据内容、范围命题；市场调查的命题要与内容相符，要精练简洁，高度概括，做到新颖、醒目、引人入胜、发人深省。

（2）收集资料。

1）企业内部的资料，包括：本企业生产技术和供应方面的资料，产品成本、价格和利润方面的资料；销售方面的资料，如销售数量、销售渠道；客户方面的资料。

2）企业外部的资料，包括：政府机关和领导部门的计划、总结、统计数字；兄弟企业的生产、销售资料和经验介绍；报纸杂志刊载的调查报告、统计资料；研究机关和高等院校的科研成果、实验报告和学术论文；国内外同类产品的技术资料，国内外同类企业生产、价格、库存、运输、消费资料，国际贸易情况及世界经济情况。

3）实际调查的资料。多采用抽样调查法获取各种资料。

（3）整理分析资料。

通过各种方法、各种渠道收集来的资料尽管是大量的，但还是分散的、芜杂的，还要经过整理、分类，加以鉴别、筛选，要去粗取精、去伪存真，从而得到最本质、最科学的认识，从调查所得到的数据和事实分析中得出结论。

（二）选择恰当的市场调查方法

1. 基本方法

市场调查的基本方法有普查、抽样调查、典型调查和重点调查等。普查是全面性的调查。抽样调查是从全部调查对象中，选择一部分具有代表性的对象加以调查，以观察和推断事物的全貌。典型调查是通过对少数典型对象的调查来认识事物本质的一种调查方法。重点调查是对少数主要对象进行调查以掌握基本情况的调查方法。

市场调查要求及时、迅速、正确和可靠，也要求用最少的时间、最低的费用取得最佳调查结果。由于普查花费大、时间长，调查的结果往往因时间拖长而失去时效，所以，一般的市场调查都不采用普查，而大都采用抽样调查的方法。抽样调查的关键在于准确地选择少数有代表性的对象，如果调查对象选择不当，也容易影响调查效果。

2. 具体方法

在确定基本调查方法之后，还要选择具体的方法，一般有以下三种：

（1）询问法。

询问法是根据已经制定的调查内容，用口头或书面的方法取得调查资料。

（2）观察法。

观察法是调查者到调查现场观察调查对象的行为、言谈，而不直接向调查对象提出询问，在被调查者无所感知的情况下进行调查。

观察法用于市场调查的有：顾客动作观察、店铺观察（包括商标、橱窗、商品陈列等）、实际痕迹测量法。

（3）实验法。

实验法就是从影响调查问题的许多因素中选出一个或两个因素，将其置于一定的条件下，进行小规模的实验，然后研究是否应大规模投产或投入市场。

常识点滴

常见的展销会、试销等都属于实验法。实验法可以获得比较准确的资料，但不易选择社会经济因素相类似的实验市场，且因其可变动因素难以掌握，所以实验的结果不易相互比较，成本也比较高。

以上三种方法可以单独使用，也可以结合使用。如可以先把新产品给有关的消费者，用询问法收集资料，以判断消费者是否欢迎；同时又在适当的市场上进行销售实验调查和观察调查，然后分析比较三种方法所获得的资料，得出更准确的调查结论。

（三）确定市场调查报告的类型

市场调查报告按照不同标准，可以分为不同的类型：按调查范围、调查方式分，有综合性调查报告和专题性调查报告；按目的、作用、内容分，有情况调查报告、事件调查报告、经验调查报告和问题调查报告。

四、市场调查报告的结构

（一）标题

标题的要素包括调查单位、内容、范围。标题的常用形式有：

（1）单标题，如“××市白酒市场调查报告”“××市共享单车市场调查报告”。

（2）正副标题，即在正标题之外加副标题，如“‘泥巴换外汇’——陶瓷品出口情况调查”。

（二）前言

前言也称作引言，是调查报告的开头部分，一般概述以下三个方面的问题：

（1）调查的时间、地点、对象、范围、目的。

（2）说明调查的主旨和采用的调查方法。

（3）简要概括全文的主要内容和观点。

有些市场调查报告也可以不写前言，开头后就直接进入调查报告的正文。

（三）正文

正文是市场调查报告的主体部分，主要根据调查中所获得的资料的性质和内在联系，按照人们认识的规律和习惯安排层次。一般包括以下三部分。

1. 情况部分

简要介绍历史情况和现实情况，并分析其特点或存在的问题，写作时常以数字、图表加以表示。

2. 预测部分

通过对调查资料的分析研究，预测市场今后的发展变化趋势，展望市场前景，从而作出正确的判断。

3. 建议或决策部分

即应采取的有效措施，也是市场调查的落脚点。

（四）尾部

凡是写有前言的调查，尾部都应照应开头，起归纳、收束的作用。尾部可重申观点，加深认识。但有的市场调查报告，正文完了就自然结束，没有单独的结尾，最后写上成文日期。

五、市场调查报告的撰写要求

（1）要深入调查研究，充分占有材料。

（2）要坚持实事求是，如实反映情况。

（3）要做到语言准确、简练、朴实，不尚浮华辞藻。

例 6－1

儿童用品消费意向调查

××××年×月×日，××市百货公司采用问卷调查法，对儿童消费百货商品的情况做了一次调查。调查共发出问卷 250 份，收回 149 份，其中填写较全的有 112 份。

从这 112 份问卷调查表汇总来看，得到以下三方面情况：

一、消费水平高

从调查得知，儿童消费百货商品的数量几乎都成倍高于全市总人口平均的消费数量，有些商品甚至高出 2.5 倍（见表 6－1）。

表 6－1　　儿童消费百货商品调查

消费品	人均年消费量		（1）：（2）
	儿童平均（1）	全市人口总平均（2）	
汗衫背心（件）	2.62	1.31	200%
棉毛衫裤（件）	2.92	1.21	241%
绒线（千克）	2.74	0.79	345%
伞（把）	0.24	0.17	139%

在这 112 份问卷中，6 岁以下的 39 人，6 岁的 22 人，6 岁以上的 51 人。除个别品种外，6 岁以下儿童的消费量高于 6 岁以上的儿童（见表 6－2）。

表 6－2　不同年龄段儿童消费百货商品调查

消费品	每人年消费量		(1) ∶ (2)
	6 岁以下 (1)	6 岁以上 (2)	
汗衫背心 (件)	2.69	2.43	111%
棉毛衫裤 (件)	3.22	2.10	153%
绒线 (千克)	3.30	1.36	243%
尼龙袜 (双)	1.67	1.50	111%
玩具 (件)	4.79	1.60	299%
腈纶套装 (件)	0.52	0.60	87%

总体来说，儿童生长快，衣着用品基本上只穿一年，年年要购置。上述 112 名儿童，人均年消费汗衫背心和棉毛裤分别为 2.62 件和 2.92 件，明年准备购买数仍达 2.51 件和 2.10 件。其他用品也有类似情况。

二、消费要求高

（略）

三、消费不断扩大

（略）

另外，112 份问卷调查表所反映的情况，也为百货行业儿童用品的经营提出了问题、指出了方向。

1. 数量少，品种少。在问卷调查中，有 66.4%的家长就数量、品种提出了意见，认为毛袜、长丝袜、三角裤、网眼背心、棉毛衫裤、童毯、汗衫、智力玩具、儿童牙膏等用品的数量和品种太少。特别是童车，可以折叠、适合于上下楼携带的品种极少，难以买到。可见，儿童用品必须增加数量、扩大品种，以适应市场需要。

2. 服装用料太好，价格太高。根据问卷调查归纳，有 69 位家长对儿童服装用料太好、价格太高提出意见，建议改革用料，降低售价。因为儿童生长发育快，有些衣服甚至只能穿一季，所以，只要求式样新、价格低。如用料太好、价格太高，反而会造成浪费。商业企业应当引导工厂多生产一些式样新颖的“粗料”产品，以降低成本，降低售价，适应消费需求。

3. 玩具质量差。在调查中认为目前儿童玩具质量差的有 30 人，占 28.8%。玩具“卖出算数，无处修理”的现象亟待改变。因此，工商企业部门必须提高产品质量，并为消费者提供维修服务。

总之，儿童用品是一个广阔的市场，前景很好。但要采取措施，改善儿童用品的生产、销售及售后服务，以适应不断扩大的市场需求。

第二节　市场预测报告

一、市场预测报告概述

市场预测就是对未来市场发展状况或发展趋势的预计和推测。市场预测报告的写作内容，重在对未来市场经济发展趋势进行预测并提出针对性建议。

市场预测报告是消费者对企业产品的质量、性能、价格、交货期限、技术服务等方面的评价、意见和要求；是企业产品的销售状况、市场潜在需求量、企业在不同市场占有率、竞争者分析、国际市场的需求、打入或巩固国际市场的策略等方面的综合描述反映；是企业掌握客户需要的变化规律的依据；是企业经营的“灵魂手段”。

市场预测报告的特点在“预测”二字上，“预”就是预见性，即对未来市场变化发展的趋势作出预见性判断，这种判断越接近未来的客观实际，就越准确。这是市场预测报告的生命力和实用价值之所在。“测”就是科学性，即从实际出发，通过运用现代化技术和科学方法，找出事物的发展规律并预测未来。

按照对象、条件和时间等不同标准，市场预测报告可分为宏观预测和微观预测报告；定性预测和定量预测报告；长期、中期和短期预测报告，等等。

二、市场预测报告与市场调查报告的异同

（一）相同之处

1. 写作目的相同

它们都与市场状况相关，都要运用调查与分析方法。

2. 写作程序相同

它们都要调查、分析、研究后才写作报告以揭示市场活动规律、提出意见和建议。

3. 写作方法相同

它们都采用记叙、说明和议论相结合的方法表达内容。

（二）不同之处

1. 文种不同

它们不是同一文种的两个不同类别，而是两个不同文种。

2. 内容重点不同

市场调查报告着重对市场的过去和现状作客观反映，以典型事例或存在的主要问题为内容，为决策者作决策提供依据；市场预测报告着重对市场的未来状况作分析，为生产经营提供信息动态和决策参考意见。

3. 结构不同

市场预测报告一般采用纵式的递进结构，按情况预测—分析—建议的顺序行文；市场调查报告可采用纵式、横式、纵横式等多种方式行文。

4. 要求不同

市场调查报告要求有关材料具有准确性和客观性；市场预测报告是在市场调查的基础上，对未来的市场状况进行推断与预测，允许有关材料带有一定的主观推断性和不确定性。

三、市场预测报告的特点

（一）针对性

针对性即必须首先确定具体的预测目标，每一次预测只能对某种（某类）商品或劳务进行分析、推断，然后采取合适的方法与手段进行预测，只有这样才能得出有针对性的结论。

（二）预见性

市场预测报告的特点在“预测”二字上，通过市场预测报告可以科学地从大量具体的资料中归纳、推理出对市场前景的推断。

（三）时效性

现代社会是信息社会，市场预测要迅速及时地提供市场信息，特别是那些刚刚萌生的新情况、新动向，做到不失时机地向领导决策机关传送信息和动态。

（四）科学性

科学性指要有充分的客观依据，要符合市场发展变化的规律，能正确地反映未来的走向趋势。预测绝不能带有个人的偏见、情感和好恶。

四、市场预测报告的结构形式

（一）标题

标题的形式主要分为以下两种类型：

（1）完整式标题，即预测目标+时限+区域+文种，如“2019年全国家电市场的预测”。

（2）简化式标题，即预测目标+文种，或预测目标+时限+文种，如“自行车市场预测”等。

（二）正文

正文的要素包括前言、概论、预测、建议。

1. 前言

简要介绍预测的时间、地点、范围，无固定的模式。

2. 概论

主要是运用调查得来的确凿数据和典型事例概要性地交代报告的对象、目的和方法，并提出本报告的主旨。

3. 预测

这是市场预测报告的核心部分，它要对“概论”进行深入细致的分析计算，并运用定性定量等预测方法，探索市场的规律，得出预测结论或推断未来的发展趋势。

4. 建议

要提出切实可行的建议及措施，为企业领导和决策机关提供参考，为经营决策服务。

（三）落款和成文日期

如果在标题下已经写明了作者姓名，这部分只写具体的撰文时间。

五、市场预测报告的撰写要求

（1）根据目标内容选择典型材料做调查。

（2）采用定量定性相结合的撰写方法。这是市场预测及其写作的有效方法。

（3）市场预测报告从内容到形式上都有着自己的要求，常采用说明、记叙、图表与公式的表达方式，对材料进行分析，以探求规律；而作出判断、提出建议则要恰当地运用议论的表达方式。只有按体行文才能形成有价值的市场预测报告。

（4）明确预测目的，根据实际需要和可能的条件来确定预测目的，从而把握预测方向。

（5）充分掌握并科学利用材料，即对手头材料进行整理、鉴别、归类、筛选，注重所持材料的科学性、客观性和可靠性。

（6）把握文种特点，要紧紧把握预测未来这一特征，同时在篇幅上还要注意详略得当。

例 6－2

我国今年物价形势分析与预测

今年的人大会议提出了要把全年的全国商品零售价格（以下简称物价）上涨幅度控制在 15％左右。在经历了去年上涨 21.7％之后，今年能否达到国家计划调控的目标呢？我们认为，困难不小，但经过努力是可能达到的。

一、今年物价形势分析

影响物价上涨的因素很多，但主要可归结为翘尾影响、供需差距、成本推动、结构调整、攀比这五大因素，据我们分析这五种因素在今年将会有以下表现：

1. 翘尾影响高达 10.5％（略）

2. 供求的影响有利于物价指数下降（略）

3. 成本上涨的作用趋小（略）

4. 结构调整的压力减小（略）

5. 攀比现象仍不容乐观（略）

二、今年物价走势预测

综上所述，可以说我国今年物价上涨的形势不如去年严峻，但因翘尾因素太大以及其他一些潜在因素的影响，控制物价上涨的难度还是很大的。

1. 今年物价达到计划要求的余地

按国家计划要把物价指数控制在 15％左右，扣除翘尾影响，留给今年的涨价幅度只有 4.5％左右。

2. 对今年物价形势发展的预测

从我国统计局公布的物价指数看，我国的零售物价指数主要包括消费品和农业生产资料两个部分，其中消费品的比重占 90％左右。据我们预测，今年各类消费品的价格可能发生的变化情况如下：

（1）食品类。由于国家从去年下半年就注意加强对农业的调控政策，各类农产品供应在今年会有较大的好转。由于产量增加和库存增加，估计在6—8月份占食品比重最大的粮食和肉类的价格会低于上年底，从而消化掉一部分翘尾影响，使总指数下降2～3个百分点。

（2）衣着类。由于去年原油和棉花调价，生产成本有较大的增长，进而影响衣着类生产的成本，估计会和上半年的增幅（19%）相近，这一项会影响物价上涨2个百分点左右。

（3）居住。按原定计划，今年城市的房租价格将上升50%，这会使城镇居民消费指数增长3%左右，但对总物价指数的作用只有1.5%或更少一些。

（4）交通通信和医疗系统。这两部分在人们的日常支出中所占比重都很小。如果国家在今年不出台新的调价措施，交通邮电的价格指数不变，即使调价10%，对总指数的作用也只有0.3%。医疗保健价格估计会与上年相似，上涨10%左右，对总物价指数影响只有0.3个百分点。

（5）娱乐教育类。估计这部分的价格涨势与上年类似，在10%左右，对总指数的作用为上升1%。

（6）家庭用品。由于市场竞争比较激烈，基本上是供大于求的局面，而且成本推动已在上年有所体现，所以今年这类产品总体价格的上涨幅度估计在10%左右，并推动物价指数上涨10%左右，但也有可能与上年持平，即零增长。

综上所述，今年消费价格上涨的动力只有5%～6%，估计零售物价指数与此相差不大。如果今年的粮食和其他农产品丰收，或国家能采取有效的手段控制，消化掉2～3个百分点的翘尾因素，则总的物价指数不超过15%是完全可能的，而且有可能实现最初制定的13%左右的目标。

三、看法与建议

1. 建立真正有效的调节商品余缺机制（略）

2. 采取有效手段控制价格上的攀比（略）

3. 要正确认识当前的通货膨胀（略）

4. 对人民群众的影响问题（略）

201×年6月8日

第三节 可行性研究报告

一、可行性研究报告的作用

（一）可行性研究报告是投资项目的关键环节

可行性研究报告就是在拟办重大建设项目之前，对其兴办条件、市场需求、经济效益等，进行全面系统的调查研究、分析论证，并判断其可能性和有效性的书面报告。

根据我国现行的有关规定，可行性研究报告是审批投资项目必须提交的基本文件，是国际投资过程的一个主要环节。

任何企业都是以最小的投入、最大的产出为最高追求目标。经济活动是一项复杂的生产经营实践活动。在兴办中外合资合作企业、兴建重要工程、开发大中型产品等活动中，存在着很多可变的游移性因素和未知因素。因此，对于那些工程庞杂、投资额度大、受制因素多的重要建设项目，在投资行为实施之前，进行充分的调查研究和分析论证，确定其是否必要、是否可行，以避免“钓鱼工程”“瞎子工程”，从而降低投资风险，防止造成重大经济损失，是十分必要的。

（二）可行性研究报告是一种决策手段

在现代社会，随着经济信息的剧增和分工的细化，个人的决断能力和作用也相应下降，而集体智慧的优势和民主决策的作用日益增强，它可以使企业决策理性化、科学化，避免长官意志和主观盲目性。

可行性研究报告通过周密调查，对经济决策项目或拟建项目的合理性和必要性进行分析论证，最后作出严格选择，提出最佳方案。

投资项目只有通过可行性研究的审查，才能进入设计和施工阶段。

可行性研究报告现在已被广泛采用，例如我国的三峡水利工程建设和高速或准高速铁路建设也都进行了可行性研究论证。

（三）可行性研究报告是实施重大拟建项目的通行证

经济建设的核心是效益问题，实施某一拟建项目是否可行、是否合算，主要从市场需求、经济效益、技术能力等方面的情况来考察。因此，其主办企业决策、主管部门审批、与外商谈判、与协调部门（原料、燃料、水电供应等部门）订立合同、银行贷款等，都要以可行性研究报告提供的事实作为依据。世界银行等国际金融组织都把可行性研究报告作为申请项目贷款的重要文件，国内各大银行也要审查可行性研究报告后才同意提供项目贷款。可见，可行性研究报告是决定拟建项目成败的关键，起着把关的重要作用。同时，可行性研究报告也是资金筹措的凭证。

（四）可行性研究报告是科学管理的依据

（1）为经济部门和企业领导提供建设项目的决策依据。

（2）为回答上级主管部门和有关部门的质疑提供重要依据。

（3）为编制经济计划、安排任务指标提供可靠依据。

（4）为落实经费、向银行贷款或向国家有关部门申请拨款提供依据。

（5）为与拟建项目有关的部门和单位签订协议、合同提供依据。

（6）为申请营业执照提供依据。

（7）为企业管理机构设置、定员定编以及职工培训工作提供依据。

（8）为工程建设提供基础材料。

二、可行性研究报告的特点

（一）汇报性

报告以陈述分析为核心，向上级或有关部门汇报筹建项目或其他拟订经济活动“可以进行”或“有把握成功”的意见，以使上级或有关部门对该项目活动能获得准确全面的、具体深入的认知。这种性能与行政公文中报告的性能颇为相似。

（二）可行性

报告内容必须是经过深入考察、认真预测、反复分析、切实论证之后的情况与意见，其中包括预定经济活动的必要性，技术工艺的先进性，建设条件的可行性，经济环境的适宜性，以及投资市场、资源、物料、劳务等因素的可靠性。这些均是调研分析论证的结果，是对特定客观事物的真实反映，具有科学的可行性。

（三）阶段性

按联合国工业发展组织的规定，可行性研究报告分为机会研究、初步可行性研究、可行性研究、项目评估与决策四个阶段。每个阶段一旦得出“不可行”结论，则不再进行下一步的工作。

在我国只分为初步可行性研究和详细可行性研究两个阶段。通常情况下，项目可行性研究指的是详细可行性研究。

（四）事前性

根据我国经济管理部门的规定，在正式确定项目之前，主办单位必须经过切实调查研究、反复论证比较并提出建设项目的可行性研究报告。

三、可行性研究报告的种类

按内容的不同，可行性研究报告可分为经济活动型和行政事务型。

（一）经济活动型可行性研究报告

这是反映经济活动内容的文书。按其特点的不同又可分为以下三种。

1. 自营项目可行性研究报告

是对企业自身单独投资的项目进行可行性研究。它包括产品开发、技术改造、基建设施等内容。

2. 合营项目可行性研究报告

是对由双方合营的项目或共同投资，或一方出资、另一方出技术管理等内容进行可行性研究。

3. 引进项目可行性研究报告

即对引进国外和海外的技术设备进行可行性论证。

（二）行政事务型可行性研究报告

行政事务型可行性研究报告是反映行政事务并提出相应可行性意见和办法的上行文书。按拟建项目的性质不同，其又可分为兴建项目可行性研究报告、扩建项目可行性研究报告、技术改造项目可行性研究报告、引进先进技术和设备可行性研究报告等。

四、可行性研究报告的研究内容与研究步骤

（一）研究内容

由于各类拟建项目的性质、规模、实施需求不同，各种可行性研究报告的内容也就不完全相同。就一般情况而言，要形成一份可行性研究报告大致需要进行下述几个方面的研究。

1. 必要性研究

就是要研究现在和未来一个时期国内外市场对拟建项目需求量的情况。如建一座工厂，其产品有良好的销售前景，盖一家宾馆有大量的客流需求，这样才能获得最佳的经济效益，才有兴建的必要。再者就是研究拟建项目在我国国民经济和社会发展中作用的大小。如兴办一个项目可以提高我国的生产能力，增加产品数量；或者能够提高产品质量，增强在国际市场上的竞争力，创收外汇；或者有助于加快经济建设，推动社会进步，这样才有兴办的意义。

2. 可行性研究

就是研究拟建项目有无条件兴办。这主要是研究社会环境条件、技术条件、投资条件。社会环境条件就是研究兴建项目拟订地点的生态和资源状况；技术条件就是研究有无相关的专业人才、有无技术难题、主办企业的员工素质、原有技术设备状况等；投资条件就是要研究拟建项目主办企业的自有资金状况以及外汇耗费情况等。

3. 可靠性研究

就是要通过风险分析来确定项目的可靠性。

4. 合理性研究

就是根据成本、产量、销售量等环节的情况，研究分析盈亏关系、获利情况以及净现值大小，从而论证项目建成后是否有利可图。

5. 不确定因素研究

拟建项目在未正式投产而还不能看到实际经济效果以前，一切经济指标都是预测和估算的，任何精确的估测都难免受到不确定因素的影响。因此，可行性研究报告还要研究分析拟建项目在建设和生产过程中存在着哪些不确定因素，其变动情况对效益影响如何，以探讨拟建项目投资风险的大小。对不确定因素进行分析研究，通常是通过盈亏平衡分析、概率分析和敏感性分析等方法完成的。

（二）可行性研究的步骤

1. 机会可行性研究

机会可行性研究是可行性研究最早的研究阶段。这一阶段是对一个确定的地区或部门，根据对其地理位置、资源条件、社会环境、市场需求等情况的调查，研究某一拟建项目是否必要和可行，寻找最适宜的投资机会。

2. 初步可行性研究

初步可行性研究是在机会可行性研究基础上进行的研究阶段。这一阶段对机会可行性研究的结论进行评价，对拟建项目的位置、规模大小、工艺技术、投资额度、市场需求、效益状况、风险程度等做进一步的研究估算，判断拟建项目是否合理、投资是否合算，并确定还有哪些问题尚待研究论证。

上述两个阶段的研究分析，其内容大体相同，但一次比一次深入全面，各项指标一次比一次接近实际。如果最终可行性研究成立，就可组织各方面的专家对其进行评价并提出结论性意见以上报主管部门。主管部门对此先进行预审，然后组织讨论答辩，最后形成审批意见或审查会议纪要下达实施。

五、可行性研究报告的结构

由于可行性研究的拟建项目的内容及要求不同，其报告的内容及写法就不完全一样。可行性研究报告都是单独成册上报的。它的格式要素包括：(1) 封面；(2) 摘要；(3) 目录；(4) 图表；(5) 术语表；(6) 前言；(7) 正文；(8) 结论和建议；(9) 参考文献；(10) 附件；等等。其中封面没有固定格式，但是项目名称、报告单位、报告时间等内容不可缺少。摘要、目录、图表、术语表、参考文献、附件等项可根据报告的需要进行选择。

可行性研究报告的结构：标题＋正文＋附件＋落款＋日期。这里主要讲标题、正文、附件、落款与日期。

（一）标题

可行性研究报告的标题主要有以下两种类型：

(1) 事由＋文种，如“关于兴建××食品厂的可行性研究报告”。

(2) 合作单位＋项目名称＋文种，如“××省××公司与××自治区××公司合作生产××的可行性研究报告”。

（二）正文

可行性研究报告的正文是把拟建项目的各种可行性研究成果加以汇总后的论述。

一般把可行性研究报告的写作内容分为 12 项。但由于拟建项目不同，在实际工作中有的写七八项，有的写十余项，有的分项细致，写更多条项，而且条项的排列顺序和写作内容多少也不一样。这里介绍条项的通常写作顺序和大致内容。

1. 总体说明

总体说明又叫总论或基本情况，其写作内容大致包括以下几方面：

（1）企业名称。写拟建企业的称谓，如××电子厂。

（2）企业地址。××市××街××号。

（3）承办单位。××有限公司（若是中外合办，还要写外方承办单位）。

（4）法定代表。××总经理（若是中外合办，还要写外方法定代表）。

（5）技术负责人。写兴建企业技术负责人的姓名和职称，如×××（高级工程师）。

（6）经济负责人。写整个工程收支概算负责人的姓名和职称，如×××（会计师）。

（7）可行性研究负责人。写负责人的姓名和行政职务或技术职称，如×××（××长）。

（8）项目背景、有关文件和可行性研究概况。背景主要写拟建项目是国民经济的有关宏观规划，或部门、地区的有关规划，是应行业发展需要而建；有关文件主要写上级部门批准立项文件的名称、文号、日期和主要意见，以及与外商洽谈的意向书等；可行性研究的概况主要写调查研究情况，以及可行性研究班子人员构成情况和研究情况等。

2. 承办企业情况

承办企业情况主要写承办企业的场地条件、技术设备、生产能力、产品销售、财务收支等状况，以说明承办拟建项目的能力情况。如果是中外合办，还要写明外商所在国别、企业名称、企业所在位置及注册资本、产品在国际市场上的销售情况和竞争能力、企业业务信誉等。

3. 市场预测和生产规模

市场预测，主要是用定性和定量预测法，分析预测未来国内外市场对项目产品供需的数量、项目产品的经济寿命期、市场竞争力等情况。生产规模，主要是写企业的用地面积、主体工程和附属工程的格局范围、年产量等。

4. 物料供应

物料供应，主要写项目所需的各种主要原材料的名称、数量、规格、供应渠道；所用动力、燃料的数量及来源；物料总费用。

5. 技术和设备方案

技术方案，主要是写技术指标的选择。根据国内外技术水平的现实状况和发展趋势，写明项目采用技术的先进程度，以及所采用技术对提高产品数量、质量、性能、经济效益的作用和对培养现代管理人才的意义。设备方案，主要写设备的选样，即设备的名称、型号、规格、费用、性能特征、先进程度、进口国别和以国产设备代替的可能性等。

6. 项目设计方案

项目设计方案主要包括土木工程方案和产品生产方案。土木工程方案，主要写项目主体工程的设计和布局、车间的组织、附属设施和生活设施的安排等。产品生产方案，主要写设备的安装和工艺流程，以及产品的品种、数量、规格、性能、用途、先进程度等。

7. “三废”治理与安全保护

“三废”治理，主要写根据“三废”的种类、成分、数量及其对环境、空气、水质、土壤、动植物、人体的污染和危害情况而提出的治理措施。安全保护，根据项目的具体情况写消防、降温、排除粉尘、降低噪声等方面所采取的措施。

8. 厂址选择

主要写：厂址的地理位置；所在城市的自然条件（气候、地质、地下水位、地面结构）、社会经济条件、交通条件、公用设施条件；征地费用和厂外工程费用等。

9. 企业组织、劳动定员和人员培训

企业组织，主要写企业的权力机构和管理部门的设置；劳动定员，主要写员工的总数和工资待遇；人员培训，主要写国内外的培训计划、达到的要求、所需经费等。

10. 项目实施计划

项目实施计划，主要写项目各个阶段的实施内容和实施时间表。

11. 总投资的估算及资金筹措

（1）固定资产投资，主要写土建工程、生产设备、场地占用及有关的不动产投资等方面的资金估算。

（2）流动资金支出，主要写成本资金和储备资金的支出。成本资金包括原料、燃料、动力消耗、设备折旧、交通运输、广告宣传、员工工资福利等方面的支出估算；储备资金包括制品资金、原料和成品仓储资金、结算资金、货币资金等方面的支出估算。

（3）投产前的费用支出，主要写在组建过程中的各种费用支出估算，如预备性研究支出、差旅费和安装调试费支出等。

（4）资金筹措，主要写企业自有资金、借贷资金（如是中外合办还要写外商投入资金数额、中外投资比例、利润分配比例等）的筹措。

12. 经济分析

（1）财务分析，主要写整个投资估算、产品销售收入估算、盈利额估算。如果是中外合办，还要写外汇平衡分析。

（2）社会效益分析，主要从生产技术水平的提高、人才培养、创收外汇、上缴税收等方面说明对国民经济建设发展的意义。

最后，从资源条件、投资能力、技术水平、市场需求、经济效益等方面加以综合概述，得出该项目可行的结论。

（三）附件

根据可行性研究的项目和内容不同，报告还会附上各种表格、图样和文字材料，如各项投资估算表、企业地理位置图、工艺流程图、上级部门的批复文件等。如果是中外合办项目，还要附外汇平衡表、谈判协议书。

（四）落款与日期

可行性研究报告的落款与日期与行政公文相同。标题中已标明发文单位者，正文之后的落款处不署名，只盖公章即可。

六、可行性研究报告的撰写要求

（一）论述要全面正确

材料必须真实可靠，虚假失实的材料只能得出错误的结论。必须符合特定事物的规律，同时还要符合国家现行的方针政策、法律法规，绝不能掺杂任何偶发性、个别性及侥幸性的因素。

（二）分析要客观科学

可行性研究报告的写作要尊重事实，运用科学方法，使报告凝聚科学的生命力，具有既符合特定事物自身规律又符合国家意志与管理意图的可行性。

（三）重点突出，脉络清楚

必须抓住典型材料、关键依据、重点环节和本质规律来谋篇布局和运笔行文，使决策者把握问题的关键，从而作出正确决策。

例 6－3

中外合资××电子有限公司
可行性研究报告

一、基本概况

（一）合营企业情况

合营企业名称：中外合资××电子有限公司。

法定地址：××市××街××号。

（二）合营各方基本情况

中方：中国××实业总公司，中国注册。

法定地址：××市××区××街××号。

法定代表：×××，职务：总经理（工程师），国籍：中国。

外方：美国××有限公司，美国注册。

法定地址：美国××市××路××号。

法定代表：×××，职务：董事长，国籍：美国。

（三）合营企业投资总额、注册资本、出资比例及出资方式（略）

（四）合营期限及利润分配、亏损分担

合营期限为 20 年，合营期内的盈利和亏损，均按各方出资比例分配利润或承担亏损。

（五）项目建设书的审批文件

合营双方经过充分协商，本着平等互利原则，于××××年×月×日签署了意向书。

上述协议的项目建设书报经××市计划经济委员会，于××××年×月××日以×计××××××号文件批复立项。

（六）可行性研究报告的技术、经济负责人

经济负责人：中国××实业总公司，总经理（工程师）×××。

技术负责人：美国××有限公司，×××。

可行性研究报告咨询编制单位：××会计师事务所。

中国注册会计师：××。

助理人员：×××。

二、生产安排及其依据

（一）产品名称、售价（略）

（二）国内外市场情况（略）

（三）产品产量及内外销比例（略）

三、物料、能源的用量和依据

（一）原料：生产所需原材料及辅助材料在质量和价格上相当或优惠的条件下，优先在国内购买；其余部分，委托外方从国外购买。

（二）动力能源：年生产所需电××万度，水××××吨，煤×××吨，均由中方提供，合营企业有偿使用。

（三）交通运输安排：合营企业购入各种车辆×台，可以完成原料和产品的短途运输。外销产品，用火车或汽车，由大连港离岸。

四、项目地址选择及其依据

（一）设厂地址：××市××区××街××号。此地址交通便利，环境净化程度较高，适宜生产，并能满足上述产品的环境卫生要求。

（二）合营企业占地面积××××万平方米，包括厂房、办公室及附属设施建筑面积××××万平方米。

五、工艺方案和技术设备的选择与依据

由外方负责提供国外先进技术和管理经验，按建厂投资计划加以安排。主要生产设备及其零配件由外方代合营企业选购。该项目工艺技术是美国同类产品现行的工艺，便于操作，保证质量。

六、生产组织安排和工资测算与依据（略）

七、环保、工业卫生和生产安全设施的安排及其依据（略）

八、建设方案和进度安排（略）

九、财务数据与估算（略）

十、项目的企业经济评价（略）

十一、不确定性分析（略）

十二、结论

本项目采用的生产设备和工艺较为先进，原材料、能源供应充足，生产条件较好，产品有销售市场。

在经济效益上，本项目投资少，盈利能力强，回收期较短，资金较为充足，有支付能力，创汇高，合营××年可结余外汇××××万美元。从不确定性分析上看，可承受较大幅度的波动，风险较小。

总之，本项目在技术上、经济上是合理的、可行的。

附件：(略)

项目主办单位：中国××××实业总公司
甲方：
法人代表：××× ××××年×月×日
乙方：
法人代表：××× ××××年×月×日

××××年×月于中国××市

［评析］

这是一篇中外合资兴办×××电子有限公司的可行性研究报告。全文由标题、正文、落款和日期构成。标题由合作单位＋合作项目名称＋文种组成。正文根据兴办该公司的具体情况分为12个方面，以充分的事实和数据作论据，围绕新建该企业的必要性和可行性，进行了有力的分析论证，最后得出中外合资兴办××电子有限公司可行的结论。全文格式规范，内容充实，文字表述清楚顺畅，不失为一篇范文。

第四节 经济活动分析报告

一、经济活动分析报告是调查报告的特殊形式

（一）经济活动分析报告和调查报告的性质、作用有些相似

从一定意义上说，分析报告也要进行调查，这与调查报告有相同之处，也可以说是调查报告的特殊形式。其不同之处是：从内容上看，经济活动分析报告多是根据生产或流通过程中的各项指标、数据，结合具体情况进行分析；而调查报告的内容则广泛得多。从表现形式来看，分析报告是以企业本身表现出来的数据为主要对象，其文字分析离不开数据；而调查报告赖以存在的是事实，它主要通过事实来佐证自己的观点。从时间上看，分析报告除专题分析报告外，多为年度、季度、月度报表资料的文字说明，带有定期性；而调查报告则一般没有定期性。

（二）经济活动分析报告是经济活动分析的结果

企业在生产经营活动中，存在的主要问题是什么？怎么解决？经济活动本身并没有回答这些问题，而是撰写人通过对大量资料加以分析而在报告中予以回答。因此，撰写经济活动分析报告的过程，就是人们对经济活动由感性认识上升到理性认识的飞跃。

二、经济活动分析报告的作用

经济活动分析报告是经济活动分析的书面载体。它是以本企业、本部门为研究对象，

以经济理论为指导，根据计划指标、会计核算、统计资料和调查研究获得的资料，对某一部门、某一单位的经济活动（生产、成本、财务活动等）状况，进行系统的分析对比，给以正确的评价，借以指导下一步的生产和工作，改进经营管理，充分挖掘一切潜力，以便取得最大经济效益的一种书面材料。经济活动分析报告是现代经济管理过程中经常运用的应用文体，是认识经济规律的主要范文，是加强经济管理的重要方法，是提高经济效益的有效措施。

三、经济活动分析报告的特点

（一）系统性

整个社会经济活动是一个紧密联系、互相配合的大系统。任何一个企业或部门都是大系统中的一个局部，而这个局部的每一项经济技术指标，既受内部各种因素的制约，又受外部各种条件的影响。

（二）综合性

经济活动分析报告的关键在于分析，分析是各种调查活动和数据计算的继续与深化。仅掌握一批数据和材料，还不能说明企业经营的全貌和当前的主要问题。企业的经营活动是一个复杂的矛盾统一体，因此，既要把有联系的各个主要指标进行分析解剖，又要将各个因素和各个不同侧面联系起来做综合性的分析研究，这样才能从多种矛盾中找出主要矛盾，在各种表面现象后面找到隐藏着的本质问题，并找出它们存在的原因和发展规律。

（三）定量性

经济活动分析从本质上说，是定量分析而不是定性分析。任何产品，都有一定量的规律性。分析报告不能使用模糊概念，必须用数字说话，不能离开数字而简单、轻易地得出结论。

（四）对比性

先进与落后、节约与浪费，只有通过比较才能确定。经济活动分析报告中绝大多数数据、材料都是在比较中存在的，因此，对比性是它的主要特征之一。

（五）准确性

准确是经济活动分析报告的生命。经济活动分析报告主要是算账，算经济账，算盈亏账，在算账中进行分析。因此，经济活动分析报告必须准确，才能权衡利弊，找出成败原因，制定出获取最大经济效益的最佳对策。

四、经济活动分析报告的分类

经济活动分析报告可按分析的目的和内容分为下述几类。

（一）全面分析报告

全面分析报告又称综合报告，是把一个部门或一个单位在一定时期内的经济活动作为一个整体，根据该部门完成主要经济指标以及经营管理的全面情况，进行系统的综合分析研究后提出的书面报告。全面分析报告着重从生产、经营中带有普遍性、关键性的问题来考虑经济活动的结果，如商业、财政部门对资金、费用、利润效益等的全面分析，统计部门对计划指标完成情况的全面分析，财政部门对预算收支完成情况的分析等。它通过系统的总结分析，可以全面地揭示生产、经营过程中各方面的问题和可能发掘的潜力，为全面改进企业管理指明方向。

（二）部门分析报告

部门分析报告通常是指有关的职能部门或人员，结合其本身业务活动，对其所掌握的经济指标进行分析，将得出的分析结果所写成的书面材料。按分析的目的和内容划分，有生产部门分析生产指标的完成情况的报告、财务部门进行财务成本分析的报告；按分析的时间划分，有定期分析报告和期终分析报告；按分析的范围划分，有工业经济活动分析报告如成本、利润、销售报告，商业经济活动分析报告如财务、库存、市场动态报告和农业经济活动分析报告；按参加分析的人员划分，有专业性分析报告和群众性分析报告；按写法划分，有文章式报告和表格式报告。

（三）专题分析报告

专题分析报告是根据企业生产、经营需要，对某些重要问题或关键性问题进行专门的、重点的调查、研究、分析后写成的书面材料。目的是对这些问题及时采取措施加以改进。例如，在清仓查库中对库存质量的分析、发生亏损时对亏损原因的分析等。专题分析报告内容集中单一、一事一题，分析问题较深远，反映问题及时迅速，形式比较灵活。专题分析报告是及时发现或解决生产经营管理过程中薄弱环节的一种重要手段。常用的专题分析报告有下述几种。

1. 市场供需动态分析报告

该报告是通过迅速把握、运用各种信息和资料，及时了解市场动态和分析市场动态变化的文书材料。

2. 消费倾向分析报告

任何事物或现象在某一时期内都有一定的倾向性和发展趋势，消费同样存在一定的倾向性。消费者的需求尽管千变万化、多种多样，但有它的规律性。因为消费者购买商品往往是有定向心理的。所谓定向心理，就是因职业不同、年龄不同、经济条件不同而形成的，或在某种情况下形成的各种普遍的印象或购买动机。消费倾向分析报告正是以此类现象作为研究对象和写作内容的文字材料。它既能为企业作出经营决策提供依据，又对企业选择经营适销对路的商品，满足消费需求，取得最佳经济效益，具有重要的作用。

3. 消费结构分析报告

该报告是指对消费者购买力投向进行分析的文字材料，它实质上是对各类消费支出在消费总额中的比重的分析。它可分为宏观消费结构分析报告和微观消费结构分析报告两大类：宏观消费结构分析报告是对一个国家或一个地区的消费结构进行分析；微观消费结构分析报告是对单个消费者或单个家庭的消费进行分析。

4. 商品经营特点分析报告

商品经营特点分析报告是对商品经营的规律性进行探讨和研究的文书材料，是促进商业经济活动开展的重要基础性文书材料。

5. 商品购销活动分析报告

商业企业在商品经营活动中，总是从商品购进开始，而以商品销售告终。商品购进，既为商品销售、调运和储存业务经营提供物质基础，又使生产企业的产品能够实现从商品到货币的转化，为再生产提供前提；同时，它还能使商业企业掌握货源，为销售提供物质基础。

五、经济活动分析报告的写法

（一）写前准备工作

1. 制订分析计划，明确分析目的和要求

根据分析目的和要求，制订一个简单易行的计划或提纲，进而依照它有目的地收集和使用各种分析资料，以便有步骤地开展分析工作。分析计划或提纲的内容一般包括：分析的目的、内容和要求，分析的时间和地点，以及组织分工等。这样可使分析工作有计划地进行，有利于达到预期目的。

2. 收集资料，掌握数据

进行经济活动分析，必须从生产经营的客观实际出发，对所分析的问题做周密的了解。这就要求做好数据资料和情况的收集整理工作。只有在占有大量准确资料的基础上，才能进行分析工作。可供分析的资料包括：

（1）计划资料。它反映经济活动各个方面的计划指标，以及实现这些指标所应采取的措施。

（2）统计资料。它是对计划指标实际执行情况的统计，反映企业或部门完成各项任务的具体情况。

（3）会计核算资料。它反映企业或部门的资金、成本、利润等任务完成情况。

（4）其他资料。除上述资料外，还要利用一些除报表之外的资料和原始记录，以及有关生产技术方面的资料等。为了便于对比分析，还要收集有关定额资料、上年同期资料、历史上最高水平的资料、同类型先进单位的资料等。对收集的资料要进行必要的审查、核对，以确保其准确性。

3. 计算经济效果，进行分析研究

在掌握足够资料的基础上，要对研究的问题，计算经济效果和各项经济指标的计划完成情况，从中反映出经营成果。有的指标，其经济效果是相对的，如产量高，成本也高，经济上就不一定效果好；劳动生产效率高，并不一定能增加收入或降低成本。有的指标，其经济效果是绝对的，例如，流动资金周转快就一定节约资金，周转慢就一定浪费资金；

单位成本降低就是节约，单位成本提高就是浪费；利润多总比利润少好；如果亏损，则明显地表示企业经营不好。

（二）常用的分析方法

经济活动分析报告中常用的分析方法有以下几种。

1. 对比分析法

又称比较法、指标对比分析法。分析报告把在同一基础上（时间、内容、项目、条件）的可比数字材料进行对比，用以说明和反映两个事物之间的内在联系和差距，并分析其原因，提出改进措施。

2. 因素分析法

通过对各种数据资料的比较分析，找出差距、揭露矛盾，接着就要借助因素分析法研究与探索形成差距和矛盾的原因。

3. 动态分析法

通过动态分析可以看出经济活动的规律。

4. 综合分析法

对各种数据进行综合考虑，防止片面追求单项指标。

（三）经济活动分析报告的结构

1. 标题

分析报告的标题因分析的内容和目的不同而有所区别，大体分三种情况：

（1）既显示明确的时间概念，又反映报告的内容。这一类报告多是时间性较强、带有全面分析性质的报告，如“××厂2018年上半年产品质量分析报告”“2018年度××厂产品销售利润分析”等。

（2）不显示时间概念，突出所分析的问题和事项。这种标题多用于专题分析报告，如“关于××公司职工文化素质的分析”。这种报告虽然在标题中没有说明时间，但在正文中必须加以明确，否则难以说明问题。

（3）在主标题中突出分析的问题，不显示时间概念，而在副标题中把时间反映出来。如“质量稳定提高，问题仍然不少——对××公司××××年度产品质量的分析”，主标题是“质量稳定提高，问题仍然不少”，副标题是“对××公司××××年度产品质量的分析”。

2. 导语

一般来说，导语部分要介绍基本情况，围绕分析的问题把所调查到的资料、数字如实地反映出来，使人一目了然。

3. 正文

这是分析报告的核心部分。企业在生产经营活动中取得了哪些成绩、有什么经验、主要问题是什么，都要在这部分给予客观、明确的回答。

简要分析报告，一般是抓住一两个重点问题或几个主要经济指标展开分析；专题分析报告则要紧紧围绕与专题有关的几个主要因素进行分析；全面分析报告，是对各项主要的经济技术指标逐项地加以分析。

一份分析报告是否以分析成绩为主，要由分析的目的来确定。不论是哪一种分析报告，在这一部分都要得出一个基本评价。

4. 结尾

分析的目的是解决问题。这部分主要是针对分析中值得肯定的经验和找到的问题提出恰当的建议和措施。

5. 落款与日期

经济活动分析报告的日期指报告的形成日期。

六、经济活动分析报告的撰写要求

（一）从方针政策高度来分析

经济活动对一个企业来说，是本企业的全部生产经营活动，因此在进行分析时，一定要按国家的经济方针、经济政策和计划，把经济活动中反映出的问题搞清楚、弄明白；必须站在方针、政策高度，透过现象看到事物的本质，抓住有利因素，因势利导，实事求是地把问题解决好。

（二）明确分析的对象

写作经济活动分析报告，必须明确分析对象。例如，是分析产品生产完不成计划的原因，还是分析产品质量不好的原因；是分析产品成本为什么升高，还是分析企业利润为什么下降等。只有明确了分析对象，才能把问题写得突出、明确。

（三）注意符合经济活动的客观规律

经济活动分析应以遵循客观经济规律为基本点。对经济活动不但要注意宏观分析，也要注意微观分析；既要进行纵向分析，也要进行横向分析；在注意前期分析的同时，还要注意预期分析。

常识点滴

宏观分析是以整个国民经济作为考察对象，是对一个国家或地区经济现象的总量进行的考察与分析。微观分析是以某个经济单位作为考察对象，是对一个企业或一个部门的经济活动的个量进行的考察与分析。

经济管理部门一般在侧重于对各个经济环节中的经济活动进行宏观分析的同时，也进行微观分析。企业则一般侧重的是对本单位的经济活动的微观分析，但同时也不能不分析宏观经济活动中各种因素对本企业经济活动的影响。企业之间的活动构成经济活动的横向联系，国家的宏观调控构成经济关系中的纵向联系。如果在横向或纵向联系中产生不协调、不平衡因素，就会使经济发展背离经济活动的规律。因此，在写作经济活动分析报告时，应对此予以特别重视。

（四）抓主要矛盾，解决重点问题

经济问题较为复杂，因而要求把复杂问题加以具体分析，找出关键性的问题，抓住主要矛盾，解决突出的重点问题，以点带面地指导全面工作，切忌面面俱到，什么都想抓，结果什么也没抓住，解决不了任何问题。

（五）死资料和活资料相结合

经济活动分析报告要言之有理，就必须内容充实、材料全面。资料有死活之分，死资料来自计划、报表凭证、账表及其他书面材料，活资料来自实地调查研究，两者不可偏废。只有把这两方面的材料合起来研究，才可望发挥经济活动分析报告应有的作用。

（六）叙述要简要，说明要清楚，分析判断要准确

叙述情况要简明扼要，不可拖泥带水，分不清主次；说明问题要条理分明，纲目清楚；分析判断时要切中要害，推理要合乎事物的发展规律，不可主观臆断，想当然地处理问题。

总之，要写好经济活动分析报告，必须着重分析，既要有数据，又要有情况，并能为分析提供可靠的数据和论据，这样才能增强分析报告的说服力。

本章小结

本章讲述了商情调研文书中的市场调查报告、市场预测报告、可行性研究报告和经济活动分析报告，介绍了这四种报告的概念、作用、特点和写法。学习者要重点掌握它们的结构及写法。

重要概念

1. 市场调查报告：用市场调查的方法收集资料，整理、分析调查所得的资料，研究并解决企业在市场销售中存在的问题，有针对性地找出正确可行的措施，最后用文字形式表述的书面材料。

2. 市场预测报告：在市场调查的基础上，通过对信息资料的分析研究，运用科学的方法，预测市场今后一段时间内一定范围的市场供需状况和发展趋势，进而形成的书面材料。

3. 可行性研究报告：在调查研究的基础上，分析论证某个建设项目或改造工程是否切实可行而写出的一种书面材料。

4. 经济活动分析报告：企业和经营管理部门在对经济运行情况进行全面分析的基础上形成的文字材料。

思考题

1. 市场调查报告是如何分类的？
2. 市场调查报告与市场预测报告的区别是什么？
3. 可行性研究报告的写作要求包括哪些方面？可行性研究的步骤有哪些？

4. 经济活动分析方法有哪几种？如何掌握各种不同的分析法？

5. 经济活动分析报告具有哪些作用？

能力检测题

1. 公司总经理想在某海滨城市投资兴建一座养老院，责成你完成可行性研究，你将从哪些方面着手去做？

2. 指出下面报告中存在的问题并说明理由。

可行性研究报告

我公司下属玩具公司与香港××实业有限公司按照《中华人民共和国中外合资经营企业法》有关规定，经过友好协商拟成立中外合作经营广州中达实业有限公司，公司地址在广州市××路××号玩具公司所属的中达玩具厂，生产塑料、电动玩具。

现将合作各方基本情况及经济效益等可行性研究报告如下：

一、合作形式与条件

由我方提供厂房、人员辅助设施，对方提供订单、资金、设备、技术等，各方折算投资比例，各方不共同担负盈亏，而是按各自向公司提供的条件进行经营，确定收益分享办法，各自承担风险。对方带入的设备属对方，合作期满其设备可运出境或报请有关部门批准处理。

我方目前提供现成厂房 2 000 平方米（随着生产加工业务的发展可逐年增加），员工宿舍 4 000 平方米及食堂配套设施。

对方已提供塑料机等 200 台套，价值 1 700 万港元，已投入生产，以后继续提供价值达 1 000 万港元的设备。

二、生产规模、生产品种及市场销售情况

目前中达玩具厂为玩具行业中的小规模工厂，2013 年总产值在 6 000 万港元左右，在 5 年内年产值达 2 亿港元，净创汇每年 2 000 万港元。

目前主要生产的品种为塑胶路轨赛车和其他塑胶玩具，今年产值预计为 5 000 万～6 000 万港元。上述品种绝大部分销往美国的××公司。××实业有限公司已生产出口此品种 10 多年，生产数量逐年增加，美国××公司除由香港××公司供货外，还在我国台湾地区和韩国等地设厂生产。鉴于这两地生活水平高、生产费用高，与我方合作经营后××实业有限公司在台湾地区和韩国的产品将分期分批转移到广州来。今年××公司总裁到广州实地考察，认为中达玩具厂已经生产其品种一年多，交货期准确，质量符合要求，具有一定管理水平和发展前途，故决心与我方长期合作经营。

三、合作时间

现定为 10 年，分两步走，第一步从 2013—2018 年，第二步按规划总产值及规模届时另定。

四、经济可行性分析

合作公司的注册资本为 1 500 万～3 000 万港元，资本由对方提供。主要资本为美国××公司出资，××公司是美国玩具大进口商之一。在设备上××公司已提供大部分，由我方提供之厂房（中达玩具厂）现已达 2 000 多平方米，人员达 700 多人，中达玩具厂与

××公司合作1年，生产已上轨道，年产值已达5 000万～6 000万港元，净创汇港币已达500万～600万港元，因此，今后5年内逐步扩展，每年收益逐步扩大至1 000万～2 000万港元完全有可能。按照合同规定，收益分配办法为：

1. 我方收取供合作公司在中国境内雇请的工人和雇员每月以港币结算工资的60%，10%为我方收益。

2. 我方收取提供合作公司使用的厂房、土地和辅助房屋（饭店、宿舍除外）的建筑维修费和土地使用费，以港币结算。

3. 我方不再从合作公司的销售额中提取收益，也不负责合作公司的亏损。

以上1、2、3点对我方均无经济亏损之承担，且按照国际惯例双方签订合同，明确了合作各方的权、责、利，有法律保障和依据，中达玩具厂又有一年多的生产经验，深信在今后5年内必定能够实现比合作前产值翻三番的目标。

第七章 通用公文的撰写

阅读提示

通用公文是指党政机关、企事业单位、公共团体在日常行政管理与公务处理过程中频繁产生和广泛使用的公文。本章具体介绍决定、批复、通知、通报、请示、报告、函、会议纪要等文种的撰写方法与技能，为商务秘书履行“以文辅政”职责提供参考。

第一节 决定、批复

一、决定

（一）决定的应用范围

决定是党政机关、社会团体、企事业单位对重要事项或重大行动作出决策和安排时制发的具有强制力与约束力的一种领导指导性和决策性公文。

决定的应用范围相当广泛，既可以用于宣布党和国家在某一时期、某一方面采取的重大决策，以及对某一领域或某一方面的工作作出政策性或法规性的规定，又可以用于宣告重要事项及其处理结果，还可以用于贯彻上级指示精神，安排重要工作，宣布有关机构设置及人事安排的重大决断，以及用于撤销下级机关不适当的决定和重要事件后的表彰奖励、批评惩处等事项。

（二）决定的特征

1. 指挥性

决定的内容一般是经重要会议或领导班子研究通过后，对下级机关或某一方面的工作提出的重要指导性意见，以及确定的要求下级单位依照执行的具体措施及实施方案。它具有比较强的指示方向的作用。

2. 权威性

决定一经作出，在所属下级工作中或所辖系统内具有强制约束力，受文单位包括个人必须严格执行。

3. 单纯性

决定的内容要符合一文一事的要求，以便贯彻执行，不能杂陈多种事项。

4. 决断性

“决”就是拿主意、拍板，“定”就是不能再改变，从中可以看出决定的决断色彩很浓。发文机关根据有关方针政策以及形势需要，在法定的范围内，有权对有关事项、问题、行动作出决策和安排，不受其他因素、条件的限制。

（三）决定的分类

按照内容和用途，决定可以分为下述类别。

1. 法规性决定

由国家权力机关或具有相应职权的政府机关制定、修订和发布施行的法规性文件。

2. 政策性决定

用来对某些重要问题作出政策交代、政策引导，或直接规定重大方针政策，对全局工作具有重要而深远影响的文件。

3. 批准性决定

用于国家机关批准或修订某些具有立法意义的文件。

4. 部署性决定

用于部署重要工作的文件。

5. 知照性决定

这类决定不要求收文机关办事，只需知晓、了解有关事项。有时只是告知公众将要采取的重大行政或经济措施。

6. 奖惩性决定

用于对重要人物、单位、事件的褒奖或惩处事项。

（四）决定的结构形式与写作方法

从总体上看，决定一般由标题、主送机关、正文、落款等部分组成。有的重大决定是在会议上讨论通过的，需要在标题之下以“题注”形式注明通过决定的会议名称和通过的日期，正文写完后，结尾不再有落款部分。

1. 标题

决定的标题一般有两种构成形式：一种是由“事由＋文种”构成，如“关于严惩严重危害社会治安的犯罪分子的决定”；另一种是由“发文机关＋事由＋文种”构成，如“国务院关于进一步推进相对集中行政处罚权工作的决定”。

2. 主送机关

针对下级单位的决定要概括写明受文机关名称，例如《国务院关于进一步推进相对集中行政处罚权工作的决定》的主送机关是“各省、自治区、直辖市人民政府，国务院各部委、各直属机构”；没有特定受文对象的决定，则无须写主送机关。

3. 正文

决定的正文有基本型、直叙型、三段型三种结构形式。

(1) 基本型。

由“原因＋决定事项”两大部分构成。即首先简要说明决定的原因、目的或根据，然后具体阐明决定的内容。可以着重从行文目的写起，例如“为了加强对城镇待业人员的管理，决定……”；也可以着重从根据写起，例如“根据省人民政府第十八次常务会议研究，决定……”。凡是内容较少的决定，可以紧接在原因之后写出决定事项。奖惩性决定大都采用这种结构形式，有前后两个部分，基本属于因果关系。对内容较多的决定，为了确保条理清楚以便阅读和执行，应当采用分条列项的方法阐明决定事项。

(2) 直叙型。

采用起笔入题的方法，直接阐明决定事项。例如：“交通运输部决定对《中华人民共和国海事行政许可条件规定》(交通运输部令 2016 年第 73 号) 作如下修改：一、删去第十六条、第二十条、第二十一条。二、删去第二十七条中的‘引航员’。条文序号作相应调整。本决定自 2017 年 5 月 23 日起施行。”

直叙型写法较多地应用在各类法律规章的修改过程，主要用来公布修改结果。

(3) 三段型。

由“原因＋决定事项＋号召”三个部分构成。第一部分写决定的原因、依据和目的，要写得简明扼要、紧扣主题。第二部分展开阐述决定内容，其写法类似基本型。内容较复杂的篇幅较长的决定，一般采用分条列项的表达方式，将指导思想、政策界限、任务要求、采取措施、方法步骤等内容，或以并列方式，或以层递方式，进行逐层说明，要写得明确具体、富有逻辑性。第三部分集中提出希望、号召或实施要求。政策性决定和部署性决定大都采用三段型的结构方式。

以上三种正文结构形式只是基本的应用形式，在实际写作中，正文到底如何安排，应视表现主旨的具体需要而定，没有千篇一律的模式。

4. 落款

一般在决定的落款处注明发文机关与成文日期。经会议讨论通过的决定，发文机关和成文日期采用“题注”的形式，在公文标题之下的括号内标明。

（五）几种决定类型的写作示例及写作方法分析

1. 部署性决定

例 7-1

中共中央关于认真学习宣传贯彻党的十九大精神的决定

（2017 年 11 月 1 日）

为深入学习宣传贯彻党的十九大精神，把全党全国各族人民的思想统一到党的十九大精神上来，把力量凝聚到党的十九大确定的各项任务上来，作出如下决定。

一、充分认识学习宣传贯彻党的十九大精神的重大意义

中国共产党第十九次全国代表大会于 10 月 18 日至 24 日在北京举行。这是在全面建成小康社会决胜阶段、中国特色社会主义进入新时代的关键时期召开的一次十分重要的大会。大会高举中国特色社会主义伟大旗帜，以马克思列宁主义、毛泽东思想、邓小平理论、“三个代表”重要思想、科学发展观、习近平新时代中国特色社会主义思想为指导，分析了国际国内形势发展变化，回顾和总结了过去 5 年的工作和历史性变革，作出了中国特色社会主义进入了新时代、我国社会主要矛盾已经转化为人民日益增长的美好生活需要和不平衡不充分的发展之间的矛盾等重大政治论断，深刻阐述了新时代中国共产党的历史使命，确立了习近平新时代中国特色社会主义思想的历史地位，提出了新时代坚持和发展中国特色社会主义的基本方略，确定了决胜全面建成小康社会、开启全面建设社会主义现代化国家新征程的目标，对新时代推进中国特色社会主义伟大事业和党的建设新的伟大工程作出了全面部署。大会批准了习近平同志代表十八届中央委员会所作的《决胜全面建成小康社会，夺取新时代中国特色社会主义伟大胜利》的报告，批准了中央纪律检查委员会的工作报告，审议通过了《中国共产党章程（修正案）》，选举产生了新一届中央委员会和中央纪律检查委员会。

…………

二、全面准确学习领会党的十九大精神

学习领会党的十九大精神，必须坚持全面准确，坚持读原著、学原文、悟原理，做到学深悟透。要认真研读党的十九大报告和党章，学习习近平总书记在党的十九届一中全会上的重要讲话精神，着重把握以下几个方面。

1. 深刻领会党的十九大的主题。（略）

…………

10. 深刻领会坚定不移全面从严治党的重大部署。（略）

三、认真做好党的十九大精神的学习宣传

学习宣传党的十九大精神，既要整体把握、全面系统，又要突出重点、抓住关键，把着力点聚焦到习近平新时代中国特色社会主义思想是党必须长期坚持的指导思想上，聚焦到 5 年来党和国家事业取得历史性成就和发生历史性变革上，聚焦到作出中国特色社会主义进入了新时代、我国社会主要矛盾已经转化为人民日益增长的美好生活需要和不平衡不充分的发展之间的矛盾等重大政治论断的深远影响上，聚焦到贯彻落实党的十九大的重大决策部署上，聚焦到以习近平同志为核心的新一届中央领导集体是深受全党全国各族人民拥护和信赖的领导集体上，聚焦到习近平总书记是全党拥护、人民爱戴、当之无愧的党的

领袖上。

1. 切实抓好学习培训。(略)

…………

4. 认真组织研究阐释。(略)

四、弘扬理论联系实际的学风，切实提高解决问题、推动发展的能力

学习宣传贯彻党的十九大精神，要立足我国改革发展、党的建设的实际，大力弘扬马克思主义学风，把党的十九大精神落实到经济社会发展各方面，体现到做好今年各项工作和安排好明年工作之中。

1. 全面加强党的领导。(略)

2. 切实推动改革发展。(略)

3. 坚定不移全面从严治党。(略)

五、切实加强组织领导

学习宣传贯彻党的十九大精神，是全党全国当前和今后一个时期的首要政治任务。各级党委（党组）要把学习宣传贯彻党的十九大精神摆上重要议事日程，切实加强组织领导。

1. 切实负起领导责任。(略)

2. 牢牢把握正确导向。(略)

3. 着力增强吸引力感染力。(略)

各地区各部门要及时将学习宣传贯彻党的十九大精神的情况报告党中央。

［评析］

导语部分用三句话揭示行文目的，简洁明快，直切主题；主体部分采用递进式逻辑结构，围绕学习宣传贯彻十九大精神这个主题，分列五个标题阐述决定内容，这五个标题可以概括为三大方面：第一标题即第一个方面，主要写了“为什么学习”；第二标题即第二个方面，主要写了“学习什么”；第三、四、五标题即第三个方面，主要内容是写“怎样学习”。决定的结尾部分提出发文要求，与开头紧密呼应。

关于“为什么学习”包含三个层次：首先指出十九大的历史地位及深远影响；其次说明十九大报告的重大贡献与指导意义；最后提出学习贯彻十九大精神的重大意义。这样安排层次，是因为要学习贯彻十九大精神，先要介绍十九大的地位与影响；有了这个前提，再提十九大报告就更加顺理成章；认识了十九大和十九大报告的历史地位与深远影响，才算比较全面理解了学习宣传贯彻十九大的意义。

关于“学习什么”，在表达上高度精练，运用段旨撮要的方式，将丰富博大的十九大精神分别用10个“深刻领会……”的排比句式给予提炼概括，既便于读者准确把握十九大精神，又突显了行文的严密紧凑。

关于“怎样学习”，即第三、四、五标题涵盖的内容，是围绕学习宣传贯彻十九大精神的明确要求作出决定，集中体现了部署性决定的重大指导意义。分别从学习宣传的形式、紧密联系实际、加强组织领导三个层面展开说明，体现了要求严肃、措施周密、逻辑严密、语言精准的特点。

综上所述，这篇部署性决定主题思想鲜明，内容丰富饱满，语言表达规范，结构完整合理，逻辑严谨周密，堪称部署性决定的典范之作，有诸多优点，值得很好地学习、领悟

和效法。

2. 褒奖性决定

例 7－2

国务院关于 2017 年度国家科学技术奖励的决定

国发〔2018〕2 号

各省、自治区、直辖市人民政府，国务院各部委、各直属机构：

为全面贯彻党的十九大精神，深入贯彻落实习近平新时代中国特色社会主义思想，坚定实施科教兴国战略、人才强国战略和创新驱动发展战略，国务院决定，对为我国科学技术进步、经济社会发展、国防现代化建设作出突出贡献的科学技术人员和组织给予奖励。

根据《国家科学技术奖励条例》的规定，经国家科学技术奖励评审委员会评审、国家科学技术奖励委员会审定和科技部审核，国务院批准并报请国家主席习近平签署，授予王泽山院士、侯云德院士国家最高科学技术奖；国务院批准，授予“水稻高产优质性状形成的分子机理及品种设计”等 2 项成果国家自然科学奖一等奖，授予“华北克拉通破坏”等 33 项成果国家自然科学奖二等奖，授予“燃煤机组超低排放关键技术研发及应用”等 4 项成果国家技术发明奖一等奖，授予“水稻精量穴直播技术与机具”等 62 项成果国家技术发明奖二等奖，授予“特高压±800kV 直流输电工程”等 3 项成果国家科学技术进步奖特等奖，授予“涪陵大型海相页岩气田高效勘探开发”等 21 项成果国家科学技术进步奖一等奖，授予“多抗广适高产稳产小麦新品种山农 20 及其选育技术”等 146 项成果国家科学技术进步奖二等奖，授予厄尔·沃德·普拉默教授等 7 名外国专家中华人民共和国国际科学技术合作奖。

全国科学技术工作者要向王泽山院士、侯云德院士及全体获奖者学习，不忘初心、牢记使命，继续发扬求真务实、勇于创新的科学精神和服务国家、造福人民的优良传统，主动担当起建设世界科技强国的历史重任，深入实施创新驱动发展战略，坚定不移走中国特色自主创新道路，加快建设创新型国家，为决胜全面建成小康社会、夺取新时代中国特色社会主义伟大胜利、实现“两个一百年”奋斗目标和中华民族伟大复兴的中国梦作出新的更大贡献。

中华人民共和国国务院

2018 年 1 月 1 日

［评析］

上文是在 2018 年 1 月 8 日召开的国家科学技术奖励大会上，由国务院领导同志宣读的褒奖性决定。与表彰性通报相比，褒奖性决定规格更高、影响力更大。

此文采用“三段型”写法，整体分为三个层次：

第一层次简要说明行文目的，使读者明确为什么要作出此项决定，这是这种行文的常规写法。

第二层次重点说明决定褒奖的事项。按照常规来说，表彰奖励先进人物时，应当叙述先进事迹。但是此文几乎没有提到获奖人员的具体事迹，只是有重点地列举获奖项目名称。之所以如此，主要有以下原因：

一是重大科技成果有一个艰苦漫长的科研攻关过程，获奖者都有着极不平凡且感人至深的钻研与奋斗经历。他们的事迹很难在一篇公文所允许的篇幅中叙述清楚，而且有些事迹在其他场合或媒体已有过比较详细的报道。

二是获奖者的研究工作大都是科学和技术领域极其专深或尖端的内容，叙述获奖者的事迹离不开叙述这些科技问题，对一般读者来说可能较难理解，而且有些内容属于严格保密范畴，不允许在奖励性决定中反映。

三是此文重点在于让国人甚至全世界知道，中国政府表彰了哪些科学家、是什么成果获奖，而不是为了让人们详细了解他们的科研活动和科研过程。

鉴于上述原因，此文没有叙述获奖者的具体事迹。这是此类决定比较适宜的表达形式。

第三层次向全国科技工作者发出学习先进的号召，坚定不移走中国特色自主创新道路，加快建设创新型国家，努力创造更加辉煌的科技成就，为决胜全面建成小康社会、夺取新时代中国特色社会主义伟大胜利、实现“两个一百年”奋斗目标和中华民族伟大复兴的中国梦作出新的更大贡献。这也是制发决定的重要目的。

（六）决定的撰写要求

（1）决定内容必须体现党和国家的有关方针政策与现行法律法规精神，并与上级有关规定保持一致；要考虑决定产生的长久影响。为此，撰写决定时要认真学习领会有关的政策法规精神，务求决定中所提出的各项原则与措施要求观点正确、是非清楚、政策界限清楚。

（2）决定重在对重大事项作出规范与部署，所以原因部分要写得简明扼要。有的是写法律根据，则引用法律条文要非常准确，不能有丝毫偏差；有的是写决定理由，就要将理由讲得透彻、明了；有的根据形势发展需要作出决定，原因部分就要讲清形势，阐明意义；当写某个会议作出的决定时，要确定这个会议有权力作出此项决定。

（3）决定事项是正文的主体，是决定的核心与实质性内容，撰写时必须紧紧围绕发文主旨和中心议题。决定事项有的很简短，只是一两句话；有的事项较多，必须分条说明。有的决定内容理论性、政策性、规定性很强，就一定要实事求是，符合客观实际，所制定的政策措施要经得起实践检验，具有针对性和可行性。为此，对决定中涉及的具体人或事，要进行仔细的调查研究，核实材料，确保真实准确。有的条文不是为了阐明某个理论或政策，而是要讲“做什么”和“怎样做”，那么就要将这两点写清楚、写具体、写准确。

（4）撰写决定，一定要注意到政策的连续性。新的决定应该是过去同类文件的继续和发展，要能够对各项事业的进步等起到推动作用。

（5）决定事关重大、影响长远，所以必须注意结构严谨，文字准确，避免歧义。

二、批复

（一）批复的特点

批复是用来答复下级机关的请示事项的，属于下行文种，它具有下述几个特点。

1. 针对性

批复是领导机关专门针对下级机关请示事项而写的回复性文件。领导机关既可以肯定下级机关的请示事项，亦可以否定下级机关的请示事项，但是，无论如何都必须紧紧围绕请示事项行文。

2. 指示性

批复的内容反映了领导机关的指示性意见，具有较强的约束力，下级机关必须遵照执行。

3. 结论性

批复具有一锤定音的性质。它的内容相当于对下级请示事项的结论性意见，因此，它只发给提出请示的单位。只有当所答复的问题具有普遍性或涉及其他单位时，才转发有关单位。它不像其他公文那样有着广泛的适用范围。

4. 简明性

批复的行文简明扼要，用语精练简洁，语气肯定明确。

(二) 批复的结构形式

1. 标题

标题需写明发文机关、发文事由、文种，例如："中共中央国务院关于对《北京城市总体规划（2016 年—2035 年）》的批复"。

2. 主送机关

写明请示单位的具体名称，即谁请示就批复给谁。

3. 正文

正文是批复的主体和核心部分，其写法应视批复的实际情况而定，但是有基本固定的格式可以借鉴。一般来说可按照以下三个部分安排：

（1）引据。

即正文的开头部分。往往只用一句话说明是应什么机关的什么请示而批复。通常引用下级机关的来文日期、标题和文号。例如："你局 2017 年 10 月 28 日《关于加强和完善军队转业干部培训工作的请示》(××人发〔2017〕32 号）收悉。"这是为了增强批复的针对性。

（2）批复意见。

即批复的主体内容。要针对请示事项明确表态，予以答复。一般用"经研究，现批复如下"引出具体的批复意见。对所批复的事项，通常是逐项逐点列出说明。要开门见山，态度明朗，所提意见、做法等要切实可行，符合党和国家的政策法规。如果撰写否定性批复，要以慎重负责的态度，明示否定的理由。

（3）批复结语。

可以使用"特此批复""此复"等结语，也可写明希望或要求，如"请遵照执行"等，以此来增强批复正文的严谨性。当然，也可不使用批复结尾，将批复事项或问题写完即可。

4. 落款部分

在正文之后的右下角加盖发文机关印章，标明具体的发文日期。

(三)批复的类型及其写法

按照批复内容的表达方式，可分为表态性批复、阐发性批复、解答性批复。按照批复意见的不同性质，可分为肯定性批复、否定性批复。

1. 表态性批复

对下级机关请示事项作出明确表态，表明“经过研究，批准（或同意）……”。这主要用于肯定性批复。除了表明批准或同意的态度外，表态性批复不需要再提出指示性意见和要求。

例 7-3

国务院关于同意设立“中国品牌日”的批复

国函〔2017〕51号

国家发展改革委：

你委《关于设立“中国品牌日”的请示》（发改产业〔2016〕2484号）收悉。同意自2017年起，将每年5月10日设立为“中国品牌日”。具体工作由你委商有关部门组织实施。

国务院

2017年4月24日

［评析］

表态性批复的核心内容是对下级请示事项明确表态，表明“经研究，同意（或批准）……”即可。这主要用于肯定性批复。

上述表态性批复，从标题的事由部分到正文主体内容，突出了同意设立“中国品牌日”的请求，态度肯定明朗。由于批复事宜得到圆满解决，正文就不需要再多用笔墨。

2. 阐发性批复

在对下级机关请示事项作出明确表态之后，还要针对批复所涉及的事项或问题给予进一步的指示或明确规定。这种批复的指示性或指导性更强。

例 7-4

国务院关于关中平原城市群发展规划的批复

国函〔2018〕6号

陕西、山西、甘肃省人民政府，国家发展改革委、住房城乡建设部：

国家发展改革委《关于报送关中平原城市群发展规划（送审稿）的请示》（发改规划〔2017〕2033号）收悉。现批复如下：

一、原则同意《关中平原城市群发展规划》（以下简称《规划》），请认真组织实施。

二、《规划》实施要全面贯彻党的十九大精神，以习近平新时代中国特色社会主义思想为指导，统筹推进“五位一体”总体布局和协调推进“四个全面”战略布局，坚持以人民为中心的发展思想，牢固树立和贯彻落实新发展理念，以供给侧结构性改革为主线，加快培育发展新动能，拓展发展新空间，以建设具有国际影响力的国家级城市群为目标，以深度融入“一带一路”建设为统领，以创新驱动发展、军民融合发展为动力，以延续中华文脉、体现中国元素的风貌塑造为特色，加快高端要素和现代产业集聚发展，提升人口和经济集聚水平，打造内陆改革开放新高地，充分发挥关中平原城市群对西北地区发展的核心引领作用和我国向西开放的战略支撑作用。

三、陕西、山西、甘肃省人民政府要切实加强组织领导，健全协作机制，明确责任分工，制定实施方案，做好与相关专项规划的衔接，确保各项目标任务落到实处。《规划》实施中涉及的重大事项、重大政策和重大项目按规定程序报批。

四、国务院有关部门要按照职能分工，研究制定支持关中平原城市群发展的具体政策措施，在有关规划编制、体制创新、重大项目建设、优化行政区划设置等方面给予积极支持。国家发展改革委、住房城乡建设部要做好协调指导，加强对《规划》实施情况的跟踪分析，适时组织开展《规划》实施情况督查评估，研究新情况，总结新经验，解决新问题。重大问题及时向国务院报告。

国务院

2018 年 1 月 9 日

［评析］

该阐发性批复的行文重点是对于下级请示事项阐明指示性意见。

阐发性批复的行文，首先要对请示事项表态，即“同意（或批准）……”；然后提出进一步指示意见，提示下级遵循什么指导思想或基本原则、如何落实请示事项、重点抓住哪些关键问题、相关各方如何尽职履责等。例如批复的第二条明确提出：“以延续中华文脉、体现中国元素的风貌塑造为特色，加快高端要素和现代产业集聚发展，提升人口和经济集聚水平，打造内陆改革开放新高地，充分发挥关中平原城市群对西北地区发展的核心引领作用和我国向西开放的战略支撑作用。”这样的指导意见，非常适合作为中华文明摇篮的关中地区的区位特色，对关中平原城市群发展建设具有重大指导意义。

拟写阐发性批复要特别慎重，注意针对性、指导性、可行性，切实发挥批复一锤定音的作用。

3. 解答性批复

上级机关收到下级机关对法律、政策、规定等进行询问的请示，需要制发解答性批复。这种批复是下级机关办事的凭据，所以其解答要有法律、政策或权威性文件作为依据。批复要及时，以便给下级排忧解难。如果久拖不复，就会影响下级机关对上级机关的信赖感。

4. 否定性批复

否定性批复，即否定请示事项，也否定请示理由。其否定不是简单地一棍子打回去，以权压人，而是要做到以理服人。所以，否定性批复要以认真负责的态度，简明精当地讲清否定的理由，避免下级机关误解上级意图。

例 7－5

××县人民政府

关于××乡兴建砖瓦厂的批复

×县政发〔201×〕38 号

××乡人民政府：

你乡 201×年 4 月 10 日《关于兴建砖瓦厂的请示》（×乡政发〔201×〕16 号）收悉。随着党的新农村建设政策的落实，广大农民的生活不断改善，农村盖房使用砖瓦量确实明显增加，因此各乡纷纷兴建了砖瓦厂。据调查，我县已经有40%的农户盖了新房，约20%的农户近年内不拟盖新房，砖瓦需求量相对趋于缓和。其余拟盖房户所需砖瓦的数量，我县现有砖瓦厂的产量完全可以满足。因此，凡申报新建砖瓦厂的请示一律不予同意，以免供过于求，出现新的问题。

特此批复。

××县人民政府（印）
201×年4月28日

［评析］

以上否定性批复行文很实在，用调查了解到的事实说明不能再建砖瓦厂的理由，体现了人民政府为人民着想、对工作负责的态度。语言准确简洁，内容稳妥实在，具有很强的针对性。

（四）批复的撰写要求

（1）批复是一种指示性和结论性意见，是下级机关处理工作和解决问题的依据，因此，批复的行文要非常慎重。行文前要对请示事项的原因、背景、条件、法律依据等进行认真研究，对有关事实要认真进行必要的调查核实，根据不同情况搞好论证工作。还要根据职权范围批复，绝不可贸然行文。

（2）批复的态度要鲜明，不管同意与否，切忌含糊其词、模棱两可，也不能回避请示内容，答非所问，或似是而非，使下级难以理解、无所适从。比如有的批复中写“原则同意，请酌情办理”“你们的方案尚不够成熟，最好不执行”“你们的……似无不可”，如此这般的批复，哪里是在答复下级机关的请示？哪里还有指示性文件的味道？分明是官僚主义十足的推卸领导责任的做法。

（3）部分同意请示或完全不同意请示的批复，在引述来文、表明态度之后，还需要有说理分析，然后才是结束语。但要注意的是，说理要力求简洁得体，以体现下行文的语体特点；分析不要求详尽，点到为止即可。

（4）要一文一事，不能把对毫不相干的几件请示的批复意见写在一个批复当中，这会导致批复内容混杂，使下级机关执行起来困难，而且拖延了批复的时间。

（5）要讲究时效，及时批复，以免贻误工作。如果超出下级机关要求的时限，应及早说明原因。

第二节　通知、通报

一、通知

（一）通知的特点

通知用来批转下级机关的公文，转发上级机关和不相隶属机关的公文，传达要求下级机关办理和需要有关单位周知或执行的事项，以及任免人员。通知具有下述特点。

1. 广泛的适用性

（1）从行文主体上说，党政机关、企事业单位、社会团体及其各部门都可以使用。

（2）从公文内容上说，既可以传达上级的指示性意见，批准和发布行政法规等各种规约类公文，也可以部署重要工作任务、告知会议信息。

（3）从行文关系来说，用于下行文和平行文均可。

2. 主题的单纯性

通知要严格执行一文一事的有关规定，一个通知主要讲清一项工作、一个问题、一件事情，并且要忠实于被传达的内容，不能增加、遗漏和走样，要求极为准确。

3. 内容的时效性

通知都要求在一定时间范围内生效执行，因此必须明确规定时限要求，正文中大多包括时间要素。缺少这个要素，通知的内容就属于出现了“硬伤”。

4. 事项的可操作性

通知的内容一般都具有执行性或周知性，所以要具体说明执行要点和要求。这些要点和要求必须具体明白而不能含糊其词，使受文机关按照通知要求去做即可完成任务。

5. 表述形式的灵活性

根据通知内容的繁简程度，通知的表述形式有所不同。有时多层多段、有时独段，有时分项、有时不分项，均可酌情而定。另外，通知在内容层次的安排上也较灵活，没有固定不变的表达方式。

（二）通知的结构形式

1. 标题

指示性通知、批转性通知、转发性通知、发布性通知、事务性通知、知照性通知的标题要做到三要素齐备，特别是要准确标明事由部分，以便下级机关准确地理解、执行和办理。有些紧急情况下的发文，可以酌情在标题中体现紧急程度。临时性内部会议通知、聘任通知等可以适当精简发文机关或事由部分。凡批转性通知的标题应加“批转”，转发性通知的标题应写明“转发”，发布性通知在标题中应写“发布”“颁布”“印发”等字样，以明确所发通知的特点。如果被批转、转发、发布的文件属于法规制度类公文，则应在原文标题外加注书名号，否则不加书名号。

2. 主送机关

主送机关即受文单位，应当在标题之下、正文之前左侧顶格标明。如果属于普发性通知，应当概括标明下级机关名称，如“各区人民政府”“市政府各委、办、局”“各市属机构”。

3. 正文

正文是通知的主体，也就是通知的内容。正文的内容依次包括通知的缘由（目的、意义或依据）、通知事项和执行通知的要求或希望三部分。具体表述时，内容简单、篇幅简短的通知，可以采用篇段合一的方式；内容重要和篇幅稍长的通知，应当采用分层表达的方式，即依次分为三个部分：开头、主体和结尾。一般来说，通知的事项应分条列项表达。总之，不同类别的通知，正文写法变化较大，要根据实际情况确定正文的写法。

4. 附件和附件说明

有些通知需要带有补充说明和参考作用的附件，应当在正文之下标注附件名称和份数，以免漏阅。

5. 落款部分

准确标明发文机关名称和发文日期。

（三）通知的类型及其写法

根据通知的性质、内容和用途不同，通知可分为下述几类。

1. 指示性通知

指示性通知主要用于传达要求下级机关执行的事项。指示性通知与指示有相类似的作用，可以用于结合实际情况传达上级指示、布置工作、制定政策，以供下级机关办理或与其他单位共同执行。

例 7-6

中共北京市委　北京市人民政府　北京卫戍区
关于认真做好 2018 年“八一”期间拥军优属拥政爱民工作的通知

各区委、区政府，市委、市政府各部委办局，各总公司，各人民团体，各高等院校，驻京各部队：

2018 年是中国人民解放军建军 91 周年。全市各级党委、政府和驻京各部队要全面贯彻党的十九大精神，以习近平新时代中国特色社会主义思想为指导，大力弘扬拥军优属、拥政爱民光荣传统，扎实做好“八一”期间双拥工作，不断巩固和发展首都军政军民团结的良好局面，为推动军地改革发展凝聚强大力量。

一、深入开展宣传教育活动

各区、各部门、各单位和驻京各部队要以学习贯彻党的十九大精神为主线，以“不忘初心、牢记使命”为主题，广泛深入开展形式多样的宣传教育活动，不断筑牢首都军民团结奋斗的思想根基。要深入开展理想信念教育，引导广大军民牢固树立政治意识、大局意识、核心意识、看齐意识，坚定“四个自信”，自觉用习近平新时代中国特色社会主义思想武装头脑、统一思想、推动工作。要深入开展革命传统教育和全民国防教育，大力讴歌人民军队在中国共产党领导下走过的光辉历程，在中国革命和建设中建立的丰功伟绩、取得的巨大成就，引导广大军民弘扬光荣传统、传承红色基因，践行社会主义核心价值观，更加自觉地投身强国强军实践。要大力宣传改革开放四十年来广大军民在党的领导下团结奋斗的伟大实践、宝贵经验、光辉成就，唱响讴歌党、讴歌祖国、讴歌人民、讴歌英雄的时代旋律，彰显首都军政军民团结的伟大力量，进一步营造“军爱民、民拥军、军民团结一家亲”的浓厚氛围。

二、扎实做好改革强军服务工作

各区、各部门、各单位要把支持国防和军队改革发展作为应有之责、分内之事，扎实有效做好拥军优属工作，积极、主动、自觉地为推进国防和军队现代化贡献力量。要把国防和军队建设融入首都经济建设，努力形成全要素、多领域、高效益的军民深度融合发展格局。要认真履行“四个服务”职责，以高度的政治自觉、强烈的责任担当，满腔热忱地为部队改革建设做好服务保障；要采取有效措施，积极协调解决基层官兵的“后路、后代、后院”问题，切实做好退役军人安置、随军家属就业、子女入托入学工作，努力为部队官兵解决后顾之忧。要按照军队不经营、资产不流失、融合要严格的标准，坚持坚决全面、积极稳妥、军民融合的要求，支持配合部队稳步推进全面停止有偿服务活动。要广泛动员社会各界积极开展群众性拥军优属活动，组织贴近实际、贴近基层、贴近官兵的走访慰问活动，激励广大官兵牢记使命、矢志强军。

三、积极开展爱人民为人民活动

驻京各部队要以习近平强军思想为统领，弘扬光荣传统、传承红色基因，强化使命担当、践行服务宗旨，积极支援首都各项建设。要贯彻落实习近平军民融合发展战略思想，发挥人民军队科研优势，为建设具有全球影响力的科技创新中心、推动首都高质量发展作出积极贡献。要深入开展双拥共建活动，积极参加首都精神文明、生态文明、乡村振兴和平安北京建设，因地制宜开展扶贫帮困活动，不断密切与人民群众的血肉联系。要勇于承担急难险重任务，根据地方需求和季节特点，全力参加抢险救灾、应急救援等工作，保障人民群众生命财产安全。要深入开展群众纪律教育，严格执行各项纪律，树立和维护人民军队为人民的良好形象。

四、切实维护优抚对象和退役军人的合法权益

各区、各部门、各单位要认真贯彻落实各项抚恤优待政策法规和军队转业干部、离休退休干部、复员退伍军人安置等各项政策措施，切实保障优抚对象的合法权益；同时，要按照全覆盖、多层次、可持续的原则，不断完善优抚安置政策，丰富服务保障内容，使广大优抚对象共享首都经济社会发展成果。要着力做好退役军人服务保障工作，拿出切实可行的政策措施和工作方案，帮助退役军人解决实际困难。要广泛开展“关爱功臣”和“双拥在基层”活动，大力营造热爱功臣、学习功臣、服务功臣的氛围，采取多种形式走访慰问老战士、老同志和残疾军人、复员军人、退伍军人、烈士遗属、因公牺牲军人遗属、病故军人遗属、现役军人家属，以及移交政府安置的军队离退休干部，努力为他们做好事、办实事、解难事。要宣传执行《中华人民共和国英雄烈士保护法》，加强烈士纪念设施保护管理，弘扬烈士精神，歌颂英雄事迹，传承红色基因；要积极动员社会各界为烈属送温暖、献爱心，让广大烈属切实感受到党和政府的关心、全社会的尊重。各区、各部门、各单位和驻京各部队要认真贯彻落实中央八项规定精神，切实转变作风，简化形式、注重内容、深入基层、务实节俭开展好各类双拥活动，确保取得实效。

中共北京市委
北京市人民政府
北京卫戍区
2018 年 7 月 22 日

[评析]

这是一篇指示性通知。全文以认真做好 2018 年“八一”期间拥军优属拥政爱民工作为主题，导语部分言简意赅，高屋建瓴，强调发文背景；主体部分分为“深入开展宣传教育活动”“扎实做好改革强军服务工作”“积极开展爱人民为人民活动”“切实维护优抚对象和退役军人的合法权益”四个部分展开阐述，对开展相关工作作出明确指示。

指示性通知是通知中最重要的一种。撰写这类通知要注意写清背景，交代目的与根据，增强文件的针对性，使受文者了解其理由以便认真地去执行。通知的具体内容要逐项

写清楚。一般采用分条列项的方法，并且要注意各项内容的逻辑联系，可以从阐述指导原则开始，到提出工作任务，讲明步骤要求，直至提出注意事项，这是从一般到具体的排列方法；也可以按照从具体到一般的排列方法；当然还可按照并列方法，写明与主题相关的几个问题。上例基本属于并列方法。通知的结尾，应当以简短的文字说明执行要求，或提出希望，或发出号召。

2. 规定性通知

规定性通知主要用于针对某些工作或行为出台明确规范，以及对具体工作提出明确要求。与指示性通知相比，它侧重于强调应当做什么和怎样做；而指示性通知比较注重从思想上给予人们启发和指导，在提高思想认识的基础上落实指示精神。

例 7－7

国务院关于开展第四次全国经济普查的通知

国发〔2017〕53 号

各省、自治区、直辖市人民政府，国务院各部委、各直属机构：

根据《全国经济普查条例》的规定，国务院决定于 2018 年开展第四次全国经济普查。现将有关事项通知如下：

一、普查目的和意义

全面调查我国第二产业和第三产业的发展规模、布局和效益，了解产业组织、产业结构、产业技术、产业形态的现状以及各生产要素的构成，摸清全部法人单位资产负债状况和新兴产业发展情况，进一步查实各类单位的基本情况和主要产品产量、服务活动，全面准确反映供给侧结构性改革、新动能培育壮大、经济结构优化升级等方面的新进展。通过普查，完善覆盖国民经济各行业的基本单位名录库以及部门共建共享、持续维护更新的机制，进一步夯实统计基础，推进国民经济核算改革，推动加快构建现代统计调查体系，为加强和改善宏观调控、深化供给侧结构性改革、科学制定中长期发展规划、推进国家治理体系和治理能力现代化提供科学准确的统计信息支持。

二、普查对象和范围

第四次全国经济普查的对象是在我国境内从事第二产业和第三产业的全部法人单位、产业活动单位和个体经营户。具体范围包括：采矿业，制造业，电力、热力、燃气及水生产和供应业，建筑业，批发和零售业，交通运输、仓储和邮政业，住宿和餐饮业，信息传输、软件和信息技术服务业，金融业，房地产业，租赁和商务服务业，科学研究和技术服务业，水利、环境和公共设施管理业，居民服务、修理和其他服务业，教育，卫生和社会工作，文化、体育和娱乐业，公共管理、社会保障和社会组织等。

三、普查内容和时间

普查的主要内容包括普查对象的基本情况、组织结构、人员工资、生产能力、财务状况、生产经营和服务活动、能源消费、研发活动、信息化建设和电子商务交易情况等。

普查标准时点为 2018 年 12 月 31 日，普查时期资料为 2018 年年度资料。

四、普查组织和实施

第四次全国经济普查是一项重大的国情国力调查。各地区、各部门要全面贯彻落实党的十九大精神，以习近平新时代中国特色社会主义思想为指导，统筹推进“五位一体”总体布局和协调推进“四个全面”战略布局，牢固树立和贯彻落实新发展理念，按照“全国统一领导、部门分工协作、地方分级负责、各方共同参与”的原则，统筹协调，优化方式，突出重点，创新手段，认真做好普查的宣传动员和组织实施工作。

为加强对普查工作的组织和领导，国务院成立第四次全国经济普查领导小组，负责普查组织和实施中重大问题的研究和决策。普查领导小组由国务院领导同志任组长，成员单位包括国务院办公厅、国家统计局、国家发展改革委、中央宣传部、中央编办、中央综治办、民政部、财政部、税务总局、工商总局和质检总局等部门（组成人员名单另发）。普查领导小组办公室设在国家统计局，负责普查的具体组织实施和协调。涉及普查经费方面的事项，由财政部负责和协调；涉及固定资产投资保障方面的事项，由国家发展改革委负责和协调；涉及企业和个体工商户名录方面的事项，由工商总局、税务总局负责和协调；涉及机关和事业单位名录方面的事项，由中央编办负责和协调；涉及社团、基金会、民办非企业单位及基层自治组织名录方面的事项，由民政部负责和协调；涉及统一社会信用代码方面的事项，由国家发展改革委负责和协调，其中数据管理和信息共享事项由质检总局负责和协调；涉及城乡社区网格化服务管理工作和社会治安综合治理信息系统的事项，由中央综治办协调。国务院其他有关部门，也要按照各自职能，各负其责、通力协作、密切配合、信息共享。掌握普查对象有关普查资料的各级部门要及时准确提供部门的行政记录和数据信息。银行、证券、保险、铁路等部门和单位及有关方面，要按照普查方案统一要求，负责组织开展本系统的普查工作。

地方各级人民政府要设立相应的普查领导小组及其办公室，加强领导，认真组织好本地区的普查实施工作，及时采取措施解决普查工作中遇到的困难和问题。要充分发挥街道办事处和居民委员会、乡镇政府和村民委员会的作用，广泛动员和组织社会力量积极参与并认真配合做好普查工作。地方普查机构应当根据工作需要，聘用或者从有关单位商调符合条件的普查指导员和普查员，并及时支付聘用人员的劳动报酬，保证商调人员在原单位的工资、福利及其他待遇不变，稳定经济普查工作队伍，确保普查工作顺利进行。

五、普查经费保障

第四次全国经济普查所需经费，由中央和地方各级人民政府共同负担，并列入相应年度的财政预算，按时拨付、确保到位。

六、普查工作要求

坚持依法普查。所有普查工作人员和普查对象必须严格按照《中华人民共和国统计法》《中华人民共和国统计法实施条例》和《全国经济普查条例》的规定，按时、如实地填报普查表。任何单位和个人不得虚报、瞒报、拒报、迟报，不得伪造、篡改普查数据。普查取得的单位和个人资料，严格限定用于普查目的，不作为任何单位对普查对象实施处罚的依据。各级普查机构及其工作人员，对在普查中所知悉的国家秘密和普查对象的商业秘密，必须履行保密义务。

确保数据质量。（略）

加强规范统一。（略）

提升信息化水平。（略）

注重宣传引导。（略）

国务院

2017 年 12 月 4 日

［评析］

这是国务院下发的一篇规定性通知，旨在规范开展第四次全国经济普查工作事项，需要认真落实和执行。

导语非常简洁，引出行文根据后直切主题，即决定于 2018 年开展第四次全国经济普查。

主体内容围绕主题一以贯之，划分为六个部分，分别用一级标题序号标写清楚。从逻辑结构上看，全文采用了递进式逻辑结构，按照为什么（第一部分）—干什么（第二、三部分）—怎样干（第四、五、六部分）的线索展开说明。

全文内容务实，结构清晰，语言表达规范，是起草规定性通知的重要参考。

起草这类通知，一般不需要讲太多道理，比较注重规定或部署具体工作事项。

3. 事务性通知

与指示性通知相对应的就是事务性通知，内容为发文机关要求下级单位办理的一般事项或临时性公务，如节假日放假的通知、要求下级机关报送文件的通知、调整电话号码的通知等。

例 7－8

××物业管理公司文件

×安字〔2017〕8 号

××物业管理公司
关于做好防汛防风安全检查工作的紧急通知

各项目处：

根据市气象台发布的暴雨预警，为了落实区安委会及住宅中心的紧急部署，做好防汛防风安全检查工作，现将有关事项通知如下：

一、各项目处必须加强领导和组织协调，按照安全管理规程，把安全检查工作落到实处；必须加强宣传教育，提高安全意识，明确岗位责任；必须确保每天 24 小时值班，值班表务必于 8 月 14 日前上报总经理办公室。

二、认真检查屋顶防水、雨漏、地漏排水系统，防止地下室及地下车库进水，保证排水通畅，要制定地下室人员转移预案。

三、认真检查高层楼房避雷防护设施，对楼顶和墙面安装的广告牌要进行牢固性排查，避免发生安全责任事故。

四、认真检查小区内的架空电缆，遇有问题及时处理；避免大风刮断电线，影响住户生活。

五、切实做好小区环境卫生工作，及时清扫落叶、清运垃圾，避免堵塞下水道。

六、切实做好防汛、防风安全预警，出现问题按预案要求迅速逐层落实。

××物业管理公司（印章）

2017 年 8 月 10 日

［评析］

这是一则事务性通知。与指示性、规定性通知相比，事务性通知是在更加具体的层面上告知人们办什么事、在哪里办、何时办、怎样办事。这类通知一般都比较简短，只要将有关要素说明得准确、具体、清楚即可。

4. 会议通知

会议通知即会议主办单位向应当参加会议的有关单位发出的通知，以告知参加会议的有关事项。这类通知可以采用篇段合一或分层表达两种表达形式。前者多用于单位内部召开的一般性、临时性会议，后者多用于规模较大、规格较高、较重要的会议。通知内容应当包括会议时间、地点、参加人员、会议议题或主要内容、注意事项等。必要时，还要说明会议指导思想、会议目的、报到时间与地点、会期、联系方式、食宿安排、返程交通、是否需要回执等相关事宜。会议通知的时效性很强，必须提前发出。

例 7－9

××市人民政府办公厅
关于召开政府系统人事改革工作会议的通知

各区人民政府，市属各委、办、局，各直属机构：

根据 2017 年 2 月省人民政府人事工作会议精神和省人社厅的工作部署，为了进一步推动我市人事改革工作，市政府常务会议决定，召开全市政府系统人事改革工作会议。现将有关事项通知如下：

一、参加人员

各区人民政府，市属各委、办、局和各直属机构分管人事工作的有关领导。

二、会议时间

2017 年 3 月 22 日、23 日，会期 2 天，上午 8:30—11:30、下午 14:00—17:00 开会。

三、会议地点

××市会议中心 1 号楼第五会议室。

四、会议内容

1. 传达贯彻省政府人事工作会议精神，学习省人社厅下达的有关文件。

2. 总结全市人事改革试点工作，听取试点情况汇报。

3. 研讨、部署下一阶段的人事改革工作。

五、相关事项

1. 市属各部门与会人员 3 月 21 日下午 17:00 在市政府门口统一乘车，各区政府领导自行前往会议地点。

2. 会议统一安排食宿，所需费用由各单位报销。

3. 为便于安排食宿，请各单位将与会人员姓名、性别、民族、职务等于 3 月 17 日前报市政府办公厅。

联系人：吴××、王××　　　　联系电话：××××××××

传真：××××××××

请与会人员准时到会。

附：会议回执

××市人民政府办公厅（印）

2017 年 3 月 12 日

[评析]

上文属于正式对外发布的会议通知，旨在向有关单位或特定读者预告会议消息。其最突出的优点是内容安排得周到细致，表达清楚，切实为与会人员着想，解决与会者的疑虑。撰写这类会议通知，要将需要告知的有关事项采用分条列项的形式，准确、简明、具体地表述清楚，其具体事项可根据不同情况而定。

5. 批转、转发、印发性通知

此类通知主要用于上级机关根据工作需要批转下级机关的公文，下级机关转发上级机关、平级机关和不相隶属机关的公文，发布执行某一规章或其他规范性文件。

根据发文的实际需要，批转和转发性通知分别采用表态式和阐发式的不同写法。

（1）表态式批转性通知。

对所批转的公文表明态度或作出评价，要求受文机关贯彻执行。表态或评价用语多为“同意”“批准”等。

例 7－10

国务院批转国家发展改革委
关于 2017 年深化经济体制改革重点工作意见的通知

国发〔2017〕27 号

各省、自治区、直辖市人民政府，国务院各部委、各直属机构：

国务院同意国家发展改革委《关于 2017 年深化经济体制改革重点工作的意见》，现转发给你们，请认真贯彻执行。

国务院

2017 年 4 月 13 日

（2）阐发式批转性通知。

对所批转的公文在表明态度、提出执行要求之后，针对所批转公文的内容作进一步阐述，提出指示性意见，说明此项工作的意义、执行重点与注意事项等，旨在强调所批转公文的指导作用。简言之，阐发式批转即“表态式批转＋指示性意见”。

（3）表态式转发性通知。

对所转发的公文表明态度或作出评价或说明情况，最后提出执行要求。

例 7－11

国务院办公厅关于转发文化部等部门
中国传统工艺振兴计划的通知

国办发〔2017〕25 号

各省、自治区、直辖市人民政府，国务院各部委、各直属机构：

文化部、工业和信息化部、财政部《中国传统工艺振兴计划》已经国务院同意，现转发给你们，请结合实际，认真贯彻执行。

国务院办公厅

2017 年 3 月 12 日

（4）阐发式转发性通知。

对所转发的公文在表明态度、提出执行要求后，可以指出此项工作的重大意义、工作措施和方法；也可以结合本单位或本系统的实际情况做些补充说明。阐发式转发实际上是

"表态式转发＋指示性意见"。

例 7－12

国务院办公厅关于转发国家发展改革委
营造良好市场环境推动交通物流融合发展实施方案的通知

国办发〔2016〕43 号

各省、自治区、直辖市人民政府，国务院各部委、各直属机构：

国家发展改革委《营造良好市场环境推动交通物流融合发展实施方案》已经国务院同意，现转发给你们，请认真贯彻执行。

各地区、各有关部门要充分认识推动交通物流融合发展的重要意义，制定完善配套政策措施，加强政策协同和监管协调，形成工作合力。各省级人民政府要加强组织领导，完善协调机制，结合本地实际抓紧制定具体方案，切实落实各项工作任务，及时研究解决实施过程中出现的新情况、新问题。国家发展改革委要会同有关部门对本实施方案的落实情况进行跟踪分析和监督检查，认真总结和推广经验，重大事项及时向国务院报告。

国务院办公厅
2016 年 6 月 10 日

［评析］

这种阐发式转发性通知，用于转发上级机关、同级机关和不相隶属机关的公文。由于转发性通知比批转性通知应用范围要广泛，所以它比批转性通知应用更多一些。

可以清楚地看出，其写作的重点，在于对所转发的公文在表明态度、提出执行要求后，要进一步指出开展此项工作的重大意义、工作措施和方法；也可以结合本单位或本系统的实际情况做些补充说明。

6. 知照性通知

知照性通知用于要求有关单位周知一般事项，以便公务联络或信息沟通，如《北京市人事局关于公布废止部分规范性文件的通知》《北京市人民政府关于调整本市规划工作管理体制的通知》等。

知照性通知的主要目的是向有关单位或特定读者告知消息，通常不具有直接的约束力。撰写这样的通知，必须将需要告知的有关事项准确、简明、具体地说明。

例 7－13

北京市发展和改革委员会关于北京市企业投资项目
在线备案管理系统正式运行的通知

京发改规〔2017〕6 号

各区发展改革委、北京经济技术开发区发展改革局：

建设企业投资项目在线备案管理系统是贯彻落实投融资体制改革，切实转变政府职能，提升投资服务管理水平的重要举措。根据《中共中央国务院关于深化投融资体制改革的意见》（中发〔2016〕18 号）精神，按照《企业投资项目核准和备案管理条例》（国务院令第 673 号）、《企业投资项目核准和备案管理办法》（国家发展改革委令 2017 年第 2 号）要求，本市企业投资项目在线备案管理系统（以下简称"在线系统"）已于 2017 年 6 月 1 日起试运行，并根据试运行情况进行了完善，将于 2017 年 11 月 6 日起转入正式运行。为做好在线系统运行工作，现就有关事项通知如下：

一、自正式运行之日起，全面取消线下接件，除涉及国家秘密的项目外，发展改革部门负责管理的企业投资（内资）项目备案一律通过在线系统办理。

二、实行备案管理的项目按照属地原则备案，项目单位应在开工建设前通过在线系统（project. bjpc. gov. cn/zxba）向属地发展改革部门申报项目备案信息，并对备案信息的真实性、合法性和完整性负责。

三、各区发展改革部门应通过在线系统对备案项目进行指导与服务。具体包括以下3种情形：

1. 项目备案信息完整且符合要求的，由各区发展改革部门通过在线系统生成《备案通知》，并告知项目单位。项目单位需要备案证明的，由备案机关出具。

2. 项目备案信息不完整的，由各区发展改革部门通过在线系统生成《备案机关指导意见》，提醒和指导项目单位补正。

3. 项目属于产业政策禁止投资建设或者依法应实行核准管理，以及不属于固定资产投资项目、依法应实施审批管理、不属于本备案机关权限等情形的，由各区发展改革部门通过在线系统生成《备案机关指导意见》，告知项目单位予以纠正或者依法申请办理相关手续。

四、项目备案后，项目法人发生变化，项目建设地点、规模、内容发生重大变更，或者放弃项目建设的，项目单位原则上应在10个工作日内，通过在线系统选择原备案项目，并修改相关信息。备案机关参照第三条，对备案变更项目进行指导与服务。

五、各区发展改革部门要制定内部工作规则，优化工作流程，提高在线备案工作效率。要公开咨询电话，做好指导服务，接受社会监督，并依法加强对项目的事中事后监管。要加大宣传力度，引导项目单位使用在线系统。

六、各区发展改革部门要以优化服务、加强监管为核心，以项目单位需求为导向，及时发现并反馈在线系统运行中出现的问题，市发展改革委将及时研究解决，不断完善在线系统功能，持续提升服务水平。

特此通知。

北京市发展和改革委员会

2017年11月1日

[评析]

上文是一篇知照性通知，其核心内容是向下属单位告知本市企业投资项目在线备案管理系统正式运行的有关消息。

拟写这类通知，一般采用分层表达的方式。如果内容非常简要，也可以采用篇段合一的表达方式。在内容安排上要做到周到细致、表达清楚，使收文单位和相关人员没有任何疑问。例如，第三部分写道对有关部门的备案项目给予指导与服务时，又分为三种情形给予更加细化的说明。总之，知照性通知的正文，必须确保准确、简明、具体地说明告知事项，以便收文单位执行和办理有关工作。

7. 聘任通知

这是上级机关任命和聘用干部时对所属下级机关下达的一种较为特殊的知照性通知。这类通知的写法较为简单，在通知中写明被通知单位后，只写任命或聘任某人担任何种职务，或者是免去何人的何种职务，同时写清楚任命和聘用的时间。

（四）通知的撰写要求

1. 中心明确，说明清楚

撰写通知的关键是将事项交代清楚，便于收文者能够正确理解并准确执行，绝不能含糊其词、模棱两可。

2. 主题集中，一文一事

为了使通知的事项能够迅速执行与办理，每个通知只明确说明一件事情、布置一项工作，不能头绪繁乱。

3. 条理清晰，表达简练

通知的撰写要求层次分明、条理清晰，使读者一目了然；在文字表达上要求准确简练，不生歧义。

4. 雷厉风行，讲求时效

为了提高工作效率，保证行文时效，撰写通知必须及时快速，以免贻误时机。

二、通报

（一）通报的特点

通报属下行文种，党政机关、企事业单位、学校、部队都可以使用，它是从事工作指导、思想教育时常用的一种公文。通报有下述几个特点。

1. 告知广泛

由于通报所涉及的人物或事件具有典型性，旨在进行宣传教育、启发引导或广泛沟通，因此，一般情况下下发的范围较广。

2. 客观真实

通报的内容均是实际工作中已经发生的真实情况，具有事实上的绝对准确性，并非防范性的政治说教。这是起到广泛的教育推动作用的基础。

3. 行文及时

通报行文的目的在于尽快把情况传达出去，以引起广泛注意，促进工作，因此特别要求及时迅速行文。

4. 正面引导

无论是表扬先进、批评错误，还是传达重要情况，其目的都在于通过典型可信的人和事，引导人们明辨是非、吸取教训、弘扬正气、树立新风。

（二）通报的结构形式

1. 标题

一般由发文机关、事由及文种组成。特别要注意的是要准确揭示事实的性质。撰写褒奖性通报，标题的事由部分常用“表彰”或“授予××××××称号”等一类的词语表明发文机关的倾向与立场。若拟写批评性通报，也要在事由部分表明态度，使用例如

“擅自”或“给予××××处分”等词语。另外，通报的标题有直述式和转述式两种写法：由发文机关直接发出的内容比较单一的通报，采用直述式写法，即直接叙述情况，如“中共××县委关于给予秦××严重警告处分的通报”；发文机关转发已有成文的通报，多采用转述式写法，例如“××市人民政府关于××县希望工程捐款管理和使用情况的通报”，所转发的附件是“××县人民政府关于希望工程捐款管理和使用情况的报告”。

2. 主送机关

通常采用统称的方法标明下属受文机关名称。

3. 正文

正文是通报的主体和核心部分。不同类别的通报具有不同的写法，但是都离不开叙述事实、评价分析、说明处理决定或方法等基本部分。

4. 署名

写明发文机关名称或加盖印章。

5. 发文时间

标明发文的年、月、日。

(三) 通报的类型及其写法

按照通报的内容和功能，可以分为三种类型。

1. 表彰性通报

表彰性通报主要用于表彰突发性事件中的好人好事，如救人、救火、勇斗歹徒、拾金不昧等事迹，也用于确认和公布先进集体、先进个人的表彰结果，介绍先进经验，树立先进典型，旨在宣传先进思想和事迹，鼓励和号召大家学习先进、做好工作。

正文一般由三个部分组成：首先，采用记叙的表达方式，概述事件的经过，要写明何时、何地、何人、做了何事，主要经过及事件结果如何。其次，对好人好事进行分析评论，有时需要简要介绍人物的一贯表现，语言要简洁明确。这个部分采用议论的方式，但是省略了议论的过程，只留下结论，即使用论断式的语言。最后，写明表彰决定的内容，如授予荣誉称号、给予物质奖励，提出希望和要求，号召大家学习先进模范。

例 7-14

中共××省化工总公司党委

关于授予张××“优秀共产党员”荣誉称号的通报

各分公司党委，总公司党委各部门，各直属机构：

张××同志是××分公司所属××化工厂管道维修工人，共产党员。20××年8月12日上午8时30分，××化工厂成品车间后处理工段油气管道突然爆炸起火。正在清理夜间施工现场的张××被爆炸气浪猛烈推倒，头部、右臂和大腿等多处受伤，鲜血直流，鞋子也被甩出很远。在这危急关头，张××强忍剧痛，迅速爬起，顾不得穿鞋和查看伤势，踩着玻璃碎片，冲入烈火之中，迅速关闭了喷胶阀门、油气分层罐手阀、蒸汽总阀。接着又先后用了10余个干粉灭火器扑救颗粒泵、混胶罐等处的大火，在随后赶来的厂保安员韩××的援助下，英勇奋战十几分钟，终于将大火全部扑灭，避免了火势的蔓延。

张××在身体多处受伤、火势凶猛并随时可能发生更大爆炸的危急关头，将个人生死置之度外，果断处理突发事件，为遏制火势蔓延，防止事故扩大，减少国家财产损失，作出了突出的贡献。他的行为体现了为保护国家财产和人民利益不惜牺牲个人生命的崇高精神品质，谱写了一曲当代共产党人的正气之歌。韩××不顾危险，奋力救火，表现了忠于职守、不怕牺牲的精神，不愧为一名称职的保安人员。

为此，总公司党委研究决定：

一、将张××和韩××奋力灭火的英勇事迹通报全公司，予以公开表彰。

二、授予张××“优秀共产党员”荣誉称号，为其晋升一级工资，并颁发奖金××××元，以资鼓励。

三、为韩××晋升一级工资，并颁发奖金××××元，以资鼓励。

希望各分公司党委、总公司党委各部门、各直属机构组织广大共产党员和干部职工认真学习总公司党委的表彰通报，以张××、韩××的英勇事迹和崇高精神为动力，努力做好本职工作，落实安全生产责任，为我省化工行业的改革与发展作出更大的贡献。

中共××省化工总公司党委（印）

20××年8月20日

［评析］

这是表彰好人好事的通报，具有很好的示范作用。

首先，采用记叙的表达方式，简要叙述了事件经过，写明何人在何时、何地、做了何事、结果如何。记叙文的各要素完备清晰，使人一目了然。事件经过部分虽然着墨不多，却写得精彩感人，给人留下了形象生动的印象。

其次，采用议论的表达方式就事论理，紧密结合张××、韩××英勇扑救烈火的事迹，进行恰如其分的评析，语言简要明确。我们看到，文章省略了推理论证的过程，只留下结论性的意见，即使用论断性的语言，表明了发文机关的鲜明态度。

最后，采用引用说明的方式，转达了总公司党委表彰决定的内容：授予荣誉称号，给予物质奖励，提出希望和要求，号召大家向先进模范学习，进一步突出表明了制发本通报的目的，体现了通报所具有的广泛宣传教育功能。

撰写表彰先进的通报要与写先进事迹材料区分开来。通报的好人好事多数是突发性的，如救人、灭火、见义勇为、拾金不昧等，这是通报的常见事项，但是不可能天天都遇到、人人都遇到。先进事迹材料所表彰的是长期积极工作的先进人物或模范人物，它是供评选先进工作者用的材料。

2. 批评性通报

批评性通报主要针对生产、交通、安全、火灾、医疗等方面的重大责任事故而制发，以便引起有关单位的重视和警惕，防止重蹈覆辙。正文一般分为三个部分：首先，叙述事故发生的经过情况，可以用“据调查”开头，把在什么时间、地点，发生了什么事故，以及事故造成的损失情况交代清楚，关键要做到要素齐全，点到而止。其次，对事故的原因进行分析，指出事故的危害及其影响。最后，写明对事故的处理决定，提出防止此类事故的措施和要求，引以为戒，关键是要对症下药。

例 7－15

××市人民政府办公厅
关于××有限公司职员酿成重大恶性交通事故的通报

各区人民政府，市政府各委、办、局，各总公司，各高等学校：

据市公安交通管理局报告：4 月 17 日晚 7 时许，××有限公司总经理秘书张××（男，36 岁）擅自将本单位新购的“别克”牌轿车开出。当张××以每小时 110 公里的速度自西向东行至××路十字路口时突遇红灯，由于酒后精神恍惚，加之车速过快，来不及采取制动措施，与××出租汽车公司一辆由南往北正常通过路口的出租车相撞，致使出租车司机和一名乘客当场死亡，另一名乘客因伤势过重，经医院抢救无效死亡，张××本人受重伤，“别克”轿车严重损坏，出租车报废。

这起重大恶性交通事故，给国家和人民生命财产造成重大损失。市人民政府已责成市公安交通管理部门会同有关单位严肃查处，做好善后处理工作。各单位都要从这一重大恶性交通事故中吸取教训，引以为戒。当前，春季旅游已近旺季，全市交通流量加大。为确保我市交通秩序，下大力减少交通故事，市政府要求：

一、各单位接此通报后，要立即向所有持有汽车驾照的人员传达，从中吸取教训，并组织他们联系本单位和本人行车实际，检查车辆隐患，整顿行车纪律，增强法制观念。对有酒后开车和经常超速驾驶、抢行的驾驶员，要依法严肃处理。

二、各单位要严格履行交通安全责任追究制度。（略）

三、各单位对干部、职工普遍进行一次交通安全教育。（略）

××市人民政府办公厅
20××年×月××日

［评析］

上文是针对一起重大恶性交通事故发出的通报，属于批评性通报。这种通报主要针对生产、交通、安全、火灾、医疗等方面的重大责任事故而制发，具有重要警示借鉴作用，以便引起有关单位的重视，防止重蹈覆辙。

这种通报的正文一般分为三个部分：

首先，叙述发生事故的经过，可以用“据调查”或“据××报告”开头，对发生事故的时间、地点、主要经过及其造成的损失情况给予简要叙述。要确保行文有根有据、事实准确、过程清楚，以达到用事实说话的目的。

其次，对事故进行定性分析，找出事故原因，分析特点，或者指出事故的危害及其影响。

最后，具体写明对事故的处理决定，态度要明确，语气要坚决果断。还要提出防止此类事故的措施和要求，引以为戒，关键是要对症下药。

3. 情况通报

情况通报主要用来传达上级机关的重要精神和工作中出现的重要情况、新问题、新动向，以及需要下级机关周知的事项，以便及时交流信息，引起广泛重视，统一思想认识和行动，共同完成任务，同时也为领导决策提供重要情况。

情况通报的正文多为三个部分：首先，概述通报的是什么情况，是在什么时间、空间范围内的情况，以及这些情况的来源；其次，介绍情况本身，把情况的来龙去脉、前因后果等阐述清楚，可以分条列项地说明；最后，写明上级机关的指示性意见，提出下级机关应当注意的问题。

例 7-16

国务院办公厅关于全国互联网政务服务平台检查情况的通报

国办函〔2017〕115 号

各省、自治区、直辖市人民政府，国务院各部委、各直属机构：

为摸清全国互联网政务服务平台现状，推动提升政务服务质量和实效，切实便利企业群众办事创业，经国务院同意，国务院办公厅近期对全国互联网政务服务平台进行了检查。现将有关情况通报如下：

一、基本情况

本次对 31 个省（区、市）及新疆生产建设兵团的互联网政务服务平台进行了检查，共随机抽查平台 201 个，其中省级平台 30 个、地市级平台 42 个、区县级平台 129 个。除核查各平台功能是否可用外，还抽查了企业设立登记、教师资格认定、排污许可证核发等与企业群众生产生活密切相关的高频服务事项，共计 865 个。

截至 2017 年 8 月底，已有 29 个省（区、市）及新疆生产建设兵团建成一体化互联网政务服务平台，其中 16 个平台实现了省、市、县三级全覆盖。平台功能方面，北京、天津、上海、浙江、山东、广东、海南等地区平台搜索、注册、咨询等功能有效可用的比例在 80%以上；服务事项方面，江苏、浙江、山东、广东、贵州、宁夏等地区平台 80%以上的服务事项规范性、实用性、准确性较好。此外，浙江提出“最多跑一次”、江苏提出“不见面审批”等，对互联网政务服务平台服务实效提出了更高要求。

二、主要问题

各地区互联网政务服务平台加快建设的同时，在信息共享、平台功能、服务信息等方面也出现了一些问题，影响了平台作用的发挥，有的平台甚至办不成事。

（一）办事入口不统一。统一办事入口是方便群众找到和使用互联网政务服务平台的首要条件。但一些地方互联网政务服务平台与政府门户网站“两张皮”，甚至出现同一事项内容不同、标准各异的现象，导致办事平台不好找、企业群众不愿用。抽查发现，26%的互联网政务服务平台未与本级政府门户网站前端整合，不能提供统一服务入口。

（二）政务信息不共享。（略）

（三）事项上网不同步。（略）

（四）平台功能不完善。（略）

（五）服务信息不准确。（略）

三、下一步工作要求

各地区、各部门要按照《国务院关于加快推进“互联网+政务服务”工作的指导意见》（国发〔2016〕55 号）要求，针对目前互联网政务服务平台存在的问题，认真清理整改，不断加强平台建设，提高服务能力，切实让企业群众办事更方便、更快捷。

（一）进一步完善平台功能。从方便企业群众办事角度出发，着力提升平台的实用性。各地区、各有关部门要依托政府门户网站构建权威、便捷的一体化互联网政务服务平台，已经单独建设的平台要尽快实现与政府门户网站的整合，统一办事入口。加快推进信息共享，实现单点登录、一网通办。科学合理设置服务分类，避免出现“有栏目无内容、空架子不实用”等问题。完善平台搜索、咨询等功能，确保公众能够“找得到、问得清”。

（二）准确细致公开办事服务信息。（略）

（三）开展全面自查整改。（略）

附件：全国互联网政务服务平台检查指标

国务院办公厅

2017 年 10 月 6 日

［评析］

上文属于情况通报，旨在传达上级机关的重要精神或工作中出现的新情况、新问题、新动向等需要下级机关周知的事项。拟写情况通报正文的要领如下：

首先，概述通报的是何种情况，是在什么时间、空间范围内发生的情况，以及这些情况的来源。

其次，是情况本身，把情况的来龙去脉、前因后果等阐述清楚，可以分条列项地说明。

最后，写明上级机关的指示性意见，提出下级机关应当注意的问题。

撰写情况通报，要注意有情况、有分析、有结果，能够起到沟通认识、交流信息、督促后进、激励先进、推动全盘工作的作用。

（四）通报的撰写要求

1. 通报的内容必须准确无误

撰写之前一定要搞好调查研究，反复核实有关情况，确保事实不能有丝毫出入，以免造成不良影响。

2. 通报的事实必须具有典型性

必须选择有价值的事例制发通报，充分发挥通报对工作的指导意义和对干部群众的普遍教育功能。

3. 通报的语言必须慎重推敲，讲究分寸

分析和评价要实事求是，合情入理，恰如其分；不能空发议论，借题发挥；对事件的定性，切忌片面化和绝对化，不允许任意夸大或缩小，要做到表扬不溢美、批评不扬恶。

4. 通报要讲究时效性

要趁热打铁，及时行文，以求最佳表达效果。事过境迁再来行文，通报的效果就会大打折扣。

第三节　请示、报告

一、请示

（一）请示的应用范围

请示用于向上级机关请求指示和批准。任何依法成立、合法存在的机关组织，都可以在自己的职权范围内独立自主地解决和处理问题，不必事无巨细都去请示上级机关。下列几种情况属于请示的应用范围：

（1）对上级机关的法规、政策及其决定、指示等有不理解之处，或它们不适应本单位情况而需要变通处理时，需要请求上级机关予以解释、指示与认可。

（2）请求审批或批转本机关制定的重要规章、重大决策意见。

（3）请求批准人员编制、机构设置、干部任免、领导班子的组成与调整、经费预算以及重要人员或事故的处理。

（4）请求协调与解决本机关无法解决的困难或问题。

（5）根据规定必须履行审批手续的事项。

总之，凡是下级机关在职责范围内无权解决、无力解决、不知如何解决的问题，均需要提请上级机关给予裁决、指示或批准。任何超越权限或擅自处理不该由本机关处理的问题，都是错误的行为。

（二）请示的特点

1. 成文的条件性

请示的内容必须是属于本机关职权范围内无法解决的困难或问题。下级机关既要尊重上级机关的领导与指导，及时请求上级机关帮助解决问题；也要尽职尽责，切实办好职责范围内的事情。

2. 行文的超前性

请示必须在事前行文，不能先斩后奏，这是请示行文的重要原则。事前行文有助于提请上级机关帮助把关，增加了一层保险系数，避免出现重大失误。

3. 内容的单纯性

请示的内容必须主体单一，严格执行一文一事制度，以便上级机关及时处理，还可缩短公文办理周期，提高行文效率。

4. 明显的时效性

请示是下级机关工作中出现紧急或重要事项时的行文。下级机关发出请示后就开始期盼上级机关尽早答复。上级机关及时答复，就能够使问题得到及时解决；一旦延误时机，可能造成较大损失。这就体现了请示的明显时效性。

5. 结果的期复性

上级机关收到下级请示后，无论同意与否，都有责任尽快予以办理和答复，避免下级机关贻误工作。这是上级机关和下级机关在为人民服务这个根本利益相一致的前提下的共同要求。有请必复是上级机关处理请示与报告两种文件的重要区别。

（三）请示的结构形式

请示由标题、主送机关、正文、生效标志、发文时间等部分组成。此外，在公文正本的眉首部分，必须标明签发人姓名。

1. 标题

请示的标题有两种写法：一是三要素齐备的写法，即发文机关名称＋事由＋文种，如“××市环保局关于更换市容清洁车辆所需经费的请示”；二是省略机关名称的写法，即只保留事由和文种两个要素，如“关于进一步加强对历史文化名城的保护与管理工作的请示”等。要特别注意“请示”与“报告”不能混用，不能把请示写成报告，也不能写成“请示报告”。

2. 主送机关

请示只能写一个主管上级机关的名称。受双重领导的机关向上级请示，应根据请示内容，主送其中一个负责答复的上级机关，抄送另一个上级机关。

3. 正文

正文是请示的主体。为了增强行文效果，撰写请示的正文时，一般分为以下三个部分来写：

（1）说明请示原因。

撰写请示都要从陈述原因开始，主要说明行文的理由、依据或目的，必要时可以说明所请示问题产生的背景。有时根据具体情况，要阐明解决问题的必要性、紧迫性。同时，还要讲清请示事项已经具备的条件和办理的可行性。这是为上级机关的批复提供有说服力的事实、数据或依据，有利于上级机关尽快批复。讲清原因后，经常用“为此，特请示如下”，或“现将有关事项请示如下”，或“现提出以下请示意见”等，作为过渡句，引出正文的主体部分。

（2）提出请示事项。

这是请示的主体部分，主要说明遇到了什么问题、要请示哪些事项、本机关准备怎样处理。重点在于对解决有关问题提出具体建议或意见，以及对具体要求的说明，有时还需要提出解决问题的初步方案，供上级机关定夺。若有可供选择的多个方案或建议，则需提出本机关的倾向性意见。提倡积极帮助上级机关出谋划策的态度与做法，坚决反对简单消极地上交矛盾的态度和做法。

（3）结尾用语。

请示要用简短的语言，明确提出请上级指示、批准、批转的肯定要求。注意采用征询、请求、谦和的语气，使用期请的语言，常以“以上意见当否，请批示”“以上请示如无不当，请批准”“特此请示，请予审批”“以上请示如无不当，请批转各有关单位执行”等结语表达行文要求。

有的请示的结尾用语语气强硬，很不得体，例如“无论如何，望批准”“以上请示急迫，限五日内答复”。还有含混不清、用意不明的情况，例如“以上意见，请予以考虑”“以上意见当否，请批准”“以上请示如有不当，请批复”。只要稍加斟酌，就会发现这些语言的毛病。更有甚者：“此项工程定于6月15日开工，请于此日前予以批准。”这类语言哪里还像是在请示上级机关？分明是在给上级下达“任务书”或“最后通牒”。

4. 生效标志

生效标志即在请示的结尾规范地标明发文机关名称，规范地用印。

5. 发文时间

按照要求规范标明发文时间。

（四）请示的类型及其写法

根据请示的用途以及行文目的的区别，请示可以分为下述三类。

1. 请求指示类的请示

此类请示的核心是要解决“请求指示怎样做”的问题。例如政策规定难以把握、工作中遇到新的复杂情况等，需要请求上级给予指示。行文中，要写明本机关的意见或建议，以便上级机关批复时参考。

2. 请求批准类的请示

此类请示的核心是要解决“请求批准这样做”的问题。在机构设置、人员编制、领导班子调整、财务预算、重要事件或重要人物的处理问题上，常常要请上级机关审核批准。行文中需要把有待批准的事项阐述清楚，必要时应当采用附件形式，提供有关事项的完备材料，以便上级机关了解有关情况。

例7-17

××市人民政府关于
承办××××年春季全国糖酒商品交易会有关事项的请示

省人民政府：

根据××部通知，××××年春季全国糖酒商品交易会将于3月下旬在我市举行，并委托我市承办有关会务工作。为使这次交易会达到预期目的，并取得圆满成功，现将有关事项请示如下：

一、成立全国糖酒商品交易会领导小组。交易会筹备及交易会期间的有关重大事项，由会务领导小组负责组织协调。领导小组下设办公室，负责日常具体工作。

二、会务接待工作由商品交易会办公室牵头，××市工商局、××市糖酒公司、××市糕点公司共同承办。请省级各有关部门大力支持、指导。

三、交易会期间，有接待任务的各宾馆、饭店、招待所及大会交易场，应接受会务办公室的统一安排，遵守物业管理规定，执行交易秩序管理通告，做好与会人员的住宿和交易场地的安排和管理工作。

四、交易会期间，公安、交通部门要切实加强社会治安和市内交通管理，保证与会人员的人身、财产安全；铁路、航空、航运部门要尽力做好代表的返程中转和各类物资的运输工作；城市供水、供电、供气部门要认真做好水、电、气的供应，切实保证交易会需要；工商、市容、卫生管理部门要积极支持配合，保证交易会的顺利进行。

五、交易会期间，场内广告业务由大会统一办理，场外广告悬挂时间由大会统一安排。

六、预计本届交易会将有5万余人由大会统一安排接待，在此期间，望各市、地、州和省级各部门尽量不在××市安排会议。

以上请示，请予审批。

附件：××××年春季全国糖酒商品交易会领导小组名单（略）

××市人民政府（印）

××××年××月××日

[评析]

这是围绕组织大型活动制发的请示，写得中规中矩。

公文标题看起来字数较多，但仔细推敲后却相当精准，可谓一字不易。

正文开头部分对行文背景的交代言简意赅，行文目的明确，一看便知。

主体内容分条表达，简洁清晰。各项内容的排布，即需要上级审批的事项，涉及交易会的组织举措、接待服务、安全保卫、后勤保障、广告宣传等方面，考虑得周密、完善、实在、稳妥，具有可行性，体现了务实细致的工作作风。

结尾用语使用规范，目的明晰。

总体看来，此文请示事项务实合理，具体可行；语言表达准确精当，简洁得体；格式要素规范完备，行文思路清晰流畅，具有典型示范价值。

3. 请求批转类的请示

此类请示的核心是要解决“请求让同级相关机关或部门这样做”的问题。针对本机关提出的涉及重大事项的解决方案、工作部署，或拟订的重要规章制度，请求上级机关批转在相关机关或部门范围内执行。

(五) 请示的撰写要求

(1) 严格遵行一文一事原则，一份请示只讲一个问题，切忌数事混杂。

(2) 请示的理由必须充分，一般包括两个方面：一是需要；二是可能。讲需要，就是要强调现实必要性以及请示事项办成后，将会带来的经济效益、社会效益；讲可能，就是要说明办成请示事项已经具备的有利条件。

(3) 请示目的要明确，做到提出的建议和要求具体明确，解决问题的措施、办法和要求必须切实可行。

(4) 严格按照隶属关系逐级行文，不能多头主送，也不能主送领导者个人（领导人明确要求的除外）。

(5) 请示必须在事前行文，切忌先斩后奏；未获上级机关批复之前，请示不得抄送下级机关。

(6) 行文之前要主动与主管领导取得联系，做好沟通工作，求得领导的同情、理解和支持。大量经验证明，提前沟通是请示事项容易获得批准的重要因素。

二、报告

（一）报告的用途及其与请示的异同

报告用于向上级机关汇报工作，反映情况，答复上级机关的询问。

报告与请示都是上行文。从行文关系的角度来说，都反映了下情上达，下级机关接受和服从上级机关的领导与指导的关系。但是，从写作角度来说，报告与请示的区别十分明显，主要有下述几方面。

1. 行文目的不同

报告是为了向上级机关汇报工作、反映情况，是一种陈述性的文种，旨在让上级机关了解有关情况；请示是为了请求上级机关的指示和批准。

2. 行文时间不同

报告在事中和事后行文；请示必须在事前行文，不能先斩后奏或擅自处理。

3. 内容要求不同

报告的内容具有综合性的特点，可以同时反映多方面的情况和问题；请示的内容单纯，必须要执行一文一事的制度。

4. 处理结果不同

报告行文后，不需要上级机关行文批复；请示行文后，上级机关必须给予答复。

常识点滴

1948 年 1 月 7 日，毛泽东同志为中共中央起草了《关于建立报告制度》的党内指示，指出：为了及时反映情况，使中央有可能在事先或事后帮助各地不犯或少犯错误，争取革命战争更加伟大的胜利起见，从今年起，规定如下的报告制度。从此，就将以往在党内施行的下级向上级报告工作的做法作为一项制度来执行。新中国成立后，报告制度在全国各级党政机关得到广泛推行并逐步完善。

（二）报告的类型

1. 按照报告的内容划分有综合报告、专题报告

（1）综合报告。

用来全方位地汇报一个地区、一个单位一段时间内全面工作的进展或完成情况。这种报告内容丰富，篇幅较长，综合性较强。

（2）专题报告。

用来反映一项工作或一个问题的完成与处理情况，其特点是突出一个“专”字，内容单一，专指性强，是典型的一事一报的公文。如《××大学关于教师职称评定工作的报告》是在完成一次职称评定工作后起草而成的。

2. 按照报告的目的划分有工作报告、情况报告、答复性报告等

（1）工作报告。

旨在向上级机关汇报工作进展情况，以便上级机关统一协调和掌握下属工作情况，实

行有针对性的领导。

（2）情况报告。

旨在向上级机关反映除工作之外的各方面有关情况，如社会动态、职工思想状况、严重自然灾害，以及其他需要上级机关及时了解和掌握的特殊情况。它与工作报告大有区别：工作报告的重点是汇报做了哪些工作、取得了哪些成绩、还存在什么不足、今后有什么打算。情况报告的重点在于反映情况，例如上级机关的决策、部署执行情况，本机关工作中出现的新问题、新情况，某些问题的处理情况，发生重大突发性事件等。这其中有些只是要求提供准确的数字信息，而有些是以书面文字的形式反映情况，以便上级及时了解和掌握状况。要注意的是，情况报告主要不是反映开展工作的情况，它的重点和主体内容是反映工作中出现的新动态，以及社会和自然领域的客观现实。

（3）答复性报告。

当上级机关有所询问时，比较简单的问题，可以口头答复，比较重要的问题，上级机关往往要求用书面形式答复，这时，下级机关就要撰写答复性报告，是一种被动行文。撰写时要注意有问有答、问啥答啥，切忌答非所问。

（三）报告的结构形式

1. 标题

标题一般采用发文机关名称＋事由＋文种的形式。定期制发的报告需要标明针对的时间，以示区别。综合报告的标题可以省略介词结构，专题报告的标题要特别注意将事由概括准确。例如，“××区人民政府2017年工作报告”，这是综合报告的标题；“××县林业局关于2018年春季植树造林工作的报告”，这是专题报告的标题。

2. 主送机关

主送机关顶格写在正文前第一行，只能主送一个直接上级机关。

3. 正文

报告的正文通常这样安排：

（1）说明报告的缘由。

例如为什么要写报告，是遵照领导的明确要求，还是认为有必要让领导机关了解有关工作情况，或是为了答复上级机关的询问。还要简要介绍报告涉及的主要内容、时间和空间范围等。

（2）报告的主要内容。

即讲报告涉及的主要工作进展情况。撰写时要突出重点，抓住核心问题，有成绩、有经验、有不足、有改进意见。

（3）结语。

一般使用“特此报告，请审阅”“特此报告”等语句。结语不能用“以上报告如无不妥，请批转……执行”。因为报告与请示不同，如果有请上级批转的要求，应当使用请示或意见等文种。

4. 发文机关名称

按照要求标明发文机关名称，并规范使用印章。

5. 成文时间

按照要求标明成文的具体日期。

（四）工作报告正文的写作方法与要求

1. 工作报告正文的写法

（1）开头部分。

主要采用概述式写法，即概要叙述报告所涉及的工作，包括行文依据和报告针对的时间、地点、主要任务，以及总体效果评价等，这些内容都是点到而止。例如，《××市人民政府关于上半年工业生产情况的报告》开头这样写："今年上半年，我市工业出现了经济效益与发展速度同步增长的好势头。到6月末，工业总产值完成×××亿元，比去年同期增长55.2%，完成年计划的54.2%。工业企业利润比去年同期增长52.5%，是近十年来实现利润最高的一年。上缴利润和工业税收分别比去年同期增长20.4%和10.1%。"这一段语言不多，简要概述了上半年的工业总产值、工业企业利润、上缴利润、工业税收等方面的增长情况，客观地说明了该市工业生产的经济效益与发展速度同步增长的良好势头。

（2）报告主体部分。

重点报告工作进展情况、工作的主要成绩、工作中采取的主要措施，以及主要的经验体会；找出存在的不足之处或薄弱环节，说明解决办法，提出下一步工作的安排意见或表明进一步做好工作的愿望。主体部分仍然采用概述的写法，只是要区分重点与一般，有详有略。

（3）结尾部分。

通常使用的结语是"特此报告，请审阅"等。

2. 工作报告正文的撰写要求

（1）采用记叙的方式，概述工作内容及其完成情况，既不用细节描写，也无须罗列过多事例。一般按照时间顺序或工作步骤进行概括叙述。

（2）突出重点内容，做到点面结合。突出重点，即突出本单位中心工作进展情况，不能写成流水账。点面结合，即在叙述中心工作进展的前提下，对普遍情况要有概括性叙述，如适当引用一些数据，以增强说服力。但是概述不等于笼统，事实要写清楚，情况要说透彻，以便给上级留下深刻的印象。

（3）坚持实事求是的态度，对成绩不夸大，对问题不缩小，尊重事实的本来面貌。

（4）报告中不能写请示事项。

第四节　函、会议纪要

一、函

函是典型的平行文种，用于同级机关及不同系统的单位之间商洽工作、询问和答复问题，请求批准和答复审批事项。政府专门职能部门，如财政、人事、卫生、统计、工商、市政管理、环保等，都是各该项事业的专门管理机关，同级部门或下级政府机关要开展这些方面的工作，或解决问题需要涉及这些部门的职责范围时，应当使用“函”请求批准，而不能使用“请示”。

党政领导机关的办公厅（室），根据授权可以代行领导机关的部分职权，用公函形式答复下级机关的请示事项。此时的公函具有一定的指导作用。

（一）函的特点

1. 适用范围广泛

平行或不相隶属的机关之间相互往来公文，不受级别限制，都可以使用函行文。

2. 内容单纯具体

函的内容遵循一文一事的原则，不能一文多事。要涉及具体的人、具体的事、具体的时间、具体的事项。

3. 格式灵活简便

机关对外发函，在格式上的要求比较灵活，写法较自由，行文的限制较少。

4. 文字表达简练

函的篇幅都比较简短。

（二）函的结构形式

函一般由标题、主送机关、正文、发文机关、发文时间等组成。

1. 标题

函的标题一般由发文机关名称、事由和文种（函和复函）三部分组成，在具备正式文头的情况下，也可省略发文机关名称。

2. 主送机关

主送机关写全称或规范化简称。

3. 正文

不同内容和用途的函，其正文写法不同。

（1）主动发函。

主动发函（请求函、商洽函、询问函、告知函）的正文一般首先说明发函的原因、理由、根据，询问什么问题，告知哪些情况等，要写得清楚、明白、诚恳，以取得对方的理解和支持。其中，请求函则主要说明请求的理由和请求批准事项等，商洽函还应当说明本单位的意见。发函理由要充分明确，合乎事理。函的结尾要写明要求答复，并使用诚恳谦和的语言和商量、征询的语气，如“请即函复”“特此函告”“请大力研复（函复）为盼”“请大力协助并尽快函复”等。

（2）复函。

复函（包括答复函和批准函）的正文首先要针对来函表示收悉，如“贵局 2018 年 3 月 24 日《关于商洽××××问题的来函》收悉”，这是复函惯用的开头引语。然后，针对来函请求、商洽、询问的有关事项，明确答复或表态。如果撰写批准函，则重在表态同意某某事，还可以在此基础上阐述有关意见，提醒对方注意有关事项。最后使用“特此函告”“特此函复”“此复”等惯用语结尾。

4. 发文机关

在文尾标明发文机关名称，或规范使用印章。

5. 发文时间

在发文机关之下标明具体的发文时间。

（三）函的类型及其写法

根据发函的目的和内容，可以划分为请求函、批准函、商洽函、询问函等。

1. 请求函

请求函旨在向专门职能部门请求批准。撰写时应将请求批准的有关事项及发函机关的具体意图交代清楚。

例 7－18

××省公安厅

关于拟录用 2017 届大学毕业生的函

×公安政〔2017〕28 号

××省人社厅：

根据中共××省委组织部、××省人社厅《关于 2017 年省级机关录用应届高校优秀毕业生的通知》（×组字〔2017〕46 号）规定，我们对拟录用到我厅机关工作的大学毕业生，按规定程序进行了统一考试、面试、体检、政审。经厅党组研究，拟录用大学毕业生张××等共计 24 名。

现将录用审批材料报给你们，请予审批。

附件：录用审批材料 24 份

××省公安厅（印章）

2017 年 7 月 10 日

［评析］

这是平级单位之间行文的例子，文种选用准确。在这种情况下选用“请示”的做法是错误的。此函的特点是情况清楚，表意清晰，语言简洁，要件齐备。主要写明三层意思：一是请求函的背景缘由；二是请求函的目的；三是请求批准的具体事项。结语“请予审批”使用得体规范。正文下面的附件是不可缺少的要件。

2. 批准函

批准函用于批准平级机关的请求事项，可分为表态式批准函和阐发式批准函。

例 7－19

××省人社厅关于批准录用

张××等 24 名同志为国家公务员的复函

×人字〔2017〕61 号

××省公安厅：

你厅 2017 年 7 月 10 日《关于拟录用 2017 届大学毕业生的函》（×公安政〔2017〕28 号）收悉。

根据中共××省委组织部、××省人社厅《关于2017年省级机关录用应届高校优秀毕业生的通知》(×组字〔2017〕46号)规定，经考试、考核合格，批准录用张××等24名同志为国家公务员。

特此函复。

附件：录用人员名单

××省人社厅(印章)

2017年7月20日

[评析]

上文为表态式批准函，旨在针对有关单位请求批准的事项给予明确态度，属于批准性公函。从内容的构成来看，可以称之为表态式批准函，即实际上是在行使某种特定的审批权。这种公函的正文通常分为两部分：首先要明确审批何种事项，为此，要引出来文标题，注明文号，表明已经收悉；其次要针对来文请求事项表明是否同意的态度，表述过程简洁明了。

例7-20

国务院办公厅关于
同意山西省承办2019年第二届全国青年运动会的函

国办函〔2015〕57号

体育总局、财政部：

你们《关于批准山西省作为第二届全国青年运动会承办单位的请示》(体竞字〔2015〕66号)收悉。经国务院领导同志批准，现函复如下：

一、同意山西省承办2019年第二届全国青年运动会。

二、筹备和举办第二届全国青年运动会的经费主要由山西省人民政府自筹，中央财政给予一次性定额补助；场馆设施建设所需资金由山西省人民政府自行负担。

三、请体育总局和山西省人民政府严格按照党中央、国务院有关规定，充分结合当地经济社会发展实际，坚持量力而行、量入为出、节俭高效原则，共同组织好第二届全国青年运动会。

国务院办公厅

2015年7月7日

[评析]

与表态式批准函不同，阐发式批准函除了要针对请求事项明确表态，还要阐述做好相关工作的指导意见。当然，这些意见要讲究条理，务实可行，具有切实指导意义。拟写这类公函，正文大都采用分条列项方式，以便表达比较丰富的内容。

3. 商洽函

商洽函旨在与对方机关商洽有关事情，请求予以协助或解决某个问题。

例7-21

××省商务厅关于商洽委托代培涉外秘书人员的函

××贸易大学：

随着我国经济文化领域对外交流日益频繁，我厅部分秘书人员先后调整到涉外部门工作，新近上岗的秘书人员缺乏涉外秘书知识，业务素质亟待提高。据悉，贵院将于今年9月起开办涉外秘书培训班，系统讲授涉外秘书、公关礼仪等课程，这为我厅新任秘书人员提供了一个难得的在职学习机会。为尽快提高涉外秘书人员的从业素质，我厅拟选派15名在职涉外秘书人员全程参加此次培训班的学习，并于培训班结束后继续委托贵院代培1年时间，不知贵院能否同意。所需代培经费及其他相关费用，我厅将按贵院规定按时如数拨付。

如蒙慨允，敬请函复为盼。

××省商务厅（印章）

2018年7月22日

［评析］

商洽函要在标题中写明商洽事项，给对方传达明确信息。

正文内容大都分为两个层次：首先，说明发函理由，一般以实际工作情况为背景提出需求。上文首先说明本厅在岗秘书人员素质亟待提高这个事实，说明参加在职学习的必要性。其次，说明商洽事项，这是发函目的所在。上文明确提出需要商洽的具体事项和本单位意见。如果商洽事项涉及几个方面，以分条列项说明为宜，以便对方考虑研究。商洽函态度要谦和，语言要恳切。结尾用语是对回函的期待，要注重语气得体。可以用“以上事宜，恳请支持”“如同意，诚请尽快复函”“如蒙慨允，请即复函为盼”等结语。上文结尾用语得体规范。

4. 询问函

询问函即向对方询问了解有关事项。上下级机关、平行机关、无隶属关系的机关之间都可以使用。

例7-22

××市高等职业技术学院
关于了解网络工程在职师资培训班有关情况的函

××师范学院：

据报载，贵院将于今年9月起开办网络工程专业在职师资培训班。因有些情况了解不太具体，比如：何时招生、招收多少名额、是否需要考试、开设哪些课程、报考对象和条件如何、学制几年、收费多少等，我院急需了解，以便选派合适人选参加学习。

上述事宜，敬请函告。

××市高等职业技术学院

2018年8月10日

（四）函的撰写要求

写公函不同于写书信。书信的写作比较随便，个性化特点比较突出，更没有法律意义上的明确规定。公函是国家法定的公文，基本写作规则是符合公文规范。具体来说，撰写公函要注意以下事项：

（1）函的正文内容要开门见山、具体明确，无论是主动发函还是复函，都要直陈其事，交代清楚，不要转弯抹角，要去掉一切客套和空泛的议论。

（2）要按照一文一事的规则，一封公函谈一件事，便于处理和答复。

（3）行文要郑重其事，要讲究体例和格式规范，维护公文的严肃性。

（4）语言要得体而有分寸。发函要使用平和、礼貌、商洽的语言，对上级机关要尊重，对下级机关要平和，对平级机关和不相隶属的机关要诚恳。切忌使用生硬、命令或恭维的语言。复函的语言要肯定确切，不能含糊笼统、犹豫不定。

（5）批准函的结语，应用“特此函复”而不用“特此批复”，以示尊重。

二、会议纪要

（一）会议纪要的用途及与会议记录的区别

会议纪要用于记载和传达会议情况和议定事项，是传达会议信息的主要媒介之一。它与会议记录虽然都源自会议，都反映会议内容，但是两者有很大区别。

1. 性能上的区别

会议纪要是国家法定公文，具有现行执行效用和很强的约束力；会议记录是机关单位用于记录会议发言的事务文书，属于记载备查的内部文字资料，一般不发挥现行执行作用。

2. 内容上的区别

会议纪要是会后指定有关人员在会议记录和会议其他文件基础上整理加工摘编而成的，是会议内容的系统而简要的反映；会议记录是记录人在会议发言过程中同步完成的实录性文字材料，基本要做到有言必录，具有原始和翔实的特点。

3. 形式上的区别

会议纪要有规范的格式要求，并且与其他公文略有不同；会议记录没有统一的格式，由单位自定。

4. 表达方式上的区别

会议纪要采用记叙为主、说明为辅的表达方式，运用准确、严谨、简明的公文语言，记载和反映会议的主要精神与议定事项；会议记录的表达方式取决于发言内容，是对发言者“所发之言”的再现，尽可能保持“原汁原味”。

（二）会议纪要的结构形式

会议纪要的结构形式分为版头、主体和文尾三大部分。

1. 版头

版头有两种格式：一种是专门设计的纪要版头，主要用于定期召开的办公会议，由纪要名称（会议名称＋纪要）、纪要编号、编制单位、编制日期构成；另一种是仿照下行文件格式设计的版头，由发文机关标志、发文字号构成，常用于专题会议。

2. 主体

分为标题＋正文和只有正文而无标题两种情况。前者适用于专题会议纪要，需要标明纪要事由，例如《关于新增本科专业教学计划审定工作会议纪要》。定期召开的例行办公会涉及事项较多，加之使用专门设计的版头，已经能够说明会议性质，则不需要另写标题。

3. 文尾

文尾主要由发送范围、印制单位、印发日期、印数等部分构成。

（三）会议纪要正文写作要求

会议纪要的正文分为会议概况和会议主要精神两个部分。

1. 会议概况

会议概况即会议的组织情况。其撰写可以采用分项式和概述式两种形式。分项式即依次将会议时间、地点、参加人、列席人、会议议程、主持人等会议要素顺序列出，使人一目了然。概述式则将上述内容用一段文字简要叙述，以使人们对会议情况有一个基本了解。例如××省商务局制发的《全省商务局长会议纪要》开头写道："经省人民政府批准，全省商务局长会议于 2017 年 5 月 24 日至 5 月 28 日在××市召开。参加会议的有各地、州、市、区、县商务局长和省有关部门负责同志。省委副书记张××、省人大常委会副主任李××、副省长王××分别到会并发表重要讲话。省商务局长王××主持了会议。会议期间，学习传达了全国商务局长会议精神，研究部署了全省商业改革、市场供应、横向联系、队伍建设等工作。现将会议主要精神和议定事项纪要如下。"这段话文字不多，但把会议概况叙述得很清楚。

2. 会议主要精神

这是纪要的核心部分，既是对会议基本精神和议定事项的系统整理和集中反映，也是要求与会单位或有关方面贯彻落实会议精神的法定依据。对会议基本精神的反映，实际上是在转述会议取得的共识，多数用"与会代表一致认为……""代表们指出……"等，也可以采用第三人称的方法，如"会议指出……""会议决定……""会议希望……"等。撰写时必须忠实于会议实际，尊重会议的精神实质，不能将执笔者个人见解掺杂进去，不可随意增减内容，更不能借题发挥，这是撰写纪要的基本原则；同时还应注意，纪要是对会议基本精神的提炼和概括，它既要反映会议讨论情况，特别是领导人重要讲话精神，又必须综理其要，提炼概括，而不应成为会议记录的全面重复。

一般来说，会议纪要不必安排结尾部分。因为，结尾所要强调的问题，无非是"号召……""要求……"，这些大都在基本精神中得到了反映。

（四）会议纪要正文的表述方式

1. 条款式

条款式即将会议研究决定的事项用条款方式简要说明，分别冠以"一、二、三、四"的标号，一条写一个事项。这样的表达简明扼要，适合于部署工作的会议或办公会议，也适合于工作协调会，以便落实责任，督促检查。

2. 概述式

有些会议研究的问题比较集中单一，可把讨论的意见概括成几个方面或几层意思，依次阐发。

3. 归纳分类式

有些工作会议涉及内容较广，讨论的问题较多，实际上是某一部门业务工作的全面安排部署，这就要按讨论的问题、议定的事项分类整理，分别列出序号、标题来叙述。每个标题下面视内容多少，分段或分条来写。

4. 发言记录式

有些会议研讨的问题比较单一，可按与会人员的发言摘要整理；有些日常例会研究问题较多、比较具体，可按议题顺序，在会议记录的基础上逐项整理，并进行提炼和概括。

（五）会议纪要的类型及其写法

按照会议纪要的用途和目的，可以划分为下述几种类型。

1. 决议性会议纪要

主要记载和反映领导层作出的重要决策事项，以作为传达和部署工作的重要依据，对今后的工作具有直接的指导作用。常用于领导机关办公会，如市长办公会议纪要、院长办公会议纪要等常采用这种类型。

例 7-23

××省人民政府常务会议纪要

××××年 12 月 24 日上午，×××省长主持召开第×次省政府常务会议，听取了关于全省收费、罚款项目审核处理情况和全省近几年集资情况的汇报，纪要如下：

一、听取了省治理“三乱”领导小组办公室×××同志关于全省收费、罚款项目审核处理情况的汇报。

为巩固治理“三乱”的成果，省治理“三乱”领导小组提议，对审核处理后允许保留的所有省管项目，实行封闭式管理，统一编制目录，向社会公布。目前省治理“三乱”领导小组办公室对全省收费、罚款项目已全部审核完毕。各市地和省直部门共上报收费项目 1 169 项、罚款项目 384 项，其中省管收费项目 260 项；保留并编入目录的 129 项，未编入收费目录的 131 项，其中有争议的 7 项；省定罚款项目 107 项，确定保留编入目录本子的 82 项，废止的项目中 11 项有关部门有不同意见，省治理“三乱”领导小组办公室对有争议的收费、罚款项目提出了处理意见。

会议原则同意省治理“三乱”领导小组办公室的汇报。确定：

（一）同意对省编制的收费罚款目录实行封闭管理。（略）

（二）关于有争议的 7 项收费。（略）

…………

二、听取了省发改委×××同志关于近几年我省集资情况的汇报。（略）

[评析]

以上会议纪要抓住了会议内容的关键，语言简明凝练，议定事项清楚明了，开头交代会议概况时运用了概述式表达方法。

2. 协议性会议纪要

主要记载双边或多边会议有关内容及其达成的协议情况，以便作为会后执行公务和履行职责的依据，对协议各方今后的工作具有约束作用。这类会议纪要常用于领导机关主持召开的多部门协调会或不同单位共同召开的联席办公会。

例 7-24

关于××地区煤气调压站工程协调会纪要

××××年 3 月 10 日，市建委召开××地区市政配套工程协调会，研究了××煤气调压站的施工问题，投资由附近各有关单位集资，工程建成后为集资单位供应煤气。由于地处繁华地区，地下管线复杂，施工条件困难，要求各单位互相配合、支持，尽快完成该项工程。

会议确定如下事项：

一、由××市政工程处总承包，工期150天，争取7月底完成。

二、原则同意施工方案，先开调压站及西侧管线，恢复以后再开东、北侧管线。施工单位要文明施工，落实便民、安全措施，保证工程质量。

三、施工过程中需要迁改的管线必须先建后拆，不能因施工而影响各种市政设施的正常运行，尽可能少拆改管线。

四、××开发公司负责的热力工程应抓紧准备，4月底出图，尽快施工，确保今年供暖。

五、××教育局需用煤气，煤气公司原则同意，管线施工中应留口。申报用气手续由××教育局去煤气公司办理，××联办协调。

六、施工中具体事宜请××建委和××联办协调解决。

参加会议人员名单（略）

[评析]

以上是协议性会议纪要，正文主体采用条款式表达方式，将各有关单位的责任分工、施工要求、完成时限等简要清楚地记载下来，以便会后抓紧落实、检查督促。

3. 研讨性会议纪要

主要记载和反映经验交流会议、专业会议或学术性会议的研讨情况，各抒己见，不需作出决议，不必统一意见，旨在阐明各方的主要观点、意见或情况即可。这类会议纪要常见于专门职能部门和学术研究机构召开的专业会议或学术研讨会议。

（六）会议纪要的撰写要求

1. 写作之前做好必要的准备工作

要了解会议的宗旨和指导思想，熟悉会议议程，预计会议可能出现的情况，做到心中有数，以便较好地把握会议精神和做好会议记录，为编写会议纪要奠定基础。

2. 忠实于会议内容，掌握会议要点

要准确真实地反映会议的精神实质，关键是要抓住与会者达成的共识和议定事项，要围绕会议宗旨和讨论情况进行整理概括，不要把个别人的意见当作共识来反映。在研讨性会议纪要中，既要写清一致意见，也要写清重要的不同意见。这也是忠实于会议内容的表现。

3. 要掌握综合提炼会议结论的常规要领

在概括会议主要精神或结论性意见时，人们总结出来的“四要”值得借鉴：一要抓住主要领导人或某些权威人士的发言内容，领会其精神实质；二要抓住主持人发表的意见，特别是其总结性发言内容；三要区分讨论过程中的意见和表态性、结论性意见；四要把握多数人意见，尤其当对重大问题意见不完全统一时，要按照少数服从多数的原则，以多数人的意见为结论性意见。

4. 注意表达的逻辑性和条理性

可以用第三人称的方法如“会议认为”“会议决定”等区分纪要的不同层次，也可以用列小标题的方法区分不同的问题，以增强逻辑性和条理性。

本章小结

本章比较系统而简要地介绍了通用公文文种的特点、应用范围、结构形式及写作方法。这些内容是人们在公文写作实践中不断总结和积累经验而逐渐形成的一些规矩。

公文写作的规范化特征，以及公文构成要素的标准化要求，为学习和从事公文写作的秘书人员提供了直接模仿的可行性。因此，认真阅读和分析随文介绍的例文，对于领会和掌握各种常用公文的写作要领、尽快提高写作能力，具有一定的借鉴意义。

思考题

1. 决定具有哪些特点？写作要求有哪些？
2. 批复具有哪些特点？写作要求有哪些？
3. 通知具有哪些特点？写作要求有哪些？
4. 表彰性通报和批评性通报的正文怎样写？写作要求有哪些？
5. 请示的应用范围是什么？正文怎样写？写作要求有哪些？
6. 请示和报告有什么区别？
7. 函和复函的正文怎样写？
8. 会议纪要正文的写作要求有哪些？

能力检测题

1. 根据下列素材拟写函和复函。

发函素材：某学院学生工作部决定利用暑期组织 30 名（男 20 名，女 10 名）大学生赴陕西省××县两所希望小学开展暑期支教活动，带队教师男、女各 1 名，共 30 天时间。以学生工作部名义发函与该县教育局联系。

复函素材：陕西省××县教育局表示全力支持此次暑期支教活动，已经选定两所希望小学作为支教对口学校，并做好大学生接送站工作、提供必要的食宿条件。

2. 根据下列素材拟写通报。

最近，青海省邮政运输局党委作出决定，授予在邮车出班途中以身殉职的邮车驾驶员陈××“优秀共产党员”的荣誉称号。

××××年陈××从部队复员后调入邮电系统，一直担任省邮政运输局汽车驾驶员。20 年来，他长期驾车奔波在高原邮运线上，大部分时间跑高海拔地区。他兢兢业业为党工作，从未发生任何行车责任事故和质量责任事故，出色地完成了每一次邮运任务。

××××年 9 月 10 日，陈××同志担任西宁至黄南藏族自治州河南县的邮件运输任务，11 日返回途中经海拔 3 600 多米的麦秀山时，他突然脑出血，半身麻木。在右手、右脚都不听使唤的情况下，他在崎岖难行的山路上驾车行驶了 5 个半小时，把邮车和邮件安全无损地送回州上。汽车开进州邮电局后，陈××终于支撑不住，倒在了方向盘上。虽经过医院全力抢救，但抢救时机已过，在昏迷了 20 多天后，陈××同志于 10 月 2 日不幸去世，年仅 49 岁。

第八章
商务文书处理方法

阅读提示

商务文书的处理，因公司性质、规模、人力配备、设备配置、办事特点、历史传统乃至企业文化各方面的区别而具有较大的灵活性。企业领导对于商务文书处理的重视程度也不尽相同。妥善处理商务文书，对企业的经营与发展至关重要。本章主要介绍商务文书处理与管理的基本业务环节以及商务信息归档保存的要求与方法，为企业建立公文处理规范，做好商务文书的处理工作，提供参考和借鉴。

第一节　商务文书的制发与传递

企业的经营管理活动一天也离不开商务文书。因为商务文书不仅是企业的重要信息源，而且是企业树立自身形象、承载企业文化、加强经营管理、实现发展目标的重要工具。代替领导和企业制发与处理商务文书是商务秘书人员的重要职责。因此，作为一名商务秘书，需要掌握商务文书制发与传递的基本程序和方法。

一、商务文书的制发

从一般意义上说，制发商务文书并不像制发国家机关公文那样严格，更没有什么统一的规范。但是，这不意味着在起草和制发商务文书时就可以特立独行、随意挥洒。实际上，无论是从提高企业的经营管理水平来说，还是从企业与国家机关的公文往来的规范化需要来说，讲究商务文书起草与制发的必要程序与方法都是十分必要的。

（一）起草

程序是一种工作模式的反映。假如你能够按照成功的模式去工作，就等于借鉴人们的直接经验，可以少走许多弯路，提高工作效率。

起草商务文书的基本程序可以分为下述五个步骤。

1. 明确主旨

在起草文书之前，有这样几个问题要认真考虑：

（1）你要草拟的是哪一类哪一种文书？商务文书有诸多种类，分别表达不同的内容，适用不同的场合，具有不同的写作要领。所以，你必须明确眼下要写的是什么文书。

（2）你草拟的文书要实现什么目的？草拟文书旨在适应企业经营管理活动的需要，或是为了进行市场调查，或是为了招标投标，或是为了询价报价，或是为了礼仪交往等。总之，不同种类的商务文书具有不同的目的与功能。如果写作目的模糊不清，你就无从下笔。

（3）你的文稿要表达怎样的中心思想？你草拟的商务文稿普遍具有代书的性质，即代替公司领导起草文书。因此，动笔前你要设法与领导沟通，摸清领导意图，了解公司的有关情况，根据领导要求和公司经营管理的实际需要，确定文稿的中心思想。

只有当你对上述情况有了深入了解时，草拟文稿也就有了比较准确的定位，你才能做到思路清晰，切入准确，内容妥当，中心突出。

2. 收集资料

草拟文书不能闭门造车，任意杜撰。要根据写作目的和文稿的中心思想，有意识地收集相关的信息资料，并对有关信息资料进行恰当的梳理分析，作出符合实际的判断，得出顺理成章的结论。

3. 编拟提纲

写作提纲就是写作方案，是为内容要点搭建的结构顺序。编拟写作提纲，是理顺写作思路、保证写作过程顺利进行的重要环节。比如怎样起笔、怎样收笔、哪里概述、哪里详述、哪里转折、哪里呼应、哪里该用什么资料、哪里该强调重点问题，事先应该通盘考虑、精心策划。如果想到哪里写到哪里，就很容易丢三落四、顾此失彼。

4. 草拟文稿

要按照不同文种的体裁与格式要求，完成文稿的草拟工作。商务秘书草拟的文稿大都与商务运作有直接关系，具有很强的实用性。因此，要特别注重准确简明，直截了当，意思清楚，文理通顺，层次分明，表达妥帖，格式适当。

5. 修改定稿

草拟文稿过程中难免存在一定的问题。这些问题要在修改阶段予以解决。所以草拟文稿后要进行认真细致的修改，哪怕是很简单的文稿，也要仔细推敲一遍，防止漏洞与瑕疵。

（二）核签

草拟完毕的文稿，要报请领导核准签发，之后即可打印发出。

商务文书是体现企业整体面貌的东西，在某种意义上说，它就是企业的形象代言人。或者说，商务文书就是一份促销书，它是在推销一样东西——企业形象。因此，文稿打印完毕后，要仔细做好校对工作才能够对外发出。校对时，不仅要看文字有无不妥之处，也要注意文书格式是否符合有关规范，是否遵循了商务活动的通行规则与国际惯例。有些文书，例如商务礼仪文书，在格式上有着严格的规范要求，不能出现丝毫差错；否则，将严重影响公司形象，最终导致公司经济利益上的损失。

二、商务文书的传递

根据商务文书具体情况的不同，其传递过程可以采用多种方式。以下是比较常用的几种传递方式。

（一）电子邮件

即利用计算机网络传递商务文书的方式。这种方式具有快捷高效、廉价可靠等诸多优点，特别是具备电话、传真等电信方式所不具备的信息处理功能。由于电子邮件是经过多次存储转发传递的，故一般不适合传递涉密商务文书，以防失密泄密或在计算机受到病毒攻击时难以实现信息沟通。

（二）邮递

即通过政府设立的邮政部门传递商务文书的方式。根据缓急时限与重要程度的不同，可以分别选用普通邮寄、挂号邮寄、航空邮寄、特快专递等不同方式。

（三）传真

传真是指利用光电效应通过无线或有线装置传送静止的商务图文信息的方式。这种方式具有真迹传输、快捷高效、安全可靠等突出优点，经济合同、产品简介、票据表格、照片图样、介绍信等都可以使用传真方式传递。但是，由于大多数传真机使用的纸张和传真字迹不具备耐久性能，所以对于需要长久保存的传真文件要进行复印。

（四）快递

这是由公司单位提供的信件快递业务，递送范围可以是同一城市，也可以是国内或国际范围。

选择文书传递方式不仅要考虑快捷、可靠、方便、经济等多种因素，也要处理好许多细节。比如，要确保收件单位填写准确无误，否则就会出现无法投递或错传错递的情况。例如，有一个单位从北京寄往厦门一封急件，对方收到后发现是个空信封；一个单位在交给邮局递送一封文件时，信封上的收信地址写着“陕西西安二十〇所”。这样的工作质量，怎能保证及时、安全、周到地为企业的经营管理工作服务呢？

第二节　商务文书的接收与处理

在瞬息万变的信息时代，企业是凭借着大量的商务信息及其对信息的准确判断来组织生产和赢得市场的。作为商务秘书，其重要职责之一就是接收与处理商务文书。因此，商务秘书必须掌握接收与处理商务文书的程序与方法。

一、商务文书的接收

大多数的商务文书是通过邮政系统、快递公司或计算机网络等途径传递到本单位的。秘书人员的工作岗位是商务文书进出的关口，每天都要收取许多商务文书及其有关信息资料。

（一）分拣

为了使受文处理工作及时高效地、富有条理地进行，秘书收到来文后，要立即进行分拣。基本的做法是：

（1）将商务文书与报纸、杂志、广告传单分开。

（2）将办公室内部邮件与其他部门的邮件分开。

（3）将私人邮件与商务邮件分开。

（4）将需要优先处理的急件与普通件分开。

上述分拣工作可以借助分类夹、分类架或分类盘等分类工具来完成。

（二）拆封

（1）拆封是秘书人员的职责，但是，标明“×××亲启”或“保密”字样的邮件，不能拆封（领导授权者除外）。若无意拆开了不应拆开的邮件，应立即封好，并在信封上注明“误拆”，必要时应当向有关人员表示诚恳的歉意。

（2）拆封时应当自封口处小心剪开，避免邮件、支票或其他重要物件被剪坏。取出邮件时要小心，并仔细检查信封里面是否遗漏邮件。

（3）不能拆开的私人信件和机密邮件应当交给收信人或有关人员处理。

（三）登记

公司日常收到的邮件很多，只凭大脑记忆很难记得清楚。因此，收到邮件后，要及时准确地进行登记，记录下收件的日期和时间、收件人、发件人及其地址、收件种类、处理日期等，以便日后核查和回复。最好制作一个邮件登记簿，如表 8-1 所示。

表 8-1 邮件登记簿

序号	收件日期	收到时间	收件种类	发出日期	发件人	收件人
1	08/02/18	上午 9 时	结算单	06/02/18	××××公司	财物经理
2	08/02/18	上午 9 时	邀请函	05/02/18	××股份公司	总经理
3						
4						

二、商务文书的处理

（一）分发

分发就是将已经收到的商务文书分别送交公司领导或有关部门阅读与办理。

公司收到的文书大致分为两大部分：一部分是需要呈交公司领导的文书；另一部分是需要分发给有关部门的文书。对这两类文书要分清轻重缓急，以便公司领导和有关部门优先办理最重要的文书。

常识点滴

大多数商务文书是通过邮政系统、快递公司和计算机网络传入企业内部的。秘书人员每日早晨到达办公室后，首先要查看计算机里面的电子邮箱和其他设备是否有邮件发来。如果有，通常要将电子邮件的全部或部分打印出来，并与其他需要呈交领导的文书放在一起。

通过邮局投递的信件一般固定在一天的某个时候到达，而电子邮件和专人递送的信件则可能在一天之内的任何时间到达。

通过特快专递或快递公司发来的商务文书通常是需要加快处理的急件，需要秘书人员尽快呈交给领导处理。

1. 呈交给领导的文书

（1）要赶在领导走进办公室之前将收到的文书以及有关信件准备好，并将最重要的放在上面，提请领导优先阅办。

（2）如果此前保管的文书与手头的文书有直接关系，就要将它们放在一起呈交给领导。

（3）对于篇幅较长的文书，为了节省领导的阅读时间，可以做些加工，例如在重要内容处画出文眼或做好摘要，对领导起到提示作用。

2. 分发给有关部门的文书

（1）在规模较大的公司里，文书在收发室按照部门分类放入文件架上，再由秘书分发到各部门。

（2）当收到的某份文书涉及多个部门时，为了能够及时处理文书，如果制度允许的话，可以将文书复印几份，分发给各有关部门处理。

（二）传阅

传阅是商务秘书辅助领导办文的活动。当收到的文书份数较少，又需要几个人阅读时，就需要组织文书的传阅。

（1）传阅之前要确定好领导传阅顺序，并填写领导传阅登记单（见表 8－2），组织有关领导依次传阅。

表 8－2　领导传阅登记单

收到日期：　年　月　日		发文日期：　年　月　日		发文字号或标题：
传阅顺序	传阅人姓名	传阅时间	阅后签名	领导批示
1	张××	年　月　日		
2	李××	年　月　日		
3	王××	年　月　日		
4	秦××	年　月　日		
5	刘××	年　月　日		

（2）每个阅文者在看完文书后，都要签上自己的姓名和阅读日期，然后将文书送给下一个需要阅读的人。

（3）将由于种种原因没有及时送领导传阅或签批的文书，分装在固定的文件夹或不同的纸袋中，标明“需要签批的文书”“需要×××处理的文书”“需要阅读的文书”等字样。一有机会便立即提请有关领导阅读与处理。

第三节　商务信息的归档保存

一、商务信息的分类

为了便于查找或调出归档后的商务信息，归档前就应将商务信息进行分类、排序和整理。不同的企业要根据自己商务信息的实际情况选用归档分类方法，同一企业的不同部门，也可以选用不同的归档分类方法。目前比较常用的文档归类方法主要有下述几种。

（一）按字母顺序分类

即文件和信息按照 26 个英文字母顺序进行归类。例如，可以按人的姓氏字母顺序排序，将公司的客户名单归档；可以按合作伙伴单位名称的字母顺序排序将合作伙伴单位信息归档；可以按照信息标题的字母顺序排序将某些信息归档。许多企业秘书接收客户名片后，就按字母顺序将姓氏排列分类放在名片簿中存档。当上司要查找某一客户的联系方式时，秘书可以很快根据客户姓名将名片查到，提供上司所需的信息。

1. 按字母顺序分类的优点

（1）操作简单，只要了解字母顺序，都可以使用和遵守。

（2）可直接查找访问，不像按数字归类需要索引卡片。

（3）运作费用低，能节省卡片和人员培训的费用。

（4）能同时应用于按地理或按主题进行分类的系统。

2. 按字母顺序分类的缺点

（1）在大型系统中使用较麻烦，因为难以估计字母表中每一个字母所需要的空间，有些字母很少使用，而有些字母经常使用，所以会引起文件分布的不均匀。

（2）容易引起混乱，例如同名的人或企业改名会带来混乱。

（3）如果只知道主题，而不知道客户或公司的具体名字，那么用此种分类查找该供应商的信息就较困难。

（二）按主题分类

就是按照信息内容进行分类，根据信息内容的主题或标题确定主题类别名称，建立一个比较醒目、易区分的主题词，同类内容的文件就归在这个主题词的类别下面。按主题分类适用于许多单位以及各部门，例如某公司的销售部门将销售计划、策划等销售前的文件归为一类，起名销售计划类；将销售产品的标号、性能、价格等资料信息归为一类，起名销售产品类；将销售后的反馈、售后服务等文件归为一类，起名售后类。这样就分为三个主题类，各主题之间的排列再按字母顺序进行。

按主题分类过程中，可以在主要主题下再分为次要主题。通常将最重要的主题名称作为归档的首要因素，次要的主题作为第二个因素，以此类推。例如上述公司销售部门在销售产品类下，可以按所销售的不同产品分为不同的二级主题，以产品名称为二级主题词建立归档文件夹，所销售的不同产品的资料、文件等，分别归在各自二级主题词的文件夹中。

1. 按主题分类的优点

（1）同类信息能集中存储，不易混乱。

（2）几个层次的主题分类能使信息存放更符合逻辑。

（3）便于按照某特定主题查找所需的有关信息。

2. 按主题分类的缺点

（1）开始分类时，不易掌握分类标准，常会形成许多不同的主题。

（2）标题不能明显地反映某项主题时，容易造成错误归类。

（三）按地区分类

这种方法常用于跨地区大型企业和旅行社等单位，将文件信息利用市、县或国家的地理位置作为分类标准来存储。即将涉及同一地区的文件集中存储，标明地理名称作为类别区分，不同地区类别再按字母顺序排列。例如某集团在全国五大地区设有分公司，在集团总部的档案室就按照五大地区分设档案柜，标明西北分公司、东北分公司等，专门存放各分公司文件。按地区存储后，还可以按照主题、字母顺序等不同的分类方法细分存档。

1. 按地区分类的优点

（1）将地区作为关键特征时，使用这种方法能方便查找所需信息。

(2) 分类方法容易掌握。

2. 按地区分类的缺点

(1) 使用者需具有一定的地理知识。

(2) 适用范围有限，只适合于与地区有关的情况。

(四) 按时间分类

就是按照信息形成的年、月、日自然顺序分类，主要用于日期显得很重要的信息，如财务部门每天报销的票据凭证很多，通常按年、月、日排序，并按照月或十天等分类装订成本存档。

按时间分类这种方法很少单独使用，常与其他方法结合使用。有时它需要索引系统才能了解信息。但是时间分类法是用来排列案卷内或文件夹内文件顺序的标准方法。时间最近的文件放在文件夹的最上面，以便于查找。

1. 按时间分类的优点

(1) 它常作为大型系统归档的细分环节。

(2) 案卷内或文件夹内文件按时间排序很有秩序，方便查找。

2. 按时间分类的缺点

(1) 常需要与索引系统配合使用。

(2) 仅适于时间特征显著的信息归档。

(五) 按数字分类

按数字进行分类是以数码排序，给每一个文档一个号码，并按数字顺序从低到高顺序排列。因管理人员不可能记住所有文档号码，所以必须引入索引系统，用索引卡指引查出某一数码所代表的信息。所有索引卡按所标类目名字的字母顺序排列，并用分隔卡显示每一个字母。索引也可以用计算机存储。按数字顺序归档的方法常用于银行、医院、保险公司等需保存大量档案的地点，许多公司的员工档案的编号、工资编号也是采用这种方法。

如需查找某一文件时，先根据文件标题、人名等已知信息的相关字母从索引系统中找出对应的索引卡，通过卡片上记录的数字得知所找文件案卷的编号，然后再到存放该编号的档案柜中找出信息。

1. 按数字分类的优点

(1) 适合于大型系统，因为能通过在后面添加号码而不断扩充。

(2) 一旦找到索引卡片，识别编号，即能很快查到所需信息。

(3) 如果一个人证件号码、保险单号码或病历号码全相同，那么单位内部只使用一个参照号就可以找到所有信息，易于管理。

2. 按数字分类的缺点

(1) 不能直接访问，必须参照索引卡片，所以较浪费时间。

(2) 比较复杂，需要对用户进行培训。

(3) 该系统的建立和保持需要一定经费。

(4) 一旦文档归位不正确，再查找此文件就非常困难。

（六）按来源分类

即将同一来源的文件集中存放，并标出来源名称，不同来源的文件夹再按字母顺序排列，便于查找。例如，来自国家机关的文件归一类；地方政府下发的文件归一类；行业学会的文件归一类，等等。当查找某一文件时，只要知道属于哪里制发的，即可找到。

1. 按来源分类的优点

（1）保持文件形成的来源地的清晰，不随意拆散，能集中存放。

（2）分类方法容易掌握。

2. 按来源分类的缺点

（1）若同一来源归档量大，还要根据其他分类方法再查找所需信息。

（2）有些信息来源难以分类。

除了上述介绍的档案分类方法外，还有其他的分类方法。例如按档案载体形式的不同而分类，可以分为纸质类、音像类、电子类、缩微胶卷类等。

在企业实际归档工作中，各类归档方法不是单一使用，而是综合地运用。例如某贸易公司在外省的有关建材产品的一位客户信息，可以先按地理位置归类；在该地区中，按建材产品行业主题对客户进行归类；在建材产品客户中，再按客户姓名字母归类。这样要查找该客户信息，就使用了三种分类方法。

二、商务信息的存储

商务信息的存储方式包括两方面：一是整体信息的存储方式；二是具体信息的存储方式。

（一）整体信息的存储

由于信息存储空间要占用企业资金，所以不同企业根据档案的实际情况采用不同的整体存储方式。

1. 外部存储方式

有的企业将不经常使用或需要长期保存的档案信息请外部专门的档案保管机构存储，这些机构提供从手工到计算机信息的档案存储。它们按照规范程序给每份档案加标签、登记、分类、装盒、进柜等；运用高级别的安全系统保证档案不被未授权人取走或访问；采用专业方法保障存储地的温度、湿度、防虫、防霉等，以保证档案不会损坏。企业需要某份档案时，它们可以立即查找送到。

有的企业在经营中依赖大量的且重要的计算机数据来维持运作，故将极为重要的信息通过网络下载到远程地点的专门档案保管机构，防止企业一旦出现火灾等意外情况而损失信息，造成企业的更大损失。

（1）外部储存方式的优点：

1）节省企业的存档空间及所需的费用，尤其在地价高的城市中心。

2）节省企业的存档设备费用。

3）简化企业档案的分类、索引、上架等具体工作步骤。

4）能保证档案的保存质量和安全。

5）大量的计算机数据能方便地存在另地，并保证安全。

（2）外部储存方式的缺点：

1）企业需要使用档案时，不能立即得到，要等待运送。

2）企业需要每年向外部专门的档案保管机构支付费用。

2. 内部集中归档

集中化归档系统是将企业的档案信息集中存放在企业专门设置的档案部门或中心，由档案部门安排专职人员负责接收、分类、保管、借阅企业的档案。

（1）内部集中归档系统的优点：

1）便于使用更先进的和更好的设备，如计算机系统、电子存储系统等。

2）可以避免文档在各部门的重复保存，减少存储设备、纸张和存储空间。

3）经过培训的专业管理人员业务熟练，能减少或消除归档错误，迅速提取文档，不会出现文档的积压现象。

4）能使用标准化的和统一的文档分类系统，更容易保证归档质量。

5）能制定和实施标准化的归档程序和进行科学的文档检索。

6）能实施高级别的档案监督工作，齐全借阅登记和准确进行跟踪记录，提供质量更高的服务。

（2）内部集中归档系统的缺点：

1）由于送交专门部门保管，需要各部门之间保密的信息难以保证机密性。

2）借阅、使用文档不如部门归档时方便，需要申报手续，档案信息服务缺乏灵活性，甚至造成部门对常用信息的重复制作。

3）由于集中归档需要统一管理，提取或传递文档需要花时间，不如部门存档调取快捷，紧急信息的提供会出现困难，甚至可能造成工作延误。

4）统一化和标准化的分类系统可能满足不了不同部门所希望的分类方法。

5）长期从事归档工作的专业人员容易感到枯燥，产生厌烦情绪。

3. 内部部门归档

内部部门归档是将企业各部门的档案信息存放在本部门管理，不仅使用档案信息非常方便，也不需要配备专业管理人员，机密信息也容易保密。

许多企业将内部集中归档和内部部门归档方法结合使用，有些档案，如人事档案集中归档，日常文件或业务资料由内部部门归档，当事情完成后或年终时，再送到档案中心集中归档。

（二）各类档案信息的存储方法

档案信息是有价值的资源，当需要时应该是可访问的、方便提取和快速查找的。档案信息存储方法有手工存储系统、计算机存储系统、电子存储系统、缩微胶片存储系统和自动化存储系统五种，其优缺点比较如表 8－3 所示。企业要根据自身实际情况选用存储方法。

表 8-3　　五种信息存储方法的优缺点比较

存储方法	说　明	优　点	缺　点
手工存储系统	信息记录在纸面上，并人工分类、排序，保存在档案柜中，也可存磁盘、光盘等。	1. 存取方法容易理解和使用，不需要特殊的知识。 2. 一旦找到，能立即阅读和复印。 3. 比其他方法所需设备便宜。	1. 档案柜、档案夹等设备占用空间大。 2. 需要人力整理。 3. 信息资料有被火、潮湿和蛀虫破坏的危险。 4. 放错位置难查找。
计算机存储系统	以数据库、电子表格、文字处理或其他应用程序制成档案，并以计算机存储形式保存，如软盘、硬盘、网络等。	1. 较少空间存储大量信息。 2. 信息易于编辑和更新。 3. 减少办公室存储纸面文档和复印件数量。 4. 网络信息易于实现共享。 5. 信息正确存储，容易查找。	1. 需要培训计算机操作知识。 2. 所需设备较昂贵。 3. 有被病毒破坏的风险。 4. 系统更新升级会影响存储的信息。 5. 网络出现问题将影响所有机器检索信息。
电子存储系统	所有文档存储在 CD-ROM 盘上，纸面信息通过扫描，信息能由计算机系统加索引，并能以各种方式查找。	1. 节省空间，一张盘存储大量文件。 2. 容易制作备份保存在其他地方。 3. 网络信息易于实现共享。 4. 很容易用不同的查找方法如日期、关键词等查到文件。	1. 整套设备昂贵。 2. 需要培训计算机操作知识。 3. 系统初始设置的优劣影响今后信息查找的质量和使用。 4. 出现网络和设备故障会影响信息的检索。
缩微胶片存储系统	用照相方法将文件记录在缩微胶卷或胶片上并进行存储，缩微胶片是底片，要通过阅读机显现文件才能阅读，适于长期保存或极少查阅的信息。	1. 大大节省空间。 2. 减少或不需要保留纸面档案，需要时可打印出来。 3. 节省购买传统档案设备的费用，如档案柜。 4. 纸件损失可用胶片再打印出来。 5. 邮寄缩微胶片比邮寄原件省费用。	1. 拍照、阅读、打印等需要昂贵的专用设备。 2. 必须制作标签、索引并认真地排序，否则难以检索信息。 3. 缩微胶片图像的质量随时间延长而下降，长期保存需备份。
自动化存储系统	纸面文档分别存储在大的单元中，与计算机系统和电子系统连接。计算机系统能显示文档名称、位置，并指示设备移动到相关单元处，方便操作员取出文档。	可以存储巨量纸面文档，适合特大型企业。	整套设备非常昂贵。

三、商务信息的存储设备

各个企业有不同的需要存储的档案信息，有的纸面文件很多，有的图纸照片很多，有的光盘很多。因而存储设备也要根据实际需要置备，以方便存放和调用。尤其手工方式存储文档需要大量的设备，除了我国最常见的双开门或推拉门、中间带有多层隔板、文件夹立式顺序摆放的文件柜及各类书架外，这里介绍几款其他形式的档案信息存储设备。

（一）计划、图纸存储柜

企业经常需要将一些大张图纸、大张计划和大张照片等存储起来，为了保持这些档案存放的平整和不受挤压，需要专门的存放柜，其设备的尺寸要足以让图纸平整地保存。专门的存放柜分为两种：一种是水平式图纸柜，分为许多隔板式抽屉，便于图纸平摊在抽屉里；另一种是垂直式图纸柜，图纸垂直吊挂在里面，也能保持平整。

（二）悬挂式档案柜

用手工方式存储文档时，若每份文档的量不大，长时间摆放在带隔板的档案柜里，文档容易弯曲变形，若使用垂直式悬挂档案柜（见图 8－1）、侧开式悬挂档案柜（见图 8－2）就能解决这个问题。

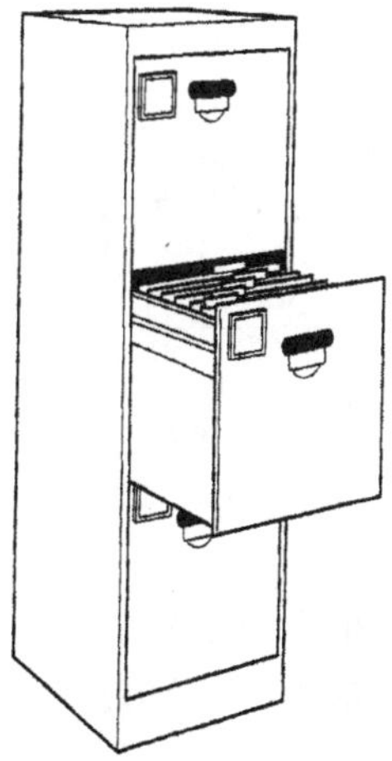

图 8－1 垂直式悬挂档案柜

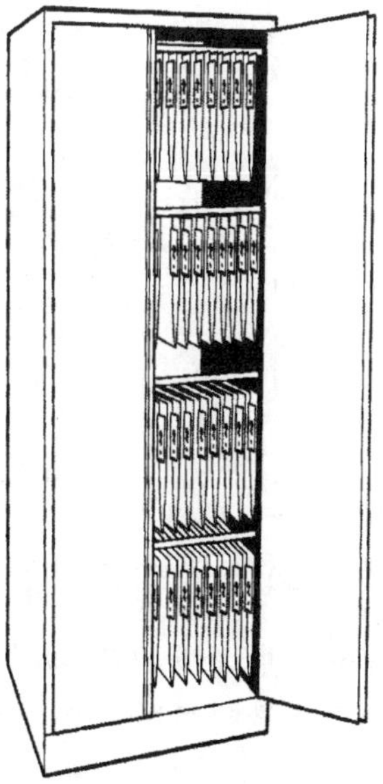

图 8－2 侧开式悬挂档案柜

垂直式悬挂档案柜是抽屉式的，每个抽屉上标明分类名称，打开抽屉，所有文件夹按照顺序整齐垂直悬挂在抽屉里面，每个抽屉都能上锁。垂直式悬挂档案柜在一定数量的抽屉都拉开时有翻倒的危险。

侧开式悬挂档案柜是双开门的，里面也有隔板，和常见的双开门档案柜很相似。所有档案资料事先已经分类放在文件夹中，加了标签，并按照顺序整齐垂直悬挂在各层上。与常见的双开门档案设备不同的是，档案夹不是摆放在隔板上，而是垂直悬挂在隔板上。侧开式档案柜也都能上锁。

（三）旋转式档案架

旋转式档案架为圆形，档案按照顺序垂直摆放在转轮里面，并能够以轴心正反方向转动。查找档案时，可以旋转档案架，在文件夹的书脊上寻找文件名。这种存放方式占地面积小，可放在需要经常查找档案资料的员工桌子之间，方便随时取用。旋转式档案架不适合存放保密性质的文档。

（四）露边索引柜与抽屉式卡片索引盒

露边索引柜安有许多层隔板式抽屉，像一个个托盘一样推进拉出。摆放在上面的索引卡片有特别的要求，在编制时要将最重要的识别信息写在或打印在卡片的边缘上，当几张索引卡片平摆叠放在隔板上时需要将每张卡片最重要的识别信息暴露出来，不要相互遮掩，以便人们看到和识别。

卡片式索引盒是抽屉式的，所有索引卡片按照顺序垂直摆放在里面，不同类别间可以使用分隔卡（见图 8－3）。例如在处理电话时，为了方便查找客户信息，节省电话应答时间，可以将所有客户名单按字母顺序排列制成客户信息索引卡，放到卡片式索引盒存储。通常用分隔卡片分别显示每一个字母，便于通过姓名查找客户。

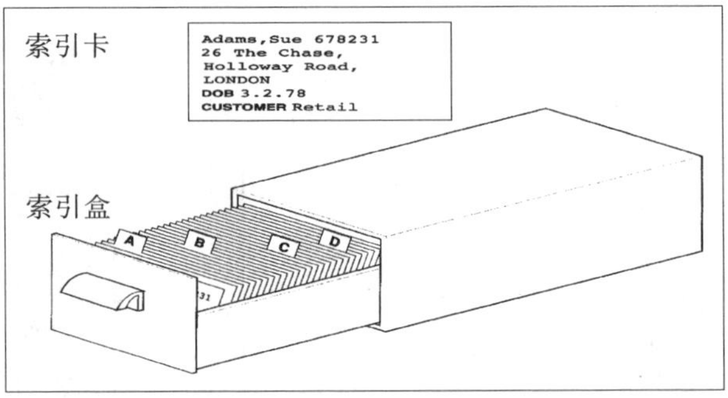

图 8－3　抽屉式卡片索引盒

（五）夹持纸面信息的文件夹

对于手工存储信息还需要使用不同方法保持纸面文件的清洁和平整，并防止丢失，可以到办公用品商店中选择各种夹持纸面信息的文件夹。表 8－4 详细介绍了几种常用的文件夹。

表 8－4　常用文件夹的优缺点比较

文件夹类型	优　点	缺　点
扁平方形文件夹：一种单片折叠式文件夹，通常由透明塑料片制成，适合存储偶然使用的文件。	1. 便宜。 2. 使用非常简单。 3. 适于存储在悬挂式档案系统中。	1. 夹内的纸页不固定。 2. 夹内的纸页不能保持顺序。

续前表

文件夹类型	优　点	缺　点
文件袋： 多见各类塑料的或牛皮纸的绕绳式或按扣式文件袋，适合存储不同大小的散页、传单和偶然使用的文件。	1. 容易使用。 2. 存储不同大小的纸张、不同厚度的文档等。 3. 适合存储在立式档案系统中。	由于袋内纸张是松散的，容易变得没有秩序。
强力夹： 一种带弹簧夹的文件夹，有单强力夹，也有在后夹页上端同样安有强力夹的双强力夹，适合存储不同大小的散页、传单和偶然使用的文件。	1. 不用打孔，容易使用。 2. 能夹住不同大小的纸张和一定厚度的文档。 3. 适合于存储在悬挂式档案系统中。	当打开弹簧夹时，夹内的纸页容易变得没有秩序。
有金属叉形物和压缩条的扁平文件夹： 把文件穿孔放在金属叉中，加上压缩条固定纸张。	能固定住纸张。	因为纸张必须穿孔，并仔细排序在文件夹中，归档需要更多时间。
带有公司标志和信息的展示文件夹： 夹内制有口袋，可以插入材料，适合在会议上或给客户展示宣传资料。	能高质量展示文件，体现公司良好形象。	1. 制作价格昂贵。 2. 不适于繁重的日常归档。 3. 文件不固定，难以保持顺序。
环形文件夹： 带有圆环的活页文件夹，存储穿孔的文件。有两孔夹、多孔夹，还有与票据大小相对应的票据专用夹。	1. 文件是固定的。 2. 打开活页，容易取出单个文件。 3. 能保持文档顺序。 4. 能用间隔物分开不同部分。	1. 在归档之前，纸张必须穿孔。 2. 经常翻阅的文件，孔边易断裂，致使文件脱落。
塑料透明口袋： 将文件装入透明口袋，最多装两页，通过透明口袋来阅读文件，适合于需要保持清洁的重要文档。已经穿好孔的透明口袋能夹挂到环形文件夹上，和环形文件夹一起使用，更加整齐。	1. 能保持文件清洁和无灰尘。 2. 容易保存正在使用的文档。 3. 能够取出口袋而不触摸文件。 4. 不同大小的口袋能被用来保持图纸清洁和整齐。	1. 价格昂贵。 2. 占用更多的空间。 3. 如果从文件夹中取出口袋，不易保持文件原有的秩序。
箱式文件夹： 较结实的文件盒，有的带有弹簧夹，能保持内容整齐，适合存储传单、手册和物品。	1. 比较结实。 2. 保持文件没有灰尘和污物。	1. 体积大，需要更多空间。 2. 不适于存储在悬挂式档案系统中。
拉杆拱形文件夹： 一种较深厚的带有金属拱形物的夹子，可以存储大量文件、订单，存储的文档需穿孔。	1. 很结实。 2. 能存储大量文档。 3. 能保持文档秩序。 4. 能用隔离物来分开各部分。	1. 体积大，需要更多空间。 2. 不适合于存储在悬挂式档案系统中。

四、商务信息的安全和存储期限

（一）商务信息的安全

商务信息对企业非常重要，为保证信息安全，必须培训员工，使其了解保密工作的重要性及有关保密知识。例如，在没有确认人员身份和是否被授权获得信息之前，不要提取保密文档；保密文件必须存储在有标记的专用文件夹中，放在带锁的柜子里；显示器应放置在他人看不到屏幕的地方，如果陌生人走近，应迅速滚动页面，或调低亮度，或保存你的工作成果并关闭显示器；离开办公室时应锁上办公桌、档案柜和办公室；计算机应经常更换密码，密码必须保密，需要时应该安装计算机警报系统，防止信息被盗；等等。

在企业中通常下列几类信息更需要保密。

1. 人事信息

人事档案关系到单位的人事情况以及个人隐私，需要做好保密工作。它包括员工面试的测试记录、员工职位变动信息、员工薪资情况、公司裁员名单的讨论记录、员工考核评估信息及员工私人信息等。这些信息被公开会对单位会带来严重影响，对员工心理也会带来很大伤害，因此要做好保密工作。

2. 财务信息

财务信息是企业的经济命脉，其中许多信息要在一定范围内保密，包括公司的收益率、投标活动中的有关信息、兼并工作中标的的详细情况及企业的债务和贷款情况、企业支付员工的薪金和奖金等。如果有的财务信息失密，会失去企业的信用等级、失去客户，甚至影响银行贷款。

3. 产品和服务信息

产品和服务信息保密是非常重要的，因为包括新产品的开发、专利、版权、工艺等技术信息、新产品的价格、市场目标信息及产品制造中出现故障的信息等一旦失密，将为竞争对手制造商机。如新开发的产品信息因失密被竞争对手抄袭而成为对方赚钱的捷径；准备降价促销的信息失密会被竞争对手抢先降价占领市场。又如一些客户抱怨产品故障或服务不周的信息一旦公开，不但会被竞争对手拿去宣传炒作，使单位丧失信誉，也会失去老客户，使企业蒙受经济损失。

4. 客户信息

客户是企业的上帝，客户信息包括客户名单、客户账单和发票等代表客户信誉的所有信息。对这些信息保密是极为重要的，因为有关客户信息一旦失密，将给企业经营上造成巨大影响和损失。如企业长期积累的客户名单失密，会被竞争对手拿去作为新开发的市场目标，而使企业失去老客户，甚至有关与客户联络的简短信息失密，如将与客户交货或付款的时间、地点、人员姓名失密，也会造成相关人身危险或企业经济损失，所以要做好客户信息的保密工作。

（二）商务信息的存储期限

不同企业会根据自身的业务状况制定不同的存档规定，以确定各类企业信息和文档保留的期限。我国企业通常根据国家的规定将信息和文档保留的期限分为三种。

1. 永久保存

如公司营业执照、征收土地证明、公司章程、公司股权变更材料等法律文件和历史文件资料；公司重要的决定、决议等文件；有历史参考价值、需要保存的统计表、报纸；个人遗嘱等，通常定为永久保存。

2. 长期保存

需长期保存的档案信息一般有16～50年存档期限。这些信息如单位中形成的或上级下发的在相当长时期内要查考的文件资料；企业记录的事故报告、医疗记录等以备日后判定伤情时需要查考的文件。企业中比较大或时间较长的合同、租约通常保存在该合约的有效期限内。

3. 短期保存

短期保存的文档指存档期限在15年以内的文档。这部分包含的内容很多，如日常查询函、商务信件、考勤表保存2～3年；工资单、税单、财务凭单保存6～7年。具体不同类型、不同经营内容的企业存档保存期限可以不同。

本章小结

商务文书的处理应当建立严格有效的程序，不能因其没有列入国家公文管理系统就随意处置，商务秘书人员对于保障商务文书处理质量与效率负有重要责任。

处理商务文书，可以从国家机关公文处理方法中汲取有益的经验。

商务文书与商务信息在企业的商务活动中存在相互交叉现象，因此应当采取商务文书与商务信息一体化管理的方法，以便有效地节省人力与物力资源。

商务秘书要通过分析和研究本企业档案信息的特点，选择适宜的档案信息保管与处理方法。

思考题

1. 请说明商务文书的制发程序。
2. 请说明商务文书的主要传递方法。
3. 商务信息有哪些分类方法?
4. 请结合实际说明按照字母顺序分类有哪些优缺点。
5. 企业中需要保密的信息主要有哪些?

图书在版编目（CIP）数据

商务文书写作与处理 / 姬瑞环，卢颖，崔德立编著．—4 版．—北京：中国人民大学出版社，2019.2
21 世纪高职高专精品教材．现代秘书系列
ISBN 978-7-300-26633-6

Ⅰ.①商… Ⅱ.①姬… ②卢… ③崔… Ⅲ.①商务-应用文-写作-高等职业教育-教材 Ⅳ.①H152.3

中国版本图书馆 CIP 数据核字（2019）第 002094 号

中国高等教育学会秘书学专业委员会“十一五”规划教材
21 世纪高职高专精品教材·现代秘书系列
总主编 范立荣
商务文书写作与处理（第四版）
姬瑞环 卢 颖 崔德立 编著
Shangwu Wenshu Xiezuo yu Chuli

出版发行	中国人民大学出版社		
社　　址	北京中关村大街 31 号	**邮政编码**	100080
电　　话	010－62511242（总编室）		010－62511770（质管部）
	010－82501766（邮购部）		010－62514148（门市部）
	010－62515195（发行公司）		010－62515275（盗版举报）
网　　址	http://www.crup.com.cn		
经　　销	新华书店		
印　　刷	北京宏伟双华印刷有限公司	**版　　次**	2004 年 8 月第 1 版
规　　格	185 mm×260 mm　16 开本		2019 年 2 月第 4 版
印　　张	15	**印　　次**	2025 年 7 月第 3 次印刷
字　　数	357 000	**定　　价**	35.00 元
